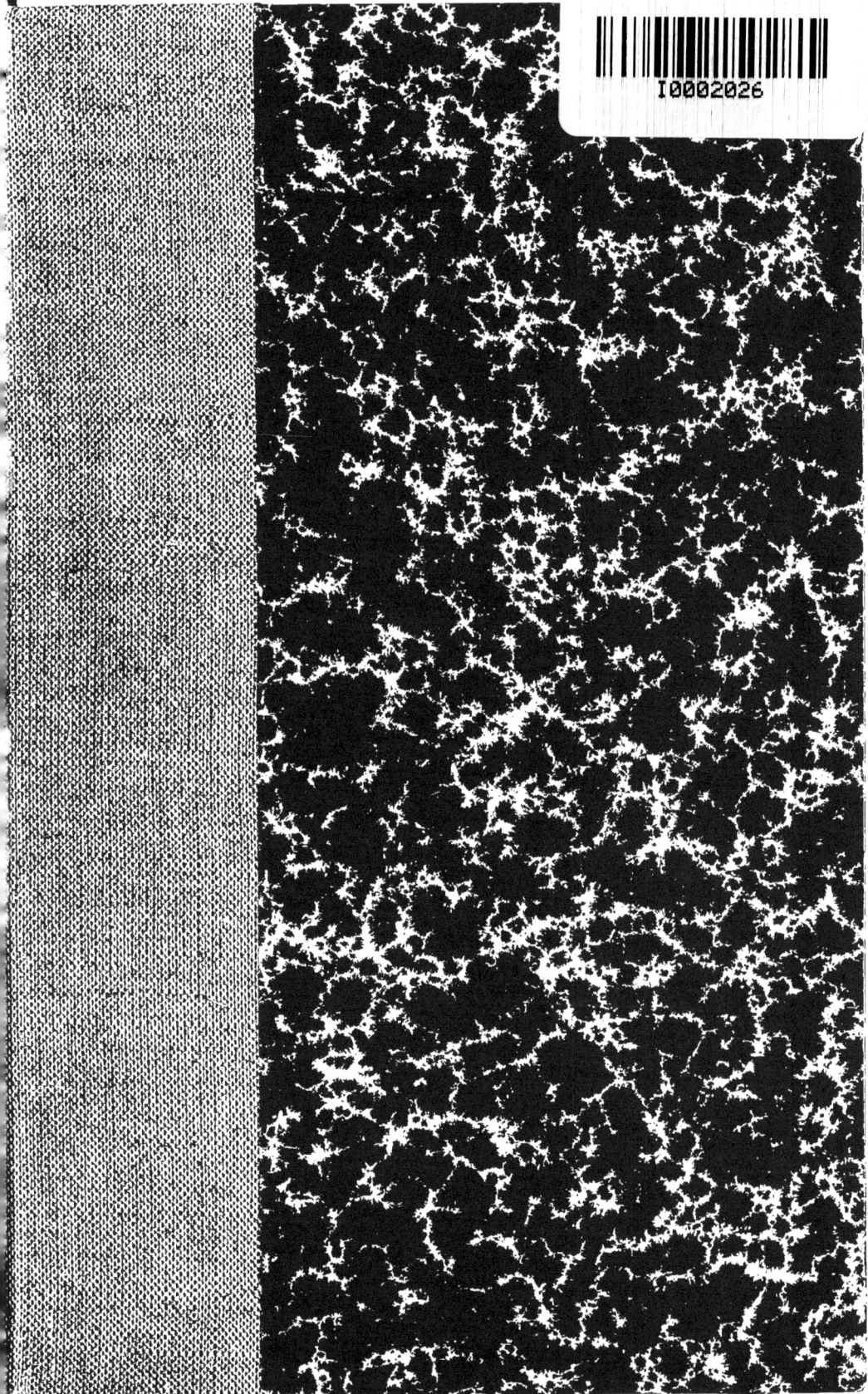

ARNOULD 1968

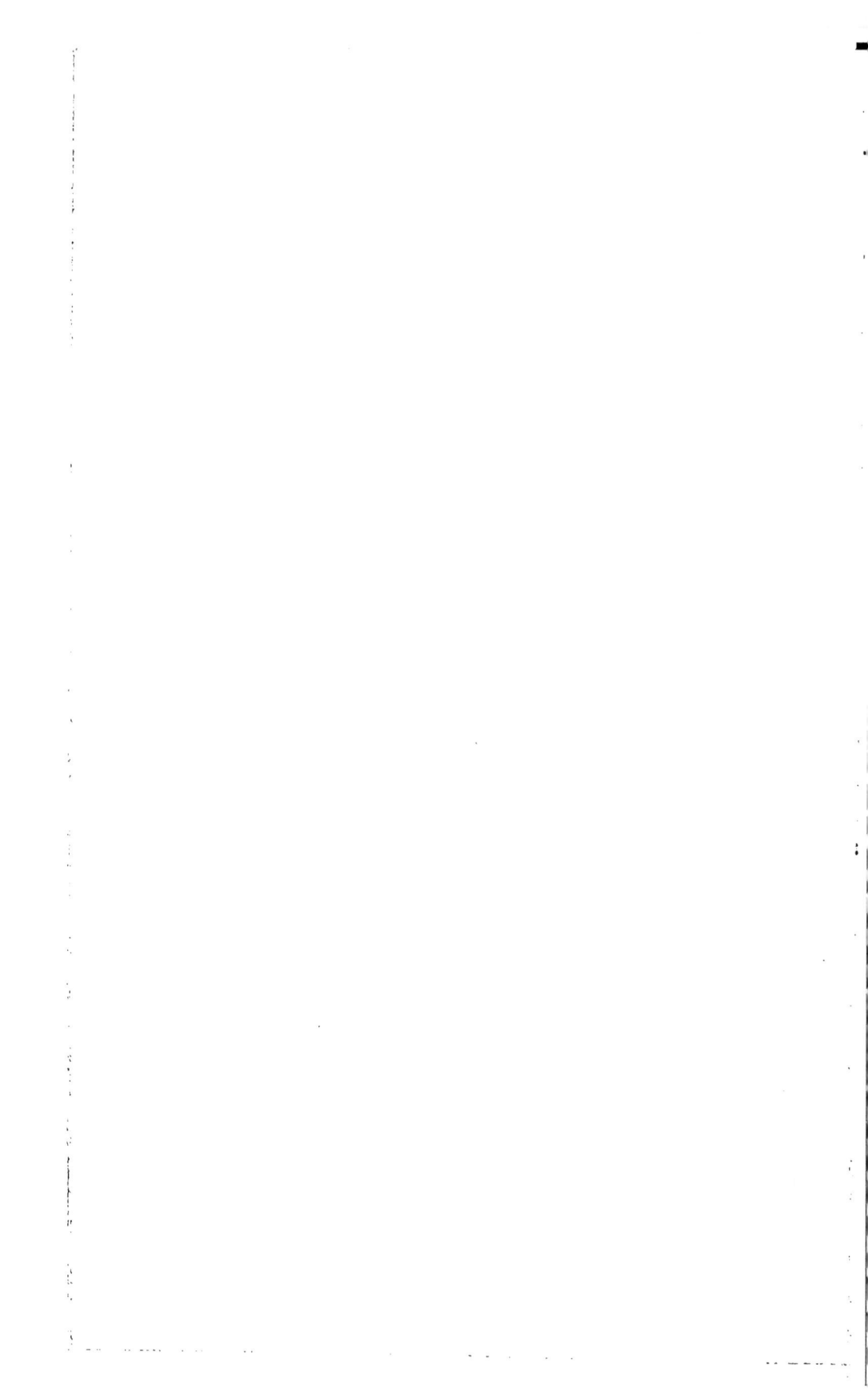

UNIVERSITÉ DE FRANCE — FACULTÉ DE DROIT DE DIJON

DISTINCTION

DE

L'INEXISTENCE et de L'ANNULABILITÉ

DES ACTES JURIDIQUES

EN DROIT ROMAIN ET EN DROIT FRANÇAIS

—=◈=—

THÈSE POUR LE DOCTORAT

PAR

Philibert BOURGEON

LAURÉAT DES FACULTÉS DE DROIT ET DES LETTRES

AVOCAT A LA COUR D'APPEL

(Concours de 1re année : Premier prix de Droit civil français ; deuxième prix de Droit romain. Concours de 2e année : Premier prix de Droit civil français ; premier prix de Procédure civile. Concours de Licence : Premier prix de Droit civil français ; premier prix de Droit commercial. Concours de la Faculté des Lettres, années 1880 et 1881, deux premiers prix).

DIJON

IMPRIMERIE R. AUBRY, RUE BOSSUET, 15

—

1885

DISTINCTION

DE

L'INEXISTENCE et de L'ANNULABILITÉ

DES ACTES JURIDIQUES

EN DROIT ROMAIN ET EN DROIT FRANÇAIS

THÈSE POUR LE DOCTORAT

Soutenue le Samedi 4 Juillet 1885

PAR

Philibert BOURGEON

LAURÉAT DES FACULTÉS DE DROIT ET DES LETTRES

AVOCAT A LA COUR D'APPEL

Sous la Présidence de M. VILLEQUEZ

Doyen de la Faculté, Chevalier de la Légion d'honneur

| *Suffragants* | { | MM. GUENÉE
RENARDET
MOUCHET | } | *Professeurs* |

DIJON

IMPRIMERIE R. AUBRY, RUE BOSSUET, 15

—

1885

MEIS

MAGISTRIS

AMICIS

DISTINCTION

DE

L'INEXISTENCE et de L'ANNULABILITÉ

Des Actes Juridiques

CHAPITRE PRÉLIMINAIRE

Notion de l'inexistence juridique. — Notion de l'annulabilité. — Distinction de l'inexistence et de l'annulabilité. — Généralisation ; application de cette distinction à l'acte juridique en général. — Sens grammatical de l'expression : *acte juridique*. — Analyse scientifique de l'acte juridique. — Faits juridiques ; différentes espèces de faits juridiques. — Définition de l'acte juridique. — Recherche de ses éléments constitutifs. — Plan général.

1. C'est une loi qui régit tout et qui se présente avec l'évidence même des axiômes que les choses qui existent, n'existent que parce qu'elles réunissent en elles les éléments constitutifs qui leur sont propres, éléments qui les font ce qu'elles sont, éléments sans lesquels elles ne sont pas, ou sont autre chose. Pour vivre de la vie physique, les êtres animés ne doivent-ils pas en effet posséder un certain nombre d'organes appropriés au milieu dans lequel la nature les a placés ; si l'un quelconque de ces organes fait défaut, ils ne vivent plus, ce ne sont plus que des êtres informes et monstrueux n'appartenant à aucune espèce, ne portant aucun nom. Cette loi d'existence ne s'impose pas avec moins d'énergie aux créations du monde juridique, qu'aux créations du monde physique. Pour exister les actes juridiques doivent, eux aussi, réunir certaines conditions, posséder certains éléments constitutifs sans lesquels ils se réduisent en droit à de simples faits, à un pur néant ; de tels actes n'ont que l'apparence même d'actes juridiques, ils n'en ont pas la réalité ; ils sont au point de vue du monde juridique ce qu'est dans le monde physique le part monstrueux de la femme, l'enfant mort-né qui n'a que l'apparence d'un être animé et qui cependant n'a jamais eu d'existence, n'a jamais été tiré du néant.

2. Entre l'existence pleine et entière, qui appartient aux êtres animés ou aux actes juridiques qui réunissent tous les éléments essentiels qui leur sont propres, et l'inexistence absolue, qui frappe ceux qui manquent de l'un quelconque de ces éléments, il y a place pour un état intermédiaire, pour une existence imparfaite qui porte en elle un germe de mort ; cet état intermédiaire pour les êtres animés c'est la maladie, pour les actes juridiques, il prend le nom spécial d'*annulabilité*. L'être animé que le mal a atteint vit sans doute, mais il est menacé dans son existence même, il peut guérir, mais il peut mourir ; de même tout est incertitude dans l'existence d'un acte juridique annulable, le vice qui l'infecte peut disparaître, comme il peut au contraire entraîner sa perte.

3. Cette double notion de l'inexistence et de l'annulabilité une fois acquise, il est facile de montrer quelles
différences profondes les séparent : l'acte non existant
n'a que l'apparence de l'être, ou si l'on veut parler
la langue des philosophes, il n'a que le paraître ; l'acte
annulable existe au contraire, mais il est vicié et débile ;
il vit et peut continuer à vivre, il produit les mêmes effets
que s'il n'était infecté d'aucun vice, mais la mort le
menace, un mot peut suffire pour l'anéantir lui et les
effets qu'il aura produits. Nous avons déjà comparé l'acte
non existant au part monstrueux, à l'enfant mort-né, à cet
être qui n'a d'humain que la forme extérieure, mais auquel
il manque un organe essentiel à la vie ; l'acte annulable
au contraire sera, si l'on veut l'homme plein de vie sur
lequel plane une condamnation à mort ; la vie de cet
homme est entre les mains de la société qui l'a frappé,
elle peut, par l'intermédiaire de son mandataire, faire
exécuter sa sentence, mais elle peut lui faire grâce ;
l'acte annulable est lui aussi, qu'on nous pardonne
l'expression, sous le coup d'une condamnation capitale,
mais la loi qui l'a condamné a confié en même temps à
celui-là même au profit duquel la condamnation est intervenue le droit de faire grâce ; un mot de lui et la mort
cessera de planer sur cet acte, la vie juridique, pleine,
entière, sans dangers lui sera désormais assurée, il n'aura
plus l'échafaud en perspective. Tant que la condamnation, que la loi fait peser sur lui, ne sera pas exécutée, et
elle ne le sera que le jour où le juge aura prononcé son
annulation, cet acte produira tous les effets dont il est
capable et qui découlent naturellement de l'existence
juridique dont il est doué ; si celui, qui seul peut pour-

suivre l'exécution de la sentence, renonce à user de son droit, s'il fait grâce, on dit alors que l'acte annulable est *confirmé* et le vice qui l'infectait à l'origine est censé n'avoir jamais existé.

L'acte non existant n'étant qu'un pur néant ne pourra jamais à quelque époque que ce soit produire aucun effet ; il sera toujours considéré comme non avenu, en vain les personnes qui l'ont accompli seraient-elles d'accord pour le considérer comme régulièrement formé, il n'en resterait pas moins impuissant à sortir aucune conséquence juridique, vicié dans son essence même il pourra être refait mais il ne saurait être validé ; et s'il s'élève à son sujet un différend en justice, le juge n'aura pas alors à prononcer son annulation, car on n'annule pas ce qui déjà est nul, ce qui déjà n'existe pas, il se contentera de constater son inexistence.

L'acte simplement annulable produira au contraire les mêmes effets que si aucun vice ne l'infectait ; il faudra pour l'anéantir et faire disparaître les effets qu'il aura produits s'adresser à la justice, qui seule a reçu de la loi le pouvoir nécessaire pour faire rentrer dans le néant, pour *annuler*, un acte doué d'une existence légale ; aussi en résulte-t-il que cette annulation ne pourra être prononcée que dans les limites mêmes fixées par la loi et que si elle n'est pas demandée l'acte est à jamais *confirmé*.

4. Cette distinction si simple et si rationnelle des actes qui n'ont que l'apparence de l'existence et de ceux qui, bien qu'en ayant la réalité, portent en eux-mêmes un germe de mort, s'est imposée parfois aux jurisconsultes anciens et les a amenés à en faire l'application d'une manière presque inconsciente ; mais nous ne craignons pas de le dire elle ne s'est franchement affirmée dans la science juridique que dans le siècle même auquel nous appartenons, jusque-là elle avait été beaucoup plutôt subie que nettement comprise et elle est loin d'ailleurs aujourd'hui encore d'avoir conquis dans le droit la place qu'elle mérite. Sans doute les auteurs modernes les plus récents la consacrent et en font quelques applications, mais nous n'en avons pas trouvé un seul parmi eux qui eût cherché à s'élever au-dessus du point de vue restreint auquel s'étaient placés ses devanciers, nous n'en avons pas trouvé un seul qui eût tenté de donner à cette distinction la forme d'une théorie générale, d'en faire un des axiômes, une des vérités fondamentales et absolues de la science du droit. Citer quelques cas d'application d'une règle, en donner quelques exemples, est-ce là la manière de procéder d'une science vraiment digne de ce nom? Ce qu'il importe avant tout, c'est de mettre en lumière les vrais principes, en leur donnant une forme générale et simple, en les ramenant à des vérités évidentes par elles-mêmes, qui ne puissent échapper à personne et qui permettent à chacun d'en faire l'application aux hypothèses particulières.

Pour nous, c'est cette idée de généralisation qui seule nous guide, c'est elle qui domine toute notre étude et c'est elle seule que nous livrons à la critique. Qu'on ne recherche donc pas dans notre travail des solutions de détail; c'est un simple exposé de principes que nous entendons faire; notre œuvre est une œuvre de généralisation, elle n'est pas une œuvre d'analyse.

La plupart des auteurs qui ont récemment écrit sur le droit civil, se demandent à l'occasion de certains actes juridiques déterminés et notamment au sujet des contrats, quels en sont les éléments constitutifs, dans quels cas l'un de ces éléments fait défaut et entraine avec lui l'inexistence même de ces actes, dans quel cas au contraire ils sont simplement viciés et les rendent annulables. Cette analyse que les jurisconsultes font pour certains actes juridiques spéciaux nous voulons la faire pour l'acte juridique en général ; nous nous bornons à prendre un point de vue plus élevé ; nous généralisons ; nous nous efforçons de donner une idée d'ensemble. Les diverses variétés d'actes juridiques présentent toutes en effet des traits communs qui les rattachent à un genre, et la réunion de ces traits communs forme, cela se conçoit sans peine, les éléments constitutifs de l'acte juridique en général. Recherchons donc ce que c'est que l'acte juridique ainsi envisagé, quels sont ses éléments constitutifs, dans quels cas l'absence d'un de ces éléments peut se produire et rendre l'acte inexistant, dans quels cas au contraire ces éléments peuvent être infectés de vices qui permettent d'en poursuivre l'annulation.

5. Et d'abord qu'entendons-nous par cette expression : *acte juridique ?* Elle revient sans cesse sous la plume des auteurs et on ne trouve nulle part l'analyse de l'idée à laquelle elle correspond ; aussi notre premier devoir est-il d'en donner le sens exact. Cette expression se compose de deux mots qu'il nous faut envisager isolément. Le mot acte a dans notre langue plusieurs sens différents : 1° il sert à exprimer, pour employer la définition même du dictionnaire de l'Académie, le résultat d'une action, une opération accomplie ; dans cette acception il correspond au mot *negotium* des Romains ; 2° il désigne l'écrit, l'acte instrumentaire auquel les parties confient leur volonté pour se ménager une preuve des opérations par elles accomplies ou plus généralement pour en perpétuer le souvenir, il traduit alors le mot *instrumentum ;* c'est en ce sens qu'on dit : un acte sous seing privé, un acte notarié, un acte judiciaire ou extra judiciaire... C'est dans la première de ces deux acceptions, dans le sens de *negotium* qu'est pris le mot acte dans l'expression qui nous occupe. Quant à l'épithète qui s'y trouve jointe, elle signifie proprement ce qui a trait au droit, ce qui touche au droit, *quod juris est.* L'acte juridique est donc un fait qui a le droit pour objet, idée que les Romains exprimaient en deux mots : *negotium juris.*

6. Cette définition grammaticale de l'acte juridique ne saurait nous suffire ; laissons-là les mots eux-mêmes, qui ne nous disent rien, ou qui du moins sont impuissants à nous donner une notion exacte de l'idée qu'ils servent à exprimer et voyons quelle est cette idée elle-même. On peut définir le droit, la faculté que nous avons de faire quelque chose, d'en jouir, d'en disposer, d'y prétendre, de l'exiger ; tout droit suppose donc pour corrélatif un devoir, une obligation sur la tête d'une autre personne, et cela, sans qu'il y ait, selon nous, à distinguer, comme on a voulu le faire, entre les différentes espèces de droits, c'est un point d'ailleurs que nous établirons ultérieurement ; de sorte qu'en réalité tout droit suppose un rapport entre deux personnes, dont l'une a une faculté et l'autre le devoir de respecter cette faculté ou même de tendre à la satisfaire. C'est la loi elle-même qui prend soin de fixer les règles de ces rapports de droit et de les sanctionner, c'est elle aussi qui détermine à quels événe-

ments du monde extérieur est attachée la puissance de
créer, de conserver, de modifier ou d'éteindre ces rapports de droit. Ces événements, nous les appellerons, à
raison même des effets qu'ils produisent, des faits juridiques et nous définirons le *fait juridique : tout événement
du monde extérieur auquel la loi a attaché le pouvoir de
créer, de modifier ou d'éteindre un rapport de droit.*

7. Il est facile d'apercevoir aussitôt deux grandes
catégories de *faits juridiques :*

1° Les faits qui émanent de l'homme ;

2° Les faits du monde extérieur qui ne sont pas dûs à
l'activité humaine.

Ceux des événements du monde extérieur, étrangers à
l'activité de l'homme, auxquels la loi a attaché un effet de
droit, sont, on le comprend, peu nombreux, citons cependant comme exemples l'expiration d'un certain laps de
temps, qui, sous le nom de prescription, peut engendrer
ou éteindre des droits ; citons encore la naissance et la
mort qui, bien qu'elles soient les deux points extrêmes
de la vie humaine, ne peuvent être considérées comme
des faits dépendant de l'activité de l'homme et qui sont,
elles aussi, susceptibles de faire naître ou d'éteindre des
rapports juridiques.

Quant aux faits qui émanent de l'homme, ils ne sont
pas tous non plus producteurs d'effets de droit ; c'est
ainsi que le fait de marcher, le fait de prendre des aliments
ne constituent évidemment pas des faits juridiques. Il en
est cependant parmi eux un très grand nombre auxquels
la loi a attaché des conséquences de droit ; on peut les
diviser de la manière suivante :

1° Faits involontaires ;

2° Faits volontaires.

Comme exemples de faits involontaires de l'homme susceptibles de créer, de conserver, de modifier ou d'éteindre un rapport de droit, citons l'homicide par imprudence et tous les cas où notre responsabilité se trouve engagée par un évènement qui a pour cause notre propre activité et qui cependant s'est produit malgré nous, ou du moins sans le concours de notre volonté.

Quant aux faits volontaires de l'homme que la loi fait rentrer dans la catégorie des *faits juridiques*, il est facile de voir qu'ils se subdivisent eux-mêmes en deux espèces particulières : ou bien en effet leur auteur a seulement voulu le fait lui-même dans sa matérialité, sans en vouloir les conséquences juridiques, comme cela se présente en matière de délit civil ; ou bien il n'a pas seulement voulu le fait en lui-même, envisagé comme événement du monde extérieur, mais il en a voulu en même temps et surtout les conséquences juridiques ; aussi diviserons-nous les faits volontaires de l'homme, que la loi considère comme *faits juridiques*, en deux catégories :

1° Faits volontaires de l'homme, en ce sens que l'auteur n'a eu pour but que l'accomplissement d'un événement matériel, dont il répudiait les conséquences juridiques.

2° Faits volontaires de l'homme, en ce sens que l'auteur a voulu les effets juridiques que la loi attache ou permet d'attacher à l'événement par lui produit.

8. C'est à cette dernière catégorie de faits juridiques seuls que nous réserverons le nom *d'actes juridiques ;* parce que seule elle suppose *l'activité* humaine dans son entier développement ; l'activité humaine poursuivant la réalisation d'un effet de droit.

Nous pouvons donc définir *l'acte juridique: Tout fait volontaire de l'homme qui tend à produire un effet de droit; c'est-à-dire à créer, à conserver, à modifier ou à éteindre ces facultés de faire ou de ne pas faire, ou d'exiger qu'un autre fasse ou ne fasse pas, qu'on appelle des droits.*

Et nous opposerons à *l'acte juridique* ainsi défini le *fait juridique proprement dit* en faisant ainsi rentrer dans cette seconde catégorie :

1° Les faits juridiques étrangers à l'homme.

2° Les faits juridiques qui émanent de l'homme, mais se produisent sans sa volonté.

3° Les faits juridiques dûs à la volonté humaine, mais dans lesquels cette volonté n'a poursuivi que la réalisation d'un évènement matériel, sans en vouloir les conséquences de droit :

9. La loi d'existence que nous avons rappelée au début de ce chapitre s'applique à la fois aux *actes juridiques* et *aux faits juridiques proprement dits* ; ils supposent tous en effet des éléments essentiels sans lesquels ils cessent d'être sanctionnés par la loi, ils cessent d'être des faits juridiques ; mais nous ne trouvons plus pour les faits juridiques proprement dits cet état intermédiaire que nous avons désigné dans le langage du droit sous le nom d'annulabilité ; ces faits n'étant que de simples événements matériels existent ou n'existent pas, mais on ne comprend pas qu'ils puissent être seulement atteints d'un vice qui les rende annulables, aussi devons-nous les laisser de côté dans l'étude que nous nous proposons de faire de la distinction de l'inexistence et de l'annulabilité et limiter notre examen aux *actes juridiques* eux-mêmes, pour lesquels seuls peut se présenter cette distinction.

1O. Or si nous appliquons à ces actes les principes que
nous avons déjà déduits, nous dirons qu'un *acte juridique*
est *inexistant* quand il manque d'un de ses éléments
constitutifs ; qu'il est au contraire simplement *annulable*
quand tous ses éléments sont réunis, mais que l'un d'eux
est infecté d'un vice.

Notre devoir consiste donc maintenant à rechercher
quels sont les éléments constitutifs de l'acte juridique et
ces éléments connus, dans quels cas ils peuvent faire
absolument défaut, cas auxquels l'acte est privé de toute
existence juridique ; dans quels cas au contraire ces
éléments existent mais viciés, cas auxquels l'acte est
simplement annulable.

L'acte juridique, considéré d'une manière générale, est,
avons nous dit, tout fait volontaire de l'homme qui tend à
produire un effet de droit ; c'est indiquer clairement que
la volonté humaine est le premier de ses éléments
constitutifs ; fait-elle défaut en effet, l'acte dégénère en un
pur fait juridique ou même en un pur fait, dépourvu de
toute conséquence de droit ; il n'existe plus comme *acte
juridique* bien qu'il en ait l'apparence et voilà pourquoi
on le désigne sous le nom *d'acte inexistant*.

Toutefois cette volonté quelque fondée qu'elle puisse
être ne saurait à elle seule constituer un acte juridique, il
faut au moins qu'elle se manifeste extérieurement et qu'elle
se manifeste dans les formes prescrites par la loi, si
l'acte doit être entouré de certaines solennités.

Cela ne suffit point encore. Toute volonté humaine,
même manifestée dans les formes légales, n'a pas toujours
la puissance de produire des effets de droit, il est même
des hommes complètement privés de ce pouvoir, aussi

faut-il encore, pour que l'acte juridique puisse naitre, que la volonté qui se trouve à sa base, ait une aptitude légale à l'accomplir.

Lorsque ces trois premières conditions sont réunies, lorsque l'acte a sa source dans une volonté humaine, que cette volonté s'est clairement manifestée au dehors et qu'elle a suivi les formes légales s'il y a lieu ; qu'elle possède enfin l'aptitude nécessaire pour accomplir un tel acte, le premier élément constitutif de l'acte juridique existe et ce premier élément constitutif nous l'appellerons *le sujet de l'acte.*

Mais pour que l'acte se forme et devienne vraiment un acte juridique il faut encore que ce sujet, que cette force productrice tende à un but d'une nature spéciale : *la réalisation d'un effet de droit.* Or nous le savons, tout effet de droit consiste soit à créer, soit à conserver, soit à modifier, soit à éteindre un lien sanctionné par la loi et qui unit une ou plusieurs personnes ; aussi tout acte juridique suppose-t-il une autre personne qui forme le second terme du rapport de droit, du *vinculum juris,* dont le sujet même de l'acte poursuit la création, la modification ou l'extinction. Enfin est-il un acte juridique possible si, en dehors des conditions que nous venons d'énumérer, ne se trouve pas encore une chose du monde physique sur laquelle porte le rapport de droit, *un élément matériel !*

La réunion de ces trois conditions : effet de droit, but de l'opération ; personne formant le second terme du rapport de droit qu'il s'agit de créer, modifier ou éteindre ; élément matériel, chose du monde physique à l'occasion de laquelle intervient le rapport de droit, constitue le second élément essentiel de l'acte juridique : *l'objet de l'acte*.

En résumé nous reconnaissons, à la base même de tout acte juridique, deux éléments généraux : une personne *sujet* de l'acte juridique, un rapport de droit *objet* de cet acte. Chacun de ces deux éléments constitutifs suppose lui-même pour son existence trois conditions; dans le sujet doivent se trouver :

1° Une volonté humaine ;

2° Une manifestation extérieure de cette volonté dans les formes légales ;

3° Une aptitude légale de cette volonté à produire un effet de droit.

Dans l'objet doivent concourir les trois conditions suivantes :

1° Un effet de droit, à la réalisation duquel tend le sujet de l'acte ;

2° Une personne formant le second terme du rapport de droit que l'acte a pour objet de créer, de modifier ou d'éteindre ;

3° Un élément matériel.

Lorsque l'une quelconque de ces diverses conditions, qu'on peut considérer comme autant d'éléments constitutifs de l'acte juridique, fera défaut, nous dirons que l'acte n'a pas d'existence juridique ou qu'il est *inexistant*; quand tous ces éléments au contraire seront réunis mais que l'un d'eux sera vicié, nous dirons que l'acte existe, mais est *annulable*.

1 1. La division générale de notre étude s'impose d'elle-même : dans une première partie nous justifierons au point de vue du droit rationnel chacun des éléments constitutifs généraux que l'analyse nous a fait distinguer dans l'acte juridique, en prenant pour guide le plus rationnel et le plus scientifique de tous les droits positifs, le droit romain. Nous montrerons sur chacun de ces éléments dans quelles hypothèses ils peuvent faire défaut et entraîner l'inexistence de l'acte, dans quels cas au contraire ils peuvent simplement être viciés et permettre d'en poursuivre l'annulation.

Le principe de la distinction de l'inexistence et de l'annulabilité une fois dégagé au point de vue théorique, nous nous demanderons, dans une seconde partie, si le législateur moderne a su, comme il convenait, consacrer cette distinction, quelles applications il en a faites, comment il est permis de l'étendre et d'en faire l'une des règles générales du droit, l'un des axiômes de la science juridique.

PREMIÈRE PARTIE

DISTINCTION

DE

'INEXISTENCE et de L'ANNULABILITÉ

des Actes juridiques

EN DROIT ROMAIN

12. Il peut paraître singulier de nous voir prendre pour guide dans l'étude d'une théorie, qui, de notre propre aveu, n'est née que d'hier, un droit mort depuis des siècles et peut-être n'attend-on pas, sans quelque surprise, ce que l'on peut dire de l'inexistense et de l'annulabilité des actes juridiques en droit romain. C'est en vain, sans doute qu'on chercherait, sur cette question, dans les textes qui nous sont parvenus, les éléments d'une doctrine générale et cependant nous ne craignons pas de l'affirmer, parce que nous en avons la preuve entre les mains, il n'est pas de législation où les cas d'inexistence soient plus nombreux et plus nettement indiqués, où les hypothèses de simple annulabilité soient réglementées avec plus de soin. Si les jurisconsultes romains n'ont jamais éprouvé le besoin de créer de toutes pièces sur ce point une théorie complète, c'est que l'origine parfaitement distincte des cas d'inexistence et des cas d'annulabilité empêchait entre eux la confusion dans laquelle sont tombés les jurisconsultes modernes. Aussi est-ce précisément parce que la ligne de démarcation s'est toujours nettement maintenue dans cette législation entre les actes dépourvus de toute vie juridique et les actes rescindables,qu'il nous faut la prendre pour modèle et ce sera pour nous l'occasion de constater une fois de plus que ce droit ancien a justement mérité le nom de raison écrite qui lui a été si souvent donné.

13. Nous avons déjà fait connaître le but et le plan général de cette première partie ; voici quelle en sera la division : elle comprendra deux sections, de dimension d'ailleurs fort inégale, qui auront pour titre :

La première: *Des éléments constitutifs de l'acte juridique, cas d'inexistence, cas d'annulabilité.*

La seconde : *Intérêt de la distinction des actes non existants et des actes annulables.*

SECTION PREMIÈRE

Eléments constitutifs de l'acte juridique, cas d'inexistence, cas d'annulabilité

14. Nous diviserons notre section première, de beaucoup la plus importante, en deux articles, qui comprendront chacun trois chapitres, entre lesquels nous répartirons de

la manière suivante l'étude des éléments constitutifs de
l'acte juridique et des cas d'inexistence et d'annulabilité.

ARTICLE PREMIER

**Des personnes sujets de l'acte juridique. —
Actes non existants, actes annulables à raison
du sujet.**

CHAPITRE I. — De la volonté de l'homme dans les
actes juridiques.

CHAPITRE II. — De la manifestation extérieure de la
volonté humaine dans les actes juridiques.

CHAPITRE III. — De l'aptitude légale de l'homme à
accomplir des actes juridiques.

ARTICLE DEUXIÈME

**Des rapports de droit, objets des actes juri-
diques. — Actes non existants, actes annulables
à raison de l'objet.**

CHAPITRE I. — Des effets de droit qui peuvent être
l'objet des actes juridiques.

CHAPITRE II. — Des personnes qui concourent passivement à la formation des actes juridiques.

CHAPITRE III. — De l'élément matériel des actes
juridiques.

APPENDICE

**De la cause considérée comme élément cons-
titutif distinct dans les actes juridiques.**

ARTICLE PREMIER

Des personnes sujets de l'acte juridique

ACTES NON EXISTANTS

ACTES ANNULABLES A RAISON DU SUJET

CHAPITRE I

De la volonté de l'homme dans les actes juridiques

Notions générales sur l'inexistence et l'annulabilité des actes juridiques à raison de la volonté. — Division du chapitre 1er. — § 1. Du défaut absolu de volonté et de ses effets. — Distinction de l'inexistence rationnelle et de l'inexistence légale. — I. De l'inexistence rationnelle des actes juridiques pour défaut de volonté.— II. De l'inexistence légale des actes juridiques pour défaut de volonté. — § 2. Des causes qui vicient la volonté sans l'anéantir.

15. Le premier élément essentiel à l'existence des actes juridiques est, avons nous dit, la *volonté de l'homme*. N'avons-nous pas en effet défini l'acte juridique, après lui avoir assigné sa place dans les événements du monde extérieur qui ont la puissance de produire des effets de droit, tout fait volontaire de l'homme qui tend à créer, à conserver, à modifier ou à éteindre un rapport de droit ? Aussi sans volonté pas d'acte juridique possible. Mais que faut-il entendre par ces mots : la volonté de l'homme ? C'est, pour employer les termes mêmes de Leibnitz, cette *vis sui conscia, sui potens, sui motrix* qui nous permet de réfléchir avant d'agir et d'agir quand nous avons réfléchi. Vouloir c'est unir tous ses efforts pour atteindre un but que l'on connaît. C'est à cette faculté supérieure de l'homme que la loi a attaché la puissance de produire des effets de droit. Mais cette volonté est susceptible de degrés infinis ; elle varie suivant l'intelligence des hommes, puisqu'on veut d'autant mieux qu'on connaît mieux le but vers lequel on tend, qu'on comprend mieux les causes et les effets des actes qu'on accomplit ; elle est donc soumise aux mille influences diverses qui agissent sur l'état intellectuel de l'homme et ne peut avant tout exister que chez des êtres assez avancés en âge pour se rendre compte de ce qu'ils font. L'âge n'est pas toujours suffisant cependant pour donner à l'homme le degré d'intelligence nécessaire pour agir en pleine connaissance de cause ; il est des êtres en effet qui n'ont jamais connu et qui ne connaîtront jamais les joies de l'entendement, ce sont ceux que le langage moderne désigne d'un mot presque pénible à prononcer : les idiots ; les Romains les appelaient *mente capti* ou *insani*. Il en est d'autres plus malheureux encore qui, après avoir atteint le degré d'intelligence qu'on rencontre d'ordinaire chez la majorité des hommes, voient leur raison leur échapper par moment pour les laisser en proie aux idées les plus extravagantes, aux désirs les plus furieux ; la violence qui caractérise le plus souvent leur maladie, au moins pendant ses périodes aiguës, les avait fait désigner à Rome sous le nom de *furiosi*.

16. Si l'un de ces êtres, que l'enfance, l'imbécillité ou la démence privent de l'usage de ses facultés mentales, exécute un acte juridique, fait une donation, un testament, une opération de droit quelconque, quel sera le sort de l'acte ainsi accompli ? La raison se révolte à la seule pensée qu'on puisse tenir un tel acte pour valable, mais trouvera-t-il néanmoins dans l'apparence même de l'existence dont il est revêtu, sans en avoir la réalité, assez de force pour produire quelque effet, tant qu'il n'aura pas été annulé, réduit à rien par une autorité supérieure ; ou bien au contraire cet acte ne sera-t-il qu'une manifestation inefficace d'une volonté impuissante ? Les notions par nous données font nettement pressentir notre réponse ; pour nous un tel acte est absolument *inexistant* et c'est ce que nous établirons sans peine dans un paragraphe premier qui portera pour titre : *Du défaut absolu de volonté et de ses effets.*

17. La volonté bien qu'émanée d'une personne jouissant de toutes ses facultés mentales peut cependant se trouver singulièrement affaiblie à raison des circonstances mêmes qui entourent l'accomplissement de l'acte ; cet acte sans doute a été exécuté, et son auteur a eu la volonté de l'accomplir, mais cette volonté a été déterminée chez lui par l'ignorance dans laquelle il se trouvait, par l'erreur qui hantait son esprit, par les manœuvres dolosives exercées contre lui, par la crainte enfin qu'on a su lui inspirer. Quel sera le sort de l'acte ainsi accompli sous l'empire de l'erreur, du dol ou de la violence ? N'aura-t-il aucune existence juridique ? Le bon sens repousse une semblable solution ? Sera-t-il considéré comme parfait, comme inattaquable ? Ce serait là blesser l'équité. Cet acte sera *annulable ;* il existera mais on pourra demander au juge de l'anéantir ; c'est là la solution que nous justifierons dans un deuxième paragraphe de notre chapitre premier ; ce paragraphe portera pour titre : *Des causes qui vicient la volonté sans l'anéantir*.

Le seul rapprochement de ces deux paragraphes suffira pour faire apparaître clairement, en ce qui concerne la volonté, la distinction de l'inexistence et de l'annulabilité.

§ I

Du défaut absolu de volonté et de ses effets.

18. L'homme peut être privé complètement de la faculté de vouloir, soit parce qu'il est encore dans un âge où l'intelligence n'a pas atteint un degré de développement suffisant pour avoir conscience d'elle-même, et cette période de la vie humaine était désignée par les jurisconsultes romains sous le nom d'*infantia,* soit parce qu'il est frappé d'idiotisme et condamné à jamais à ne pas comprendre, soit enfin parce que sa volonté subit parfois des éclipses et qu'il est en état de démence. *L'infans, le mente captus et le furiosus* tels sont d'abord trois catégories d'êtres humains qui, tout le monde le reconnaît, sont incapables d'avoir une volonté, la raison le proclame et le droit romain en consacre nettement le principe ; mais, en dehors de ces hypothèses, il est encore d'autres causes naturelles qui peuvent paralyser complètement la volonté

de l'homme et sur lesquelles il nous faudra aussi nous
expliquer. Enfin il est des cas où la loi toute puissante a
considéré comme n'existant pas une volonté pleine de vie et
de force au point de vue psychologique, aussi serons-nous
amené à distinguer deux espèces d'inexistence : *l'inexistence rationnelle et l'inexistence légale,* la première se
produira quand rationnellement la volonté fera défaut, la
seconde lorsque le défaut de volonté ne sera que la conséquence d'une décision arbitraire de la loi. Cette distinction fondamentale que nous proposons d'établir entre
l'inexistence rationnelle et l'inexistence légale, trouvera
sa place dans l'analyse de la plupart des éléments constitutifs de l'acte juridique comme pour la volonté elle-
même, elle nous permettra d'éviter quelques erreurs souvent commises et dues uniquement à une analyse insuffisante. Nous consacrerons à chacune de ces deux espèces
d'inexistence un numéro spécial.

I. DE L'INEXISTENCE RATIONNELLE DES ACTES JURIDIQUES POUR DÉFAUT DE VOLONTÉ.

Il y a inexistence rationnelle de l'acte juridique pour
défaut de volonté quand cet acte est accompli par un
infans, par un *mente captus,* un *furiosus,* ou par un
homme agissant sous l'empire de l'ivresse complète, d'une
passion violente qui lui enlève momentanément l'usage
de la raison, ou sous l'influence d'une erreur essentielle ;
parcourons rapidement ces diverses hypothèses.

1° Des actes accomplis par l'Infans.

20. Nous n'avons pas à entrer ici dans les interminables
controverses qu'a soulevées la théorie de *l'infantia,* notre

étude devant se limiter à l'un des effets de *l'infantia*, à son influence sur les actes accomplis pendant sa durée. Qu'il nous soit permis cependant de préciser à son sujet la notion de *l'inexistence légale et de l'inexistence rationnelle* que nous n'avons fait encore qu'indiquer d'un mot. Personne, croyons-nous, ne songe à contester que durant les premières années de sa vie, l'enfant soit absolument incapable de volonté, mais pendant combien de temps se prolongera cette incapacité ? C'est là une question qui en raison pure ne saurait être résolue d'une manière uniforme pour tous les enfants et qui recevra une solution différente suivant la précocité plus ou moins grande de chacun d'eux, aussi peut-on dire qu'au point de vue rationnel l'acte de *l'infans* sera frappé d'inexistence tant qu'il n'aura pas, par des preuves éclatantes de ses capacités intellectuelles, démontré qu'il est sorti de la période de *l'infantia* ; or tel enfant atteindra ce degré de développement dès sa sixième ou sa septieme année, tel autre, au contraire, y touchera à peine à neuf ou onze ans ; tout ici est affaire d'appréciation et d'examen individuel. Telle est *l'inexistence rationnelle* en ce qui concerne *l'infantia*. Veut-on savoir maintenant ce que sera *l'inexistence légale* ? le voici : la loi ne pouvait, a-t-il semblé aux jurisconsultes romains, laisser ainsi au juge le soin d'apprécier arbitrairement si tel enfant déterminé avait ou non une volonté suffisante pour accomplir un acte juridique ; aussi, dans le but de couper court aux mille difficultés d'applications qui auraient surgi infailliblement, a-t-elle cru devoir fixer elle-même d'une façon invariable pour tous les enfants l'âge auquel ils sortiraient de *l'infantia*. Or on conçoit sans peine que cette réglementation arbitraire de la loi va avoir pour effet de reconnaître une existence légale à des actes qui rationnellement ne sauraient exister faute de volonté, c'est ce qui arrivera, par exemple, si nous supposons un enfant dont l'intelligence s'est développée fort lentement et qui à sept ans est encore complètement incapable de comprendre l'importance de l'acte qu'il accomplit ; et inversement cette réglementation frappera parfois d'inexistence légale des actes juridiques qui, au point de vue rationnel, auront une existence certaine ; c'est ce qui arrivera pour tous les actes accomplis par un *infans* du jour où son complet discernement se sera affirmé jusqu'à l'époque que la loi a elle-même choisie comme limite de son impuissance.

21. Cette notion de l'inexistence rationnelle et de l'inexistence légale nettement dégagée, demandons-nous quel sera le sort de l'acte accompli par *l'infans*. Cet acte, avons-nous dit déjà, sera *inexistant;* il manque, en effet, du plus essentiel de ces éléments, s'il est possible de s'exprimer ainsi ; ce n'est qu'un pur néant. Il ne pourra à aucune époque être opposé à *l'infans*, pas plus qu'il ne sera lui-même en droit de s'en prévaloir ; ainsi, supposons que l'acte accompli durant *l'infantia* soit un de ces actes qui rendent meilleure la condition de l'enfant, cet acte n'en sera pas moins sans effet parce qu'étant dépourvu de l'un de ses éléments constitutifs il n'existe pas et ce qui n'a aucune existence juridique ne saurait produire un effet de droit quelconque. C'est bien là, en effet, la solution consacrée par le droit romain. Le pupille, nous dit Gaius, peut rendre seul, *sine tutoris auctoritate*, sa condition meilleure, mais cela n'est vrai, ajoute-t-il, que de *l'infans* « *qui jam aliquem intellectum habet : nam infans et qui* *infanti proximus est non multum a furioso differt, quia hujus cœtatis pupilli nullum intellectum habent.* » (1) Est-il possible de consacrer d'une façon plus formelle la théorie des actes inexistants? Et même, ajouterons-nous, est-il possible de reconnaître d'une manière plus nette la distinction des actes non existants et des actes simplement annulables? Etait-il, en effet, une hypothèse plus favorable pour nier qu'il y eut dans l'acte de l'*infans* autre chose qu'une opération susceptible d'être annulée, susceptible aussi par conséquent d'être confirmée? Voilà, en effet, un acte utile à l'enfant, c'est l'hypothèse même sur laquelle nous raisonnons, un acte par conséquent dont le législateur doit désirer le maintien et cependant les jurisconsultes romains n'hésitent pas à proclamer son inexistence, rien en effet ne semble pouvoir leur faire considérer comme susceptible de confirmation un acte que la raison commande de regarder comme privé de toute existence. Hâtons-nous d'ailleurs d'ajouter que la solution du § 109 n'est pas l'expression de l'opinion personnelle de Gaius, elle était universellement admise et fut définitivement consacrée par Justinien. (2)

2° Des actes accomplis par le mente captus.

22. Le *mente captus*, que les textes appellent aussi *insanus*, est l'homme en état d'imbécillité ou d'idiotisme; c'est-à-dire celui chez lequel les facultés intellectuelles n'ont pris aucun développement et sont restées ce qu'elles

(1) Gaius Com. III, § 109.
(2) Institutes de Just. L. III, T. XIX, § 10, *de Inutilibus stipulatio-nibus.*

étaient dans la période même de *l'infantia;* aussi la
solution donnée pour les actes accomplis par *l'infans*
doit-elle être reproduite ici. Incapable de volonté, le
mente captus ne peut faire aucun acte juridique valable
et s'il manifeste comme il le peut la volonté d'en faire un,
s'il accomplit certaines solennités prescrites par la loi,
l'acte qu'il fait n'a que l'apparence de l'acte juridique,
mais n'est doué d'aucune existence légale ; aussi à
l'origine de la curatelle, quand on ne voyait encore en
elle qu'un moyen de protéger la famille du *furiosus*, ne
songea-t-on même pas à l'étendre au *mente captus*. La loi
des XII Tables en effet qui, consacrant un usage déjà
ancien, (1) posa la première les règles de la curatelle, ne
s'occupait que du *furiosus,* c'est-à-dire de l'homme dont
le dérangement intellectuel se manifeste par des idées
extravagantes ou des violences entrecoupées d'intervalles
lucides, mais ne l'étendait pas aux idiots. Voici en effet
d'après Cicéron (2) comment elle s'exprimait : « *Si furiosus escit; adgnatorum gentiliumque in eo pecuniaque ejus
potestas esto* » et les jurisconsultes anciens ne songèrent
nullement à faire l'application de cette règle au *mente
captus,* aussi ne fut-ce seulement que lorsque la curatelle
se dépouilla de son caractère primitif pour se transformer
dans le droit prétorien en une mesure de protection qu'on
l'étendit aux faibles d'esprit.(3) Or,tout les interprètes sont

(1) L. 1 pr. D. de Curat., f. 27, 10.

(2) *De inventione*, II, 50.

(3) Le Préteur vit avant tout dans la curatelle une mesure de protection établie en faveur de ceux qui ne pouvaient veiller eux-mêmes
à leurs propres intérêts, aussi l'étendit-il au *mente captus*, au
sourd-muet, à tous ceux enfin qu'une infirmité permanente empêchait
de gérer leurs biens. Instit. L. I, T. XXIII, § 4.

d'accord pour expliquer la solution unanimement admise par les jurisconsultes romains sous l'empire de la loi des XII Tables, par ce fait que le *mente captus* ne pouvant faire aucun acte juridique par suite de l'impossibilité dans laquelle il se trouvait de fournir une volonté efficace, il était inutile de protéger sa famille contre lui, puisqu'il était impuissant à lui nuire.

3° *Des actes accomplis par le furiosus.*

23. Nous avons déjà défini à plusieurs reprises le mot *furiosus*, il sert à désigner l'homme qui a perdu l'usage de la raison mais chez lequel aux idées les plus extravagantes succèdent parfois des intervalles lucides plus ou moins longs. Les textes abondent pour proclamer que le *furiosus*, dans ses moments de démence, est dans l'impuissance absolue d'accomplir un acte juridique ; la volonté lui fait en effet complètement défaut quand il est en proie à un accès de fureur ; et sans volonté il n'y a pas d'acte juridique. Aussi Justinien nous dit-il : « *Furiosus nullum negotium gerere potest, quia non intelligit quod agit* (1), » et Gaius s'exprime plus clairement encore quand il nous dit : « *Furiosus sive stipuletur, sive promittat, nihil agere,* NATURA *manifestum est* (2). » Il y a, nous dit-il, une impossibilité *naturelle* à ce que l'acte existe, une impossibilité qui résulte de la force même des choses, cette impossibilité naturelle d'exister c'est ce que nous avons appelé l'inexistence rationnelle. Que l'opéra-

(1) Inst. de *Inut.* stipul., L. III, T. XIX, § 8.
(2) Gaius, L. II, Aureorum.

tion soit nuisible au *furiosus* ou qu'elle lui soit utile peu
importe, jamais il ne pourra s'en prévaloir, jamais on ne
pourra s'en prévaloir contre lui ; n'est-ce pas encore consacrer de la manière la plus explicite la théorie de l'inexistence ? Si l'acte accompli par le *furiosus* était simplement
annulable, il ne pourrait l'être, cela se conçoit, qu'au gré
de celui en faveur duquel l'annulabilité aurait été introduite, c'est-à-dire du *furiosus,* qui pourrait donc, si
l'acte lui paraissait avantageux en demander le maintien ;
or la loi romaine lui refuse absolument ce droit ; n'est-ce
pas reconnaître que l'acte n'est pas simplement annulable
mais bien dépourvu de toute existence juridique ; que
c'est un pur néant aux yeux du droit puisque, quelque
favorable que soit la situation dans laquelle on se place,
aucun effet ne peut lui être reconnu.

24. Si les textes si précis de Justinien et de Gaius ne
paraissent pas suffisants qu'on nous permette d'en citer
encore quelques-uns. C'est d'abord la loi 2 au code de
Justinien *de Contrahenda emptione* qui nous dit : « *Emp-
tionem venditionem consensum desiderare, nec furiosi
ullum esse consensum manifestum est.* » C'est ensuite la
loi 5 *de Regulis juris* au Digeste qui s'exprime en ces
termes : « *Furiosus nullum negotium contrahere potest.* »
Puis la loi 40 au même titre qui nous dit positivement :
« *Furiosi nulla voluntas est,* » principe reproduit encore
par la loi 124 qui assimile le *Furiosus* à l'absent : « *Furiosus absentis loco est.* » Nous pourrions multiplier ces
citations presque à l'infini (1).

---

(1) V. notamment : L. I, § 3, D. 41, 2. — L. 4 *de Divortiis* 24, 2. —
L. 22, § 7, *Soluto matruionis* — Sentences de Paul, L. IV, T. XII,
§ 7. — L. I, § 3, *de adq., tel amitt. possess.* D. — L. XVIII, § 1, D.

25. Nous n'hésitons donc pas à reconnaître qu'en droit romain, comme dans le droit rationnel pur, le fou est incapable d'accomplir un acte juridique quelconque parce qu'en effet tout acte juridique suppose comme élément essentiel la volonté et que le fou est privé de la faculté de vouloir. Ainsi, quiconque voudra se prévaloir de l'acte accompli par un *furiosus* et en poursuivre en justice l'exécution, marchera à un échec certain et si l'exécution de cet acte a eu lieu, le fou ou son adversaire pourront librement, s'il s'agit d'un transfert de propriété, revendiquer les objets qui auront été livrés, car la propriété de ces objets est restée sur la tête du *tradens* ou intenter la *condictio indebiti* s'il s'agit d'un paiement, sans qu'il y ait à faire reconnaître au préalable par le juge l'inexistence de l'acte et sans qu'il faille surtout demander d'abord au préteur l'*in integrum restitutio*.

26. Nous devons cependant reconnaître spécialement en ce qui concerne la *restitutio in integrum* que notre solution, d'ailleurs parfaitement conforme à la raison et consacrée par de nombreux textes, semble contredite par une constitution de l'empereur Gordien, insérée au Code (1), et qui s'exprime ainsi : « *Si pater tuus mentis compos non est, pete ei curatores, per quos si quid gestum est quod revocari oporteat, causa cognita in pristinum statum restitui possit.* » mais l'examen de ce texte important trouvera plus tart sa place, aussi, nous contentons-nous de renvoyer aux explications dont il sera ultérieurement l'objet.

27. Le défaut absolu de volonté peut se produire

(1) L. III *d. curat. furiosi*, 5.70.

dans un très grand nombre d'autres hypothèses, mais
nous ne saurions ici passer en revue tous les événements
multiples qui peuvent anéantir la raison de l'homme et
lui faire perdre le libre exercice de ses facultés. Un traité
des actes inexistants comporterait sans doute, l'étude
d'ailleurs fort intéressante, de tous ces phénomènes
psychologiques qui, dûs à l'ivresse, à la surdi-mutité, à
l'approche de la mort ou à mille autres causes, tantôt
obscurcissent la raison de l'homme, tantôt la font disparaître complètement ; mais ce n'est pas, on le sait, un
traité des actes non existants que nous nous proposons
de faire, nous n'avons d'autre but que d'indiquer le
moyen de les reconnaître ; aussi, une seule idée générale
doit-elle se dégager des développements qui viennent
d'être donnés sur le défaut absolu de volonté, c'est que
toutes les fois que cette volonté ne se trouve pas à la base
même d'un acte juridique, cet acte est en raison pure
dépourvu de toute existence et la loi romaine, nous
l'avons montré, est ici d'accord avec la raison pour
reconnaître que ces actes n'ont que l'apparence même
d'actes juridiques.

28. Nous ne saurions cependant terminer les développements que nous consacrons au défaut de volonté,
sans indiquer qu'indépendamment des cas où l'extrême
jeunesse de l'agent, sa faiblesse d'esprit ou son état
d'aliénation mentale le privent de toute volonté, il est
des hypothèses dans lesquelles l'homme parfaitement
sain d'esprit et capable en principe de vouloir, n'agit
pas cependant avec une liberté ou une connaissance
suffisantes pour que rationnellement il soit possible de
considérer sa volonté comme véritablement existante.

Ces causes qui altèrent la volonté de l'homme, au point de la faire disparaître complètement, peuvent se ramener selon nous, à trois principales : l'ignorance, l'erreur essentielle et la violence.

29. *Des cas où l'erreur et l'ignorance suppriment la volonté.* — L'erreur et l'ignorance répondent à deux idées parfaitement distinctes : l'erreur en effet, est la notion fausse que nous avons d'une chose ; l'ignorance est l'absence de toute notion. Il est facile de remarquer qu'envisagée au point de vue qui nous occupe, c'est-à-dire comme mobile d'un acte juridique, l'ignorance engendre le plus souvent une notion fausse en faisant croire qu'une chose qui existe n'existe pas ou réciproquement et se confond avec l'erreur ; aussi est-ce avec raison que les textes d'ordinaire les réunissent.

30. La volonté n'existe, avons-nous dit, qu'autant qu'elle agit en pleine connaissance de cause, car rien ne paraît aussi contraire à la volonté que l'erreur, on devrait donc en conclure en principe que toute erreur entraîne l'inexistence même des actes juridiques dont elle est la cause. N'est-ce pas en effet d'ailleurs ce que semblent affirmer dans leur généralité même, de nombreux textes du Digeste : « *Non videntur qui errant consentire* » nous dit la loi 116 *de diversis regulis juris* (1) ; *Nulla enim voluntas errantis est*, ajoute la loi 20 *de aqua et aquæ pluviæ arcendæ* (2). *Quid enim tam contrarium consensui quam error?* (3). *Si per errorem alius pro alio*

---

(1) V. également L. 57, *de Oblig. et Act.*
(2) 39, 3 D.
(3) L. 15 de *jurisdictione*. L. 2, T. 1.

Prætor fuerit aditus : nihil valebit quod actum est, nec enim ferendus est qui dicat, consensisse eos in Prœsidem: cum, ut Julianus scribit, non consentiant qui errent. » Aussi quelques interprètes du droit romain se sont-ils cru autorisés à voir là l'expression d'une règle générale (1). Cette solution absolue nous semble à la fois contraire aux textes du droit romain et à la raison et les lois que nous venons de rappeler ne peuvent être sûrement entendues que sous le bénéfice de nombreuses distinctions. Tantôt en effet l'erreur fait complètement disparaître la volonté et entraine ainsi l'inexistence même de l'acte juridique qu'elle infecte, tantôt au contraire elle se borne à le vicier et ne permet plus dès lors à celui qui a agi sous son empire que de se faire restituer contre les conséquences de l'acte qu'il a accompli, tantôt enfin elle est sans aucune influence ni sur l'existence de l'acte ni sur sa validité.

31. Nous n'avons à rechercher ici que les cas dans lesquels l'erreur est destructive de la volonté et entraine par conséquent l'inexistence de l'acte. Les jurisconsultes donnent d'ordinaire à cette erreur le nom d'*erreur essentielle* par opposition avec l'expression d'*error minus essentialis* ou *concomitans* que les romanistes allemands (2) réservent à l'erreur qui n'affecte que la validité même de l'acte. Parcourons donc rapidement les différentes hypothèses dans lesquelles il y a erreur essentielle.

32. *1° Erreur sur le motif déterminant de l'acte juridique.* — La volonté n'existe pleinement, avons-nous dit, qu'autant qu'elle sait vers quel but elle tend et pour-

---

(1) V. notamment Dictionnaire du Digeste, 1ʳᵉ édition, Vᵒ. Erreur.
(2) Voyez notamment Maynz, T. 2, p. 153.

quoi elle dirige ses efforts de ce côté plutôt que vers tout
autre ; n'est-ce pas en effet la comparaison des buts à atteindre, des raisons d'agir qui constitue la délibération d'où
naît la volonté. On ne peut être réputé vouloir quand on ne
donne aucune raison de ce que l'on fait. Aussi n'y a-t-il
pas, selon-nous, d'erreur plus substantielle que celle qui
porte sur ce que nous avons appelé le motif déterminant
de l'acte. Primus croit que Secundus lui a rendu un service, il veut l'en récompenser et lui fait une donation,
mais en réalité Secundus ne lui a rendu aucun service et
ne méritait à aucun titre cette disposition libérale, l'erreur
dans laquelle se trouvait Primus ne lui a pas permis de
manifester une volonté valable, puisque sans cette erreur
jamais il n'eut accompli un tel acte : ou pour donner d'une
semblable opération une analyse plus rigoureusement
exacte, on pourrait dire que tout acte juridique ne se forme
que sous la condition de l'existence même du motif qui a
déterminé la volonté de son auteur, du but immédiat,
direct qu'il a poursuivi. Dire : je fais tel acte parce que
j'ai telle raison de le faire, n'est-ce pas dire : je ne consens
à accomplir cet acte que si la raison qui me détermine à
l'accomplir existe réellement, si cette raison n'existe pas,
je refuse absolument d'y consentir. Or, si cette raison
n'existe pas en réalité, le fait même de la découverte de
mon erreur ne fait-il pas défaillir la condition sous laquelle seule j'avais consenti, la condition à laquelle soit
expressément, soit tacitement j'avais subordonné ma volonté, et avec ma volonté l'acte juridique tout entier ne
ne disparaît-il pas ? Nous ne saurions, quand à nous, admettre qu'une telle erreur pût laisser intacte la volonté
qu'elle infecte ; cette erreur à nos yeux ne vicie pas seule-

ment cette volonté, elle l'anéantit parce que cette volonté, c'est la raison même qui l'indique, ne s'était produite que sous la condition même qu'elle n'existât pas.

33. Cependant il nous faut bien le reconnaître les jurisconsultes romains ont repoussé cette solution et n'ont pas craint de se mettre ainsi en contradiction avec les vraies données de la raison (1); aussi voyons-nous là l'un des cas où la loi reconnait une existence légale à des actes qui rationnellement ne se sont pas formés. Les jurisconsultes romains n'ont fait d'ailleurs ici que suivre leurs principes habituels; ils se sont attachés surtout à l'apparence même des choses, une volonté s'est produite selon eux et cette volonté suffit pour donner à l'acte l'existence juridique; ils ont pris le fait dans sa matéria-lité, sans rechercher à découvrir ce qu'il cachait et ils n'ont pas compris que cette volonté apparente n'était au fond que conditionnelle et qu'il était nécessaire pour qu'elle existât que la condition même à laquelle elle était subordonnée se réalisât. Mais ce que nous avons peine à concevoir c'est que les romanistes modernes reproduisent tous la solution romaine sans songer à en discuter le mérite rationnel; il en est même parmi eux qui vont jus-qu'à lui donner une entière approbation, sans d'ailleurs indiquer les motifs de leur jugement.

34. 2° *Erreur sur la nature de l'acte juridique.* La deuxième hypothèse dans laquelle l'erreur entraîne l'inexis-tence même de l'acte juridique est celle où elle porte sur sur la nature de l'acte accompli. Cette erreur toutefois,

---

(1) V. L. 27 *de imoff. testam.* L. 28 *cod. tit.* — L. 29 *de hered. inst.t.* — V. aussi Accarias T. 2, n° 501 *in fine.*

remarquons-le tout d'abord, se conçoit difficilement dans les actes juridiques qui supposent une volonté unique car en admettant même que l'auteur d'un tel acte se soit trompé sur sa dénomination, comme ce n'est pas à la qualification de l'acte, mais aux effets que son auteur a manifesté l'intention de lui faire produire que l'on doit avant tout s'attacher, l'erreur dans ce cas ne peut avoir sur l'acte aucune influence. On pourrait supposer cependant l'hypothèse, assez peu pratique d'ailleurs, où un individu manifesterait l'intention d'accomplir tel acte juridique dénommé et réglé pour la loi, croyant en accomplir un autre. Une telle erreur au contraire pourra très souvent se produire si l'acte juridique est de ceux qui exigent un concours de volontés : Primus veut faire une donation à Secundus, Secundus croit recevoir à titre de *mutuum* ; le contrat ne sera pas formé faute de concours de volontés ; tous les jurisconsultes romains étaient d'ailleurs d'accord dans ce cas pour proclamer l'inexistence de la convention (1).

35. 3° *Erreur sur l'identité de la personne formant le second terme du rapport de droit, objet de l'acte juridique.* Cette erreur fort rare déjà dans les actes juridiques, qui supposent un concours de volontés, peut à peine se concevoir dans les actes juridiques unilatéraux ; elle exige en effet que celui sur la tête duquel le droit se fixe ne soit pas identiquement le même que celui que l'auteur de l'acte a eu en vue. Ainsi Primus institue l'esclave Stichus son héritier, mais il se trouve que celui qu'il a voulu instituer n'est pas celui qui porte le nom de

(1) L. 18, pr. et § 1 *de reb. cred.*

Stichus (1); ou bien un contrat *per nuntium* intervient
entre Primus et Secundus, Primus croit que le messager
lui transmet le consentement de Tertius tandis que c'est
en réalité celui de Secundus. Dans cette double hypothèse
l'acte juridique n'a pu naître faute de volonté car l'homme
que Primus a voulu gratifier n'est pas celui-là même au
profit duquel est intervenue la disposition libérale et
l'homme avec lequel il s'est trouvé en rapport par l'intermédiaire de *nuntius* n'est pas celui qu'il a voulu prendre
pour créancier ou pour débiteur ; et c'est en effet la solution que donne le jurisconsulte Celsus dans une hypothèse
analogue (2). Cette opinion se justifie pleinement au point
de vue rationnel, car il est certain que dans ce cas la
volonté de l'auteur de l'acte a fait complètement défaut,
mais il est à regretter cependant que la loi romaine, qui
se montre d'ordinaire si avare en matière d'erreur essentielle ait admis ici une solution aussi radicale ; peut-être
des considérations pratiques auraient-elles dû lui faire
faire sur ce point une distinction entre les cas où l'auteur
de l'acte a eu surtout en vue la personne même sur la
tête de laquelle devait se fixer le droit et ceux au contraire
où cette considération n'a été dans son esprit que secondaire et qu'il est certain qu'il l'eût accompli si cette
erreur n'eût pas existé ; dans cette seconde hypothèse en
effet on ne saurait soutenir que la volonté a fait absolument défaut.

36. 4° *Erreur in corpore.* L'erreur qui porte sur l'élément matériel de l'acte juridique entraîne également son

---

(1) L. 9, D. *de hered. instit.*
(2) L. 32, D. *de reb. cred.*

inexistence; les jurisconsultes la désignent d'ordinaire par l'expression *error in corpore ;* c'est l'erreur sur l'identité même de la chose abstraction faite de ses qualités ; les textes qui constatent l'inexistence des actes infectés d'une semblable erreur sont fort nombreux (1).

37. 5° *Erreur in substantia ou in materia.* C'est l'erreur sur la qualité dominante de la chose, sur la qualité que l'auteur de l'acte juridique a eue surtout en vue en l'accomplissant et sans laquelle par conséquent il n'eût pas agi comme il l'a fait; cette erreur par la définition même que nous en donnons doit être rangée sans hésita - tion parmi les erreurs essentielles et l'acte juridique dans lequel se trouve une telle erreur ne saurait avoir d'existence au point de vue rationel. Mais il nous faut ici encore constater une différence entre la pure raison et le droit positif romain et cet acte rationnellement inexistant avait à Rome une existence légale; il y a toutefois sur ce point une opinion divergente dans laquelle on soutient que ce n'était que pour les contrats de droit strict que les textes admettaient dans ce cas l'existence de l'acte mais que dans les contrats de bonne foi une telle erreur en- traînait l'inexistence même de l'acte (2).

Telle est l'énumération rapide des cas où l'erreur anéan- tit complètement la volonté et empêche ainsi l'acte juridi- que qu'elle infecte d'avoir une existence réelle, mais l'erreur peut se produire dans bien d'autres hypothèses,

(1) V. L. 57 de *Obligat.* — 51 de *Pactis.* — § 23 de *inutil. Stipul. Instit.* — L. 83,§ 1 ; L. 137,§ 1 de *Verb. oblig.* — L. 9. pr. de *contrahenda empt.* XVIII. 1. — L. 4 pr. de leg. 1. XXX. — V. aussi pour l'erreur *in pretio :* L. 52,*Loc. cond.* XIX, 2.

(2) V. *Accarias* T. 2, n° 501. — Dictionnaire du Digeste V°. Erreur p. 247.

aussi nous demanderons,nous, dans notre deuxième paragraphe consacré, on le sait, aux causes qui vicient la volonté sans l'anéantir, quel doit-être l'effet de l'erreur sous les différentes formes dans lesquelles elle peut se produire.

38. Une observation cependant s'impose dès maintenant à nous : nous avons étudié jusqu'ici l'erreur abstraction faite des causes qui peuvent l'engendrer, car tantôt elle est l'effet de l'ignorance dans laquelle nous sommes, et trouve ainsi sa cause première en nous-même, tantôt au contraire elle est le résultat des manœuvres d'une autre personne, or la question qui se pose est celle de savoir s'il y a quelque intérêt à distinguer suivant que l'erreur trouve sa source en nous-même ou qu'elle est produite par les manœuvres d'autrui. Nous ne croyons pas en effet que l'origine même de l'erreur doive exercer une influence particulière. Quelle que soit en effet la cause de l'erreur dans laquelle nous sommes tombés, cette erreur n'en a pas moins anéanti notre volonté, si nous nous plaçons dans l'une des hypothèses où l'erreur est exclusive de toute volonté et dans tous les cas l'acte qu'elle infecte doit être sans hésiter considéré comme n'ayant aucune existence rationnelle, sans qu'il y ait à distinguer suivant que cette erreur a sa cause en nous-même ou dans les manœuvres pratiquées envers nous. Telle ne fut pas cependant la manière de voir des jurisconsultes romains, on veut d'autant plus sûrement, disaient-ils, qu'on est mieux trompé! Pure subtilité dont les conséquences funestes devaient du dol s'étendre à la violence elle-même.

39. *De la crainte.* — Nous avons dit que les causes principales qui anéantissaient la volonté de l'homme sain

d'esprit sont au nombre de deux : l'*erreur* d'une part, la *crainte* de l'autre. Remarquons tout d'abord que ce n'est pas à la violence elle-même que nous attribuons l'effet d'anéantir la volonté ; la violence, en réalité, n'est que la cause indirecte de l'anéantissement de la volonté ; ce n'est pas parce que je suis l'objet de violences que je perds l'usage de ma libre volonté, mais parce que cette violence fait naître chez moi un autre sentiment qui m'étreint et me domine et cet autre sentiment c'est la crainte ; c'est elle qui obscurcit mon intelligence, c'est elle qui m'arrache la manifestation extérieure d'une volonté que je n'ai pas, que je ne puis avoir, car celui-là ne peut vouloir, qui n'agit pas en toute liberté. La violence n'est qu'un moyen entre les mains de ceux qui m'oppriment et ils n'atteignent le but qu'ils se proposent que lorsque cette violence est assez forte pour faire naître la crainte dans mon âme (1). Deux conséquences importantes découlent de cette observation : 1° il ne sera pas nécessaire qu'il y ait violence dans le sens propre du mot pour que l'acte soit frappé d'inexistence, il suffira qu'il y ait crainte, alors même que les procédés employés pour

(1) Quelles que puissent être les violences pratiquées elles ne porteront aucune atteinte à l'existence de l'acte pas plus qu'à sa validité, si l'auteur de cet acte a su néanmoins conserver sa liberté et a pu donner une volonté complète. Aussi le langage des jurisconsultes romains est il absolument inexact quand il réunit les deux mots *vis et metus* (L. 116, § 1 de *Reg. juris*) ; cette inexactitude qui eut été facilement évitée par un examen plus attentif, une analyse plus complète, trouve son origine dans la rédaction même de l'édit du préteur, qui sous sa forme primitive commençait par ces mots : *Quod vi metus e causa gestum erit...* Ulpien nous apprend d'ailleurs (L. 1, *Quod m tus causa*, L. 1V, T. II), que cette rédaction vicieuse fut plus tard modifiée et il nous indique le motif de la disparition du mot *vis* dans la nouvelle forme de l'Edit.

faire naître cette crainte ne puissent être qualifiés de
violences ; 2° la violence purement physique qui me contraint par exemple à exécuter un acte contre lequel
ma volonté proteste, mais à la réalisation matérielle
duquel mes forces physiques ne me permettent pas
d'échapper, n'a rien de commun avec le sentiment dont
nous faisons actuellement l'analyse et que nous avons
appelé la crainte (1). Il est certain en effet que dans cette
hypothèse la volonté reste absolument étrangère à
l'accomplissement de l'acte quelque apparente réalité
qu'il puisse avoir et il ne fait doute pour personne que
cet acte n'a aucune existence juridique ; nous verrons au
contraire qu'on est bien loin d'admettre universellement
que l'acte accompli sous l'empire de la crainte soit absolument privé d'existence et nous ne songeons même pas
à contester que les jurisconsultes romains reconnaissaient
unanimement l'existence juridique d'un acte semblable ;
pourrait-on en effet soutenir le contraire en présence de
textes aussi formels que celui-ci : *Quamvis, si liberum
esset, noluissem tamen coactus volui* (2). Mais ce
que nous ne saurions admettre c'est que cette solution fût
conforme aux principes de la raison et qu'elle ne fût,
selon l'expression d'un des derniers commentateurs des
Institutes, que la consécration de données psycholo-

(1) Aussi est-ce sans doute en partie sous l'influence de cette idée
que le préteur retrancha de l'Edit le mot *vis* qui aurait pu autoriser à
demander dans ce cas la *restitutio in integrum* ce qui eût été contraire
à la raison et au droit car un tel acte ne saurait pour personne avoir
une existence juridique.
(2) Loi 21, § 5, *Quod metus causa*. L. 85, *de adq. vel omitt. hered.*
L. 22, *de ritu nuptiarum.*

giques parfaitement exactes (1). Peut-on dire en effet que
celui qui agit sous l'empire de la crainte fournit une
volonté réelle ? Sans doute il a prononcé les paroles qu'on
exigeait de lui, sans doute il a écrit l'acte qu'on lui arra-
chait, sans doute, si l'on veut même, entre deux maux il a
choisi le moindre, mais n'y a-t-il pas subtilité pure à dire
qu'il a *voulu;* ces deux maux entre lesquels on lui donnait
à choisir il eût souhaité pouvoir les éviter l'un et l'autre
et celui-là même qu'il a choisi lui a été en réalité imposé
par la force ; on ne choisit pas quand on ne fait que recevoir ce qu'on vous impose. Les jurisconsultes romains
subissaient parfois tellement l'influence de cette idée que
la vérité plus puissante que leurs subtilités juridiques se
fait jour comme malgré eux dans les expressions mêmes
qu'ils emploient. Ne voyons-nous pas en effet le jurisconsulte Ulpien nous dire dans la loi 116 au D. *de Regulis
juris : Nihil consensui tam contrarium est quam vis
atque metus.* S'il n'y a rien de plus contraire à la volonté
que la crainte, comment alors reconnaître à l'acte accompli sous son empire la vie juridique et une perfection telle
au point de vue du droit civil qu'il faut recourir à un
remède prétorien pour permettre à l'équité de reprendre
ses droits.

40. Reconnaître l'existence d'un acte aussi complètement dépourvu du premier de ses éléments essentiels,
c'était là une solution qui devait faire naître dans l'esprit
des plus grands penseurs des doutes sérieux et Pothier
au titre *de Pactis* ne craint pas de déclarer qu'il faut ici
en ce qui concerne les contrats faire une distinction entre

(1) M. Accarias, *Précis* de droit romain, T. 2, n° 502.

les contrats de droit strict et les contrats de bonne foi ; les premiers régis pour les règles rigoureuses du droit civil pouvaient se contenter d'une volonté moins parfaite, mais il lui paraissait manifestement contraire à l'équité d'admettre qu'un consentement arraché par violence fût suffisant dans les contrats de bonne foi.

On ne peut nier d'ailleurs que la loi 116, § 1, *de Regulis juris*, fournit en faveur de ce système un puissant argument ; ce texte ne s'occupe en effet dans ses termes mêmes que des *bonœ fidei judicia* et c'est pour eux en effet que le texte pose cette règle si parfaitement conforme selon nous à la raison : *Nihil consensui tam contrarium est quam vis atque metus : quem comprobare contra bonos mores est.* Pour ces contrats le principe ne saurait être plus clairement exprimé : reconnaître quelque effet à un semblable contrat ce serait violer les lois d'ordre public et fouler aux pieds les bonnes mœurs ; or, s'il est au monde un acte que l'on doive considérer comme inexistant, c'est bien certainement celui qui porte atteinte aux bonnes mœurs.

Nous ne saurions cependant, quant à nous, quel que soit notre désir de constater l'accord du droit romain et des principes rationnels purs, attribuer aux jurisconsultes romains une distinction qui nous paraît rien moins que justifiée au point de vue des textes et nous préférons reconnaître avec la majorité des auteurs qu'à Rome l'acte juridique accompli sous l'empire de la crainte n'en était pas moins valable *jure civili,* sauf à adresser de ce chef à la législation romaine le sévère reproche de ne pas avoir fait sur ce point une analyse complète de la volonté humaine et de lui avoir à tort reconnu l'existence là où elle fait au contraire complètement défaut.

Nous ne pouvons cependant laisser sans réponse les arguments présentés avec force en faveur de la solution proposée par Pothier.

Et d'abord on ne peut, croyons-nous, attribuer aux jurisconsultes romains une aussi singulière distinction entre les contrats de droit strict et les contrats de bonne foi; de deux choses l'une, en effet, ou bien le contrat fait sous l'empire de la crainte est comme le dit la loi 116, § 1, *de Regulis juris*, contraire aux bonnes mœurs et il n'est pas de texte de loi qui puisse donner l'existence juridique à un tel acte et les contrats de droit strict comme les contrats de bonne foi devraient dès lors tomber sous l'application de ce principe ; ou bien au contraire ce contrat ne viole ni l'ordre public ni les bonnes mœurs et dans ce cas qu'il soit de droit strict ou de bonne foi peu importe, il a une existence juridique.

Les textes d'ailleurs condamnent de la façon la plus formelle la solution que nous combattons. Les constitutions 4 et 5 au Code *De his quœ vi metusve causa gesta sunt* accordent en effet au vendeur auquel une vente a été extorquée *per vim vel metum mortis,* l'action *quod metus causa,* n'est-ce pas reconnaître de la manière la plus formelle que cette vente a une existence juridique ; le même texte n'ajoute-t il pas d'ailleurs que cette action n'est donnée que si *non postea eam consensu corroborastis;* or supposer que le contrat fait sous l'empire de la crainte peut être confirmé, c'est reconnaître implicitement son existence, car on ne confirme que les actes simplement annulables, les actes non existants ne sauraient l'être, on ne confirme pas le néant.

La loi 21, § 4, D. *Quod metus causa* nous fournit d'ailleurs un nouvel argument: les contrats qui se forment *solo consensu* peuvent de même, on le sait, disparaître par une volonté contraire, un mutuel dissentiment; or, cette convention destinée à faire disparaître le contrat primitivement fait par les parties est évidemment soumise pour son existence et sa validité aux mêmes règles que le contrat lui-même puisqu'elle repose sur des principes identiques ; or, Paul nous déclare dans cette loi que si l'adhésion donnée par l'une des parties à la dissolution d'une vente ou d'un louage a été extorquée par violence, l'opération ne sera pas nulle de droit, mais qu'il sera possible de l'anéantir au moyen de la *prætoria actio*; or, qu'est-ce que cette *prætoria actio* si non l'action *quod metus causa* elle-même ! et si cette action est reconnue nécessaire pour faire disparaître cette convention, n'est-ce pas en proclamer l'existence juridique, car on n'annule que ce qui existe.

41. Notre conclusion en ce qui concerne la crainte est donc double : au point de vue de la raison pure il ne nous paraît pas douteux que l'acte juridique accompli sous l'empire de la crainte est frappé d'inexistence pour défaut absolu de volonté ; au point de vue du droit positif romain nous reconnaissons au contraire que les textes ne laissent aucun doute sur l'existence légale de l'acte dont nous venons de proclamer, avec non moins d'assurance, l'inexistence rationnelle. Nous étudierons dans notre n° II, que nous devons consacrer, on le sait, à l'inexistence légale pour défaut de volonté, comment cette solution du droit positif, si contraire à la raison, peut cependant se justifier en partie au point de vue pratique.

42. Nous nous sommes demandé jusqu'ici, en nous plaçant successivement au point de vue de la raison pure et des décisions particulières du droit positif romain, dans quels cas il y avait défaut absolu de volonté et nous avons déjà signalé de nombreuses divergences à ce sujet entre le droit rationnel et le droit positif ; tantôt, en effet, le droit positif reconnait comme suffisante pour la perfection d'un acte juridique une volonté que les principes rationnels nous conduisent à regarder comme faisant absolument défaut; tantôt, au contraire, il refuse toute efficacité à une volonté que la raison nous commande de considérer comme parfaitement valable ; aussi avons-nous eu soin d'établir une différence profonde entre l'inexistence rationnelle et l'inexistence légale des actes juridiques; un acte juridique est *rationnellement inexistant* pour défaut de volonté quand l'analyse psychologique nous amène à reconnaître qu'il n'y a pas eu de volonté ; un acte, au contraire, est *légalement inexistant* pour défaut de volonté, quand cette volonté existe au point de vue psychologique et que cependant la loi positive la considère comme dépourvue de toute efficacité juridique, comme n'existant pas. Indépendamment de l'intérêt théorique qui s'attache à cette distinction, intérêt théorique qui est immense selon nous puisqu'il appelle l'attention du jurisconsulte sur une question fondamentale du droit, celle de savoir si les motifs, que peut invoquer la loi positive pour déroger au

droit rationnel pur, sont suffisants pour l'autoriser
à en abandonner ainsi les règles immuables, elle
renferme encore un intérêt pratique qui nous paraît
non moins certain, toutes les fois qu'un acte juridique
sera légalement inexistant, il ne pourra produire
aucun effet civil, cela va de soi, mais il fera naître
un lien de droit naturel qui pourra servir de base
à un acte parfaitement valable ; quand un acte juridique
au contraire est rationnellement inexistant, il n'est pas
seulement dépourvu de tout effet civil, mais il ne peut
encore donner naissance à aucun effet de droit naturel,
puisqu'au point de vue même de ce droit il n'a pas
d'existence.

*1° Cas dans lesquels la loi reconnaît suffisante pour
produire un acte juridique une volonté qui, rationelle-
ment n'existe pas.*

43. Nous en avons déjà cité de nombreux exemples
dans le numéro 1 de ce pagraphe ; n'avons-nous pas vu en
effet que l'erreur *in substantia* entraînait inexistence de
l'acte juridique pour défaut de volonté, au point de vue
rationnel et que cependant les textes reconnaissaient
l'existence juridique d'un acte semblable ; n'avons-
nous pas vu également que l'erreur qui résulte du dol
laisse en droit positif subsister l'acte surpris par des
manœuvres frauduleuses bien que cependant en droit
rationnel, elle fasse selon nous disparaître complètement
la volonté, dans les cas d'ailleurs déterminés par nous, et
entraîne ainsi l'inexistence de l'acte ; n'avons-nous pas vu
enfin que la crainte n'était pas considérée à Rome comme

destructive de la volonté et laissait l'acte subsister, bien qu'en raison il n'y ait rien d'aussi contraire à la volonté que la crainte. Comment expliquer ce désaccord du droit positif et du droit rationnel ? C'est là une question qui sort du cadre que nous nous sommes tracé, disons seulement que ces différentes solutions n'ont rien qui puissent surprendre ceux qui connaissent le mode habituel de procéder des jurisconsultes romains.

Tout ce qui est matériel et certain en fait, tout ce qui peut être constaté en quelque sorte de *visu et auditu* est pris par eux en très grande considération ; ce qui au contraire n'est révélé que par les seules lumières de l'intelligence et par suite peut échapper au commun des hommes, pour lequel le droit positif est fait, ne semble pas les préoccuper ; ainsi l'erreur *in corpore*, sur l'objet même dans son identité, leur paraît bien plus digne de protection que l'erreur *in substantia* qui cependant aux yeux du penseur et du philosophe peut dans la plupart des cas être considérée comme bien plus grave et par conséquent comme devant entraîner une inexistence plus complète encore, s'il était des degrés dans l'inexistence, le défaut de volonté étant dans ce cas plus caractérisé. De même en ce qui concerne la crainte et l'erreur produite par le dol, bien loin de les considérer comme anéantissant la volonté, ils les ont regardées comme lui donnant une force nouvelle et ils sont ainsi arrivés sans peine, en ne s'attachant qu'au côté extérieur des choses, à cette proposition paradoxale : on veut d'autant mieux qu'on est mieux trompé, qu'on est en proie à une crainte plus vive ! Dans tous ces cas ils n'envisagent en effet que les faits eux-mêmes : y a-t-il eu une volonté manifestée ? Sans doute, disent-ils, eh bien qu'importe si cette volonté est déterminée par telle ou telle circonstance cachée, dès lors qu'elle existe extérieurement, l'acte qu'elle a pour but de produire existe également. Et cependant combien de telles solutions, dignes du plus beau temps du formalisme romain le plus pur, auraient dû paraître choquantes au point de vue de l'équité elle-même dans une législation comme la législation romaine primitive qui, non seulement reconnaissait aux actes surpris par dol ou extorqués par violence une existence juridique, mais ne permettait même pas d'en demander l'annulation aux tribunaux !

2° Cas dans lesquels une volonté qui existe au point de vue rationnel est considérée par la loi comme faisant absolument défaut.

44. Nous avons déjà cité précédemment l'hypothèse de l'erreur sur l'identité de la personne qui entraînait toujours à Rome l'inexistence de l'acte juridique et nous avons montré qu'il pouvait cependant arriver en pure raison que la volonté fût entière dans ce cas ; c'est notamment ce qui se produit quand la considération de la personne à laquelle s'adresse le bénéfice de l'acte accompli ou qui doit concourir à la formation du lien de droit n'est envisagée qu'accessoirement par le sujet de l'acte ; nous pourrions citer plusieurs autres exemples du même genre mais il est toute une catégorie d'hypothèses qu'il importe à un plus haut degré de faire connaître, c'est celle qui comprend les personnes saines d'esprit, capables de volonté et auxquelles la loi a retiré la faculté d'accomplir des actes juridiques. Les détails relatifs à cette partie de notre sujet trouveront naturellement leur place dans notre chapitre troisième dans lequel nous nous demanderons, étant donné une volonté rationnellement existante, quelle est au point de vue du droit positif sa puissance de production en matière d'actes juridiques ; nous aurons alors en effet à esquisser la théorie de l'aptitude légale à produire des effets de droit à laquelle se rattache par un lien de genre à espèce le point qui nous occupe actuellement.

§ II

Des causes qui vicient la volonté sans l'anéantir.

45. Nous avons dans notre § 1 indiqué d'une manière générale dans quels cas il pouvait y avoir inexistence des actes juridiques à raison du défaut de volonté, il importe d'étudier maintenant quel sera le sort des actes accomplis par une volonté qui existe soit légalement soit rationnellement mais qui cependant est imparfaite et viciée.

On peut dire d'une façon générale que toutes les causes qui anéantissent la volonté, la vicient simplement quand elles n'existent plus qu'à un degré inférieur ; et ce principe se justifie sans peine au point de vue rationnel : l'homme extravagant n'est pas un fou et cependant la bizarrerie des idées qui lui viennent parfois à l'esprit ne laisse pas de diminuer dans une certaine mesure sa volonté ; l'ivresse, de même, a mille degrés : elle peut parfois anéantir complètement la volonté mais plus souvent elle ne fera que la diminuer ; il en est de même

4

pour l'erreur et la crainte. La loi pourrait-elle prendre en
considération ces mille événements qui vicient la volonté
de l'homme d'une façon plus ou moins grave ? Certainement non. Le droit positif, en effet, vit de précision et il
n'y aurait plus ici aucune stabilité dans les actes juridiques s'il eût été permis d'attaquer un acte sous le
prétexte que la volonté qu'on a donnée pour l'accomplissement de cet acte a été viciée par quelque circonstance
particulière ; aussi devait-il se montrer bien moins
exigeant que le droit rationnel pur et ne prendre en considération que les cas dans lesquels le vice est tellement
apparent qu'il peut se découvrir sans peine. Le droit
romain sanctionnait les trois plus graves de ces vices de
la volonté : le dol, l'erreur et la crainte et la sanction qu'il
y attachait était l'*annulabilité*.

46. *Le dol*. — Le dol peut être défini l'ensemble des
manœuvres destinées à faire naître chez quelqu'un une
erreur qui l'amène à accomplir un acte juridique (1).
Nous n'avons pas ici à présenter une étude détaillée du
dol, notre but unique est d'établir qu'à Rome ce vice
particulier de la volonté permettait d'obtenir l'annulation
de l'acte juridique qu'il infectait. La preuve n'en sera ni
longue, ni difficile, on sait en effet, que dans l'ancienne
jurisprudence romaine on ne tenait aucun compte du dol
qui entachait la volonté et les parties en contractant,
n'avaient d'autre moyen de sauvegarder leurs intérêts
que d'ajouter à leur convention une *clausula doli* ; vers
la fin de la République, un contemporain de Cicéron
Aquilius Gallus, sousentendit cette *clausula doli* et

(1) Loi 1, § 2, L. IV, T. III.

permit de faire de plein droit la preuve du dol ; mais
l'origine prétorienne de cette innovation montre asse$_z$
quelle devait en être la conséquence. L'acte entaché de dol
restait, en effet, pleinement valable *jure civili*, son existence juridique n'était atteinte en aucune façon, mais le
préteur se reconnaissait le droit d'en paralyser les effets,
d'en prononcer formellement l'annulation (1).

47. 2° *La crainte.* Les jurisconsultes romains, avons-
nous dit déjà, ne voient jamais dans la crainte qu'un
simple vice de la volonté, n'exerçant par conséquent aucune influence sur l'existence même de l'acte et permettant seulement d'en poursuivre l'annulation devant les
tribunaux ; nous avons pu critiquer la solution elle-même
mais nous ne pouvons nier qu'elle fût formellement admise par la législation romaine. Le nom même de l'action
qui permettait d'échapper aux conséquences des actes
arrachés par violence, montre assez quelle en est la nature ; l'action *quod metus causa*, ainsi appelée des premiers mots de l'Edit du Préteur qui l'établissait, était
comme l'action de dol une simple action en nullité.

48. 3° *L'erreur.* Nous avons examiné au § précédent les
hypothèses dans lesquelles l'erreur empêche la volonté
d'exister et par suite l'acte de se former, mais en dehors
de ces cas quel effet produira-t-elle ? Il est clair au point
de vue purement rationnel que là où il y a erreur, il n'y a
pas de volonté parfaite et alors même que cette erreur
n'est pas exclusive de toute volonté, la volonté qu'elle détermine est au moins viciée ; aussi comprendrait-on en

---

(1) L. 36, *de verb. oblig.* — L. 5, § 6, *De dol. mal. et met. except.*,
XLIV, 4.

principe qu'une erreur quelconque permit de poursuivre
l'annulation de l'acte accompli sous son empire ; mais formulée dans des termes aussi absolus cette solution serait
pratiquement inadmissible ; il peut se faire en effet que
l'erreur ait si peu d'importance qu'on doive n'en tenir aucun compte ; telle est par exemple l'erreur sur le nom :
Nihil facit error nominis, cum de corpore constat nous
dit la loi 9, *de Contrahenda emptione* et la même solution
est reproduite dans les lois 5, § 4, *de reivindicatione* et
4, *de legatis* 1°; telle est encore l'erreur dans l'indication
de la personne, si cette personne est identiquement celle
qu'on a eue en vue (L, 48, § 3, *de hered. instit*). Mais nous
nous garderons bien de dire avec certains auteurs que
c'est là une règle générale et que l'erreur, lorsqu'elle
n'entraîne pas inexistence de l'acte juridique, ne porte
aucune atteinte à sa validité ; si le dol est un vice de la
volonté, n'est-ce pas en effet à raison même de l'erreur,
qu'il engendre? Les textes d'ailleurs confirment cette solution (1). On peut généraliser la règle qu'ils posent et
dire que l'acte juridique entaché d'erreur ne produira
aucun effet quand le bénéficiaire de cet acte ne pourra s'en
prévaloir qu'en violant la bonne foi (2). Ajoutons enfin
que le bénéfice de la *restitutio in integrum* pourra être
accordé à la victime de l'erreur ; aussi peut-on dire qu'en
principe on en répare les effets toutes les fois que cela est
possible ; mais il n'est pas de disposition générale pour
décider que l'erreur rend annulables les actes juridiques
qu'elle infecte.

(1) Instit.,§ 41, *de Act.* IV. 13.— L. 5, § 1, *de Act. empti.* XIX, I.
(2) L. 36 *de Verb. oblig.*

49. Tels sont d'une manière fort succinte les cas où un acte juridique peut être annulé à raison d'un vice de la volonté.

Nous avons distingué avec soin les actes non existants et les actes annulables à raison de la volonté et nous nous trouvons ainsi en possession de deux catégories parallèles d'actes inexistants et d'actes annulables. Les causes de l'inexistence et les causes de l'annulabilité ne diffèrent le plus souvent, on le voit, que par leur degré d'intensité; font-elles disparaître complètement la volonté, l'acte n'a plus aucune existence juridique, la vicient-elles seulement, il y a annulabilité.

CHAPITRE II

De la manifestation extérieure de la volonté humaine

---

§ 1. De l'inexistence rationnelle des actes juridiques au point de vue de la manifestation extérieure de la volonté. – § 2. De l'inexistence légale des actes juridiques à raison de l'omission des formes prescrites pour la manifestation extérieure de la volonté.

50. Les principes du droit rationnel et le simple bon sens nous indiquent que la volonté de l'homme, fût-elle parfaite et libre de tout vice, ne peut cependant produire effet qu'à la condition de se révéler extérieurement ; mais le droit positif ne se contente pas toujours d'une manifestation quelconque et souvent il lui arrive d'imposer certaines formes solennelles qui deviennent ainsi l'un des éléments de l'acte juridique ; aussi étudierons-nous successivement dans deux paragraphes distincts : les cas où la manifestation de la volonté peut être considérée comme insuffisante pour que l'acte existe rationnellement, les cas en d'autres termes où il y a *inexistence rationnelle* de l'acte juridique au point de vue de la manifestation de volonté et en second lieu les hypothèses dans lesquelles cette manifestation reconnue valable en raison pure n'a pas cependant paru suffisante à la loi positive, les hypothèses en un mot où il y a *inexistence légale*.

§ I

De l'inexistence rationnelle des actes juridiques au point de vue de la manifestation extérieure de la volonté.

51. Que la volonté de l'homme soit impuissante à produire un effet de droit quelconque; si elle ne se manifeste pas extérieurement, c'est ce qui n'a pas besoin d'être démontré. Qu'importe en effet au point de vue du droit qu'une personne veuille accomplir un acte si cette volonté n'apparait pas? Cela est d'une telle évidence, que peut-être songe-t-on à nous reprocher un excès d'analyse, si l'on peut ainsi parler, et à nous dire qu'il ne fallait pas considérer comme un élément essentiel distinct, un fait qui n'est en réalité que l'accessoire d'un autre élément par nous étudié : la volonté. N'est-il pas certain, pourrait-on nous dire en effet, que lorsqu'on cite la volonté comme élément essentiel à l'existence des actes juridiques, on entend parler, non pas de cette volonté intérieure qui ne peut relever que de la loi morale, mais bien de cette volonté qui s'est manifestée extérieurement, la seule que doit envisager la science juridique. Sans doute dans notre chapitre premier, nous avons bien entendu parler de cette volonté qui se produit au grand jour, mais tout autre est la question que nous examinons maintenant; ce qui constitue en effet le deuxième élément essentiel de l'acte juridique, c'est la forme même sous laquelle se révèle cette volonté, or il importe au plus haut point de rechercher dans quels cas cette manifestation extérieure de la volonté pourra être considérée comme insuffisante soit

au point de vue rationnel, soit au point de vue légal et l'on
ne peut nier que lorsque la loi a fixé arbitrairement des
solennités spéciales pour l'accomplissement d'un acte
juridique, il y ait là un élément constitutif parfaitement
distinct de la volonté elle-même.

52. Au point de vue de la pure raison, il est certain que
quelle que soit la forme sous laquelle la volonté se manifeste
pourvu qu'elle se révèle nettement au dehors, cette manifestation sera suffisante pour donner à l'acte l'existence juridique; les autres éléments essentiels étant d'ailleurs réunis. Or
les formes sensibles dont l'homme revêt sa pensée pour la
communiquer à ses semblables sont des plus variées:
les philosophes les rangent, on le sait, dans ce qu'ils appellent *les signes* ; ces signes se divisent en signes visibles et
en signes oraux, suivant qu'ils s'adressent à la vue ou à
l'ouie ; le jeu de la physionomie, les attitudes, les gestes
rentrent dans la première catégorie, les cris et le langage
dans la seconde. Or, quel que soit celui de ces signes
auquel l'homme ait recours, pourvu qu'il parvienne à
faire comprendre sa volonté de ceux à qui il s'adresse,
cette manifestation doit être considérée comme suffisante.
Il en est de même *a fortiori* quand l'homme recourt pour
exprimer sa pensé à ce signe conventionnel qui n'est en
réalité qu'un signe de signe, mais qui a plus d'autorité que
tout autre parce qu'il suppose chez celui qui l'emploie une
volonté plus soutenue et plus éclairée, nous voulons parler
de l'écriture sous toutes ses formes, qu'elle soit repré-
sentative ou phonétique, peu importe. Il y a mieux, il
arrivera parfois que cette manifestation extérieure de
volonté résultera du silence même ou d'un simple concours de circonstances; on dit alors que la volonté est tacite.

§ II

De l'inexistence légale des actes juridiques à raison de l'omission des formes prescrites pour la manifestation extérieure de la volonté.

53. Autant le droit rationnel est large dans l'application du principe qui nous occupe, autant le droit positif romain est rigoureux. La manifestation de volonté, avons-nous dit, en effet, peut en pure raison revêtir une forme quelconque, pourvu qu'elle soit comprise de ceux à qui elle s'adresse ; elle n'est suffisante au contraire aux yeux de la loi romaine qu'autant qu'elle s'est produite dans les formes spécialement prévues ou permises par le législateur pour chaque acte juridique particulier. C'est là, croyons-nous une idée capitale qu'il importe de mettre en relief, et la justification de notre solution nous semble d'ailleurs facile ; c'est dans notre chapitre troisième qu'elle trouvera sa place, c'est là que nous établirons qu'à Rome la volonté humaine ne pouvait se mouvoir, pour la production des actes juridiques, que dans les limites mêmes posées par la loi, qu'elle était impuissante en un mot quand elle sortait de la sphère d'action que la loi lui avait tracée. Aussi ce point de départ une fois admis, il nous sera facile de déterminer dans laquelle des deux catégories des actes inexistants ou des actes annulables, rentrait à Rome l'acte juridique fait en violation des formes prescrites.

Nous n'hésitons pas quant à nous à le ranger parmi les actes dépourvus de toute existence juridique : si au point de vue du droit romain la volonté humaine ne peut en effet se mouvoir d'une manière efficace que dans la sphère que lui a tracée le droit positif, il est clair que pour produire les effets de droit auxquels elle tend, elle devra se conformer strictement aux conditions de formes établies par la loi elle-même ; toute omission d'une de ces formes entraînera donc l'inexistence de l'acte juridique.

54. Il ne faudrait pas croire cependant que ces formes sont toujours complexes et arbitraires ; parfois en effet la loi se contente d'une simple manifestation de volonté produite par l'un des signes dont nous avons parlé plus haut, mais ce sont là dans la législation romaine primitive des hypothèses assez rares et pour lesquelles l'absence de formalités spéciales s'explique sans peine ; c'est ainsi que certains contrats n'exigent aucune solennité, ce qui leur a valu le nom de contrats consensuels par opposition aux contrats solennels qui eux au contraire supposent l'accomplissement de nombreuses formalités ; or, quels sont ces contrats, ce sont ceux-là mêmes qui sont d'un usage de tous les instants et sans lesquels une société ne saurait fonctionner régulièrement : la vente, le louage, la société et le mandat. Soumettre de tels actes juridiques à des formalités gênantes, ce serait dans bien des cas en rendre l'accomplissement impossible et s'exposer à compromettre l'existence même de la société. En dehors des contrats que nous avons pris pour exemples nous pouvons citer parmi les actes juridiques unilatéraux l'acceptation de l'hérédité qui pouvait résulter à Rome d'une manifestation de volonté quelconque, expresse ou tacite.

Rien de plus simple par conséquent pour cette première catégorie d'actes que de se conformer aux exigences de la loi ; il ne sera même pas nécessaire en effet d'écrits, de

gestes ou de paroles ; elle pourra résulter d'un simple concours de circonstances et c'est notamment ce qui arrivera
dans le cas de *pro herede gestio*.

55. Dans le plus grand nombre des cas la loi romaine
impose à la manifestation de la volonté humaine des
formes plus rigoureuses, tantôt ce sont des paroles sacra-
mentellés ; tantôt la rédaction d'un écrit est nécessaire et
l'on sait alors quelles formes minutieuses sont imposées (1) ;
tantôt l'intervention de l'autorité souveraine est requise par
la loi ; tantôt enfin elle prescrit l'insinuation sur des registres publiques des actes accomplis (2).

Passons rapidement en revue quelques-uns des actes soumis à la nécessité de formes solennelles ; l'examen des
textes eux-mêmes nous permettra de confirmer la solution
par nous donnée plus haut et qui se concilie d'abord si bien
avec l'esprit même du droit romain, que le respect des
formalités prescrites pour la manifestation de la volonté
dans un acte juridique constitue un élément essentiel à
l'existence de cet acte : *Forma dat esse rei*.

56. Voulons-nous prendre d'abord pour exemple
un acte juridique fréquent à Rome, la *manumissio*, l'on
sait à quelles formes rigoureuses l'ancien droit l'avait soumise, en n'admettant comme modes d'affranchissement
que la *vindicte*, le *cens* et le *testament*. Or, Gaius nous dit
de la manière la plus formelle (3) que trois conditions
sont nécessaires pour faire acquérir à un esclave la cité
romaine : *major sit annorum triginta, ex jure quiritium*

---

(1) Paul, *Sentences*, L. V, T. 25, § 6.
(2) Maynz, *Cours de Droit romain*, T. I, § 34.
(3) Gaius, *Com. 1er*, § 17.

domini et justa ac legitima manu missione liberetur. Ces trois conditions sont mises par le texte sur la même ligne, c'est donc qu'elles s'imposent toutes avec la même rigueur ; or, qui oserait nier que l'absence de la deuxième de ces conditions entraîne l'inexistence de l'acte (1) et s'il en est ainsi de cette deuxième condition, il doit en être de même de la troisième, puisque le texte ne fait entre elles aucune distinction. En dehors des formes légales la volonté du maître se manifesterait donc en vain dans l'ancien droit et Cicéron lui-même nous le déclare (2). Est-il besoin d'ailleurs de textes pour expliquer cette solution ? Ne sait-on pas en effet qu'à l'origine le concours de la volonté du peuple tout entier était nécessaire pour ouvrir à un nouveau membre l'accès de la cité romaine et que ce n'était qu'à raison de la présence du peuple ou de ses représentants dans la *causa liberalis*, le cens et le testament, que l'affranchissement avait été permis dans ces actes ? L'origine même de ces formalités ne montre-t-elle pas jusqu'à l'évidence qu'elles ne pouvaient être sanctionnées que par l'inexistence ?

57. Si maintenant nous envisageons les formalités qui entourent le testament, leur importance ne nous apparaît pas avec moins d'évidence et la conséquence de leur omission ne doit pas être moins rigoureuse. N'est-il pas en effet lui aussi un acte de l'autorité publique venant fortifier, sanctionner en quelque sorte la volonté privée ? N'est-il pas une véritable loi dans sa forme primitive et les fragments des XII Tables ne nous disent-ils pas : *uti*

(1) Ulpien, T. 1, § 16, Reg.
(2) Cicéron, *Top*. 2. — V. également L. 14, § 1, *de Manum.*

legassit super pecunia tutelave suæ rei, ita jus esto. Si le
testament est une loi, n'est-il pas évident dès lors que la
manifestation de volonté qui se produirait en dehors des formes prescrites pour les lois serait non pas annulable, mais
absolument dépourvue d'existence juridique. Aussi tous les
romanistes admettent-ils que le testament qui méconnait
plus ou moins les formes prescrites est immédiatement
et définitivement nul selon le droit civil, *nullius est momenti* (1); qu'il est inexistant. Et lorsque dans la suite le
Préteur apporta un adoucissement au formalisme excessif
du droit civil, les formes plus simples qu'il prescrivit furent, elles aussi, imposées par lui à peine d'inexistence et
pour pouvoir obtenir en vertu d'un tel testament la *bonorum possessio*, il fallait avant tout justifier de l'accomplissement des formes prescrites par l'Edit; si l'acte qu'on
présentait manquait de l'une quelconque de ces formes,
aucune conséquence juridique ne lui était attribuée ? (2)

58. Voulons-nous citer encore comme exemple *l'auctoritas tutoris ;* cet acte unilatéral était soumis à l'origine,
c'est là du moins l'opinion qui parait aujourd'hui dominante (3), à la nécessité de paroles solennelles ; or, le soin
même que les jurisconsultes romains d'une époque plus
récente mettent à décider que *l'auctoritas tutoris* sera
valable en dehors de toutes paroles solennelles, nous montre assez quelle était la sanction de leur omission dans le
droit antérieur; elle était évidemment la même que l'omission de ces paroles solennelles dans la stipulation à laquelle
nous arrivons maintenant.

(1) L. 4, *Qui testam facere possunt.*
(2) Paul Sent. V. 25, 6.
(3) Accarias T. 1, p. 315, n° 144.

59. Nous n'avons envisagé jusqu'ici que des actes juridiques unilatéraux ; supposons maintenant un acte pour lequel le concours de deux volontés est nécessaire, c'est-à-dire une convention et choisissons nos exemples dans les conventions les plus importantes, nous voulons dire les contrats.

Prenons d'abord la forme principale des contrats qui se forment *verbis,* la stipulation ; on ne saurait douter que la violation de l'une quelconque des formes qu'elle suppose en entraîne l'inexistence même. La stipulation n'est pas en effet à proprement parler un contrat, mais un mode de contracter, c'est-à-dire une réunion de formes destinées à servir de moule aux conventions, or, supprimez l'une des formes, enlevez une des parois du moule, il n'existe plus qu'une création informe, incapable de produire en droit les effets attachés uniquement à la réunion complète de toutes les solennités prescrites. Aussi voyons-nous dans l'ancien droit les jurisconsultes romains déclarer de nul effet la stipulation dans laquelle les mots mêmes de la réponse ne seraient pas identiquement ceux de l'*interrogatio* (1).

60. La même sanction était encore attachée à l'omission des formes dans les donations. On sait en effet que dans la législation de Justinien les donations supérieures à cinq cents solides doivent être transcrites sur les registres publics : *gesta et acta* ; or, la donation supérieure à cette somme, qui n'avait pas été transcrite, était réduite de *plein droit* à cinq cents solides, c'est-à-dire considérée comme absolument inexistante pour le surplus ; de telle sorte que

(1) Gaius C. 3, § 92 et 93.

la volonté de l'homme était réputée s'être manifestée en
vain en dehors des formes légales pour tout ce qui excédait
les limites de ce qu'elle pouvait faire sans solennités ; c'est
ce qu'exprime de la manière la plus formelle la loi 34 au
Code *de donationibus* (1). Les commentateurs sont tous
d'accord pour reconnaître, avec les textes, que dans ce
cas le donateur lui-même peut refuser le paiement de
l'excédant ; qu'il peut le revendiquer s'il existe encore en
nature (2) ; qu'enfin dans le cas où il n'existe plus en nature
il a une *condictio sine causa* (3). N'est-ce pas reconnaître
de la façon la plus nette que la violation des règles de la
transcription entraine l'inexistence de la donation.

61. Observation. — Une remarque importante doit
ici être faite ; il importe en effet de distinguer avec soin les
formalités dont nous venons de donner quelques exemples
et qui, nous croyons l'avoir démontré, constituent un élément essentiel de certains actes juridiques, avec les signes
extérieurs auxquels les parties ont pu recourir pour perpétuer le souvenir de l'acte juridique par elle accompli et en
faciliter la preuve ; quel que soit le sort de ces formes,
qu'elles soient nulles ou inexistantes, peu importe, l'acte
n'en conserve pas moins toute sa force et c'est ce que
les textes du Digeste expriment de la façon la plus certaine (4).

62. Terminons cet examen des formes solennelles en

---

(1) Van Wetter, *Cours de droit romain*, T. 2, p. 54, § 246.
(2) Arg. L. 5, § 18, *initio de donat. int. v. et ux.* — L. 34, § 2, *de donat.*
Code.
(3) Arg., L. 5, § 18, *in fine*, et L. 6, *de donat. int. v. et ux.* — Novelle,
127, c. 2, i. f.
(4) L. 4, 5, *de fide instrumentorum.* — L. 38, *de Oblig. et Act.* — L. 52,
§ 9 et 10 *eodem titulo.*

donnant une idée générale de la marche suivie sur ce
point par le droit romain. A l'origine, le caractère absolument substantiel de ces formalités découlait de la
nature même des choses, ce n'étaient même pas à proprement parler des solennités, c'était plutôt l'acte lui-même ;
ainsi, la présence du peuple pour les affranchissements,
les testaments, les adrogations s'explique par la nécessité
même du consentement de la cité qui est partie dans l'acte.
Plus tard, grâce aux progrès de la civilisation et à raison
surtout des extensions territoriales, cette intervention
directe du peuple fut jugée impossible, il fut alors repré-
senté seulement par quelques-uns de ses membres ; puis,
ces représentants cessèrent bientôt eux-mêmes d'être
considérés comme de véritables parties à l'acte juridique,
ce ne furent plus que des témoins et le nom de *testes classici*
que les textes leur donnent, explique assez et leur
origine première et leurs anciens pouvoirs. Les formes
dès lors ne se justifiaient plus par une nécessité tirée de
la nature des choses, mais l'utilité même de ces formes
était si évidente et le respect de la tradition si profond
à Rome, qu'on persista à les considérer comme liées
intimement à l'essence même de l'acte. Voilà comment
nous nous expliquons dans la législation romaine, les conséquences rigoureuses attachées à la moindre omission des
formes. Une réaction devait bientôt se produire d'ailleurs
contre ce formalisme excessif et s'efforcer de délivrer la
pensée et la volonté de l'homme des solennités gênantes
auxquelles elle avait été soumise à l'origine ; aussi, voyons-
nous de bonne heure les jurisconsultes s'élever contre la
tendance de certains praticiens avides qui poursuivaient
comme à plaisir le développement des formes et leur com-

plication pour faire commerce de leurs modestes connaissances juridiques (1). C'est cette réaction contre l'abus
des formes anciennes qui nous explique également les
modifications nombreuses apportées par la législation
impériale dans la réalisation des actes solennels. Mais si
les rigueurs de la loi et de la jurisprudence furent moindres
à cette époque, il ne nous paraît pas moins certain que
dans les limites mêmes où elles furent maintenues, une
omission quelconque de ces formes entraînait l'inexis·
tence même de l'acte.

63. Voici donc en résumé, quelle sera notre conclusion
en ce qui concerne la manifestation extérieure de la
volonté :

1° Est suffisante au point de vue rationnel une manifestation quelconque de la volonté, pourvu qu'elle puisse être
comprise de ceux à qui elle s'adresse.

2° N'est suffisante au point de vue du droit positif
romain que la manifestation qui se produit dans les
formes mêmes prescrites par la loi.

3° Le respect des formes légales constitue un élément
essentiel de l'acte juridique, leur omission entraîne son
inexistence.

(1) L. 4, 5, *de fide instrumentorum.* — L. 38, L. 52, § 9, *de obligation.
et act.*

CHAPITRE III

De l'aptitude légale de l'homme à accomplir des actes juridiques

---

§ 1. De l'incapacité légale d'accomplir des actes juridiques résultant du défaut de personnalité civile.— § 2. De l'incapacité légale d'accomplir des actes juridiques résultant de l'âge. — § 3. De l'incapacité légale d'accomplir des actes juridiques résultant du sexe.

64. Une volonté qui a conscience d'elle-même, qui est libre et sérieuse et se manifeste dans les formes légales n'est point encore suffisante pour produire un effet de droit, pour accomplir un acte juridique ; quelque chose manque encore à ce premier élément fondamental né essaire à l'existence de l'acte juridique, la personne sujet de l'acte ; il faut que cette volonté ait reçu de la loi la puissance nécessaire pour accomplir un acte ; c'est là ce que nous avons appelé l'aptitude légale. Nous aurions pu désigner cette faculté particulière sous le nom de capacité, mais cette expression est susceptible de plusieurs sens et prête ainsi à l'amphibologie, aussi ne pourrions-nous y avoir recours que sous le bénéfice de deux observations préalables nécessaires pour en délimiter le sens. On a défini en effet la capacité, le pouvoir ou la qualité nécessaire pour faire une chose, rien de plus vague et par conséquent de plus compréhensif; ce pouvoir peut résulter de la nature même et on a alors la capacité naturelle, celle qui appartient à l'homme sain de corps et d'esprit ; il peut résulter aussi de la loi et on est en présence dans ce cas de la capacité légale ; or, c'est de la capacité *légale* seule qu'il s'agit ici.

Ce n'est pas tout, la capacité en droit peut être envisagée à un autre point de vue : ou bien en effet elle consiste dans le pouvoir d'être l'agent, l'auteur d'un acte juridique et c'est ce qu'on peut appeler la capacité active, ou bien elle n'est que la faculté de bénéficier de cet acte et on est alors en présence de la capacité passive. Nous ne nous occupons ici que de la *capacité légale active.*

65. Deux conditions sont nécessaires pour que la loi romaine reconnaisse à un homme la puissance d'accomplir un acte juridique, l'une positive, l'autre négative : il faut en effet qu'il possède la personnalité civile, il faut qu'il ne soit soumis à aucune des causes générales d'incapacité, qui tiennent tantôt à l'âge, tantôt au sexe, tantôt enfin à une considération secondaire, la profession ou la religion.

C'est en vain qu'un homme, qui au point de vue rationnel possède toutes les conditions d'intelligence et de liberté nécessaires pour produire un effet de droit voudrait atteindre ce but si la loi positive ne lui a pas attribué la personnalité civile romaine ; les actes accomplis par cet homme auront bien sans doute en droit une existence apparente, matérielle en quelque sorte, le plus souvent ils seront reconnus comme valables par le droit naturel et parfois même nous verrons le droit civil leur accorder une certaine efficacité en les rangeant dans le *jus gentium,*

mais au point de vue du droit civil pur, ces actes seront
absolument inexistants, et c'est ce que nous n'aurons
aucune peine à établir.

Seront également inexistants les actes accomplis par des
hommes qui possèdent sans doute la première des deux
conditions par nous indiquées, la personnalité romaine,
mais qui, soit à raison de leur âge, soit à raison de leur
sexe ou même de leur profession ou religion, seront déclarés par la loi incapables de les accomplir.

66. Telle était la rigueur des principes romains à
l'origine, qu'ils n'admettaient, au point de vue de la capacité, aucune situation intermédiaire dans les actes juridiques entre l'existence parfaite et l'inexistence absolue :
l'acte était-il accompli par une personne civile que la loi
n'avait rangée dans la catégorie des incapables ni à raison
de son âge, ni à raison de son sexe, cet acte était inattaquable *jure civili*, il devait sortir tous ses effets; émanait-
il au contraire d'un homme auquel la loi ne reconnaissait
pas la personnalité civile ou qui bien que doué de cette
personnalité était pour un des motifs indiqués déclaré par
elle incapable, il n'avait plus aux yeux de la loi aucune
existence juridique, on n'en tenait aucun compte. L'acte
était pour elle vie ou néant, elle ne comprenait pas qu'il
pût être simplement vicié ou annulable.

Mais l'expérience fut plus forte que les déductions rigoureuses des jurisconsultes et l'on ne tarda pas à découvrir qu'entre les actes privés de toute existence juridique et
les actes pleinement efficaces au point de vue du pur droit
civil, il y avait place pour une autre catégorie d'actes qui
touchaient à la fois par quelque côté à chacune de ces
deux catégories extrêmes, à l'existence parfaite en ce qu'ils

réunissaient bien toutes les conditions nécessaires pour leur formation, à l'inexistence en ce que leur constitution débile et imparfaite semblait les tirer au tombeau ; doués d'une existence légale ils devaient produire effet, mais viciés dans leur origine même, n'était-il pas juste de permettre de les faire rentrer dans le néant, de les faire *annuler ?*

Telle est la base de la distinction des actes inexistants et des actes annulables ; nous allons une fois de plus dans la matière qui nous occupe en constater l'exactitude historique et le mérite rationnel. Passons donc rapidement en revue dans trois paragraphes distincts les trois causes principales d'incapacité établies par la loi : l'absence de personnalité civile, l'âge et le sexe.

§ I

De l'incapacité légale d'accomplir des actes juridiques résultant du défaut de personnalité civile.

67. A Rome, l'homme en sa seule qualité d'homme n'avait aucun pouvoir de créer *jure civili* des effets de droit ; il pouvait sans doute, pourvu que sa volonté réunit les conditions requises par le droit rationnel, produire tous les rapports juridiques dont la raison pure reconnait l'existence, mais ils restaient lettre morte aux yeux du droit civil romain ; pour pouvoir accomplir les actes prévus, réglés et sanctionnés par le droit des Quirites, il fallait à la qualité d'homme, joindre la *personnalité civile.*

68. La personnalité civile est la réunion de trois qualités particulières : la qualité d'homme libre, la qualité de membre de la Cité romaine, la qualité de chef de famille. La liberté, la cité, la famille tels sont donc les trois éléments constitutifs de toute personnalité civile. Sont privés de cette personnalité et comme tels frappés de l'incapacité absolue d'accomplir pour leur propre compte aucun acte juridique valable *jure civili :* les esclaves, les *non cives* et les citoyens *alieni juris.*

69. 1° *Servi.* — Les textes qui proclament l'absence de toute personnalité civile chez les esclaves sont fort nombreux ; c'est d'abord la loi 32 *de diversis regulis juris antiqui* (1), qui, distinguant avec soin entre le droit positif et le droit naturel, nous dit : « *Quod attinet ad jus civile, servi pro nullis habentur.*» *Servitutem mortalitati fere comparamus,* ajoute avec plus d'énergie encore la loi 209 au même titre, idée qui se trouve reproduite sous une autre forme dans les lois 59, § 2, *de condition. et demonstrat.* et 32, § 6, *de Donat. int. vir et ux.* Aussi ne fait-il doute pour personne que les actes que l'esclave aurait voulu accomplir pour lui-même, n'auraient eu en ce qui le concerne aucune existence juridique, car il ne peut avoir ni droits réels, ni droits personnels, ni droits de famille et les droits de l'homme ne lui appartiennent que dans une bien faible mesure, puisqu'il ne jouit pas de la liberté et que sa vie est entre les mains de son maitre. Une observation doit cependant ici être faite : nous n'avons pas dit, en effet, que l'acte ainsi accompli par l'esclave fût dépourvu de toute conséquence de droit,

(1) L. L, T. XVII, *Dig.*

si cet acte est un acte avantageux, utile, il bénificiera
au maitre qui sera réputé l'avoir accompli par l'intermédiaire de son esclave ; mais qu'on le remarque bien si
l'acte à ce point de vue est pourvu d'une existence juridique
c'est comme acte émané du maitre, qui lui, a une personnalité civile et non comme acte émané de l'esclave. Cela
est tellement vrai que, si au lieu d'un acte utile nous
supposons un acte nuisible, une obligation par exemple,
l'esclave dans ce cas n'étant plus censé représenter le
maitre, l'acte ne produira aucun effet. Ce qui d'ailleurs
le prouverait de la manière la plus péremptoire, si de
tels principes avaient besoin d'être prouvés, c'est que la
stipulation faite par l'esclave abandonné était absolument inexistante et ne produisait aucun effet : *Quod
servus stipulatus est, quem dominus pro derelicto
habebat, nullius est momenti* (1).

70. 2° *Non cives.* — Nous croyons avoir suffisamment démontré l'inexistence au point de vue du *jus civile*
des actes juridiques accomplis par un esclave en tant
qu'il ne représente pas la personne de son maitre ;
voyons maintenant quel sera le sort de l'acte accompli
par un individu qui ne jouit pas de la *civitas romana*.
Nous n'avons pas à rappeler ici par quelles phases
diverses est passée la condition des étrangers, quelles
différentes catégories on en faisait, comment l'accès du
droit civil leur fut peu à peu ouvert, comment en
d'autres termes s'est développée lentement leur aptitude
légale à accomplir les actes du *jus civile* des Romains,

_____

(1) V. également L. 22, *de diversis regulis juris antiqui.* — L. 107
eod. tit.

notre but unique est en effet de prouver que les actes
accomplis par les *non cives*, à quelque catégorie d'ailleurs qu'ils appartinssent, en dehors des cas où la loi
leur avait expressément reconnu la faculté de les accomplir, étaient absolument inexistants. C'est là plutôt un
principe à poser qu'à établir ; la preuve en est faite
d'avance pas la notion même du *jus civile* telle que nous
la donne Justinien (1); le droit civil étant le droit réservé
aux seuls citoyens, c'est en vain qu'un étranger suivrait
les formalités prescrites par la loi romaine pour l'accomplissement d'un acte, cet acte n'aurait pas d'existence
jure civili, car cet étranger aurait usé d'un droit qui ne lui
appartenait pas. Et c'est ce qui explique qu'il fallait une loi
spéciale pour accorder à certaines catégories d'étrangers
la faculté d'accomplir des actes valables *jure civili ;* les
termes mêmes de la concession qui leur était faite
constituaient une limite infranchissable au-delà de
laquelle il n'y avait plus qu'inexistence. C'est ainsi que
les *Latini Coloniarii* qui avaient le *commercium* ne jouissaient pas du *connubium* ni des autres droits propres
aux *cives romani* et n'avaient d'aptitude légale que dans
les limites mêmes du *commercium*.

71. 3º*Cives alieni juris*. Le troisième élément nécessaire pour avoir une personnalité juridique complète c'est
d'être *sui juris*, c'est-à-dire n'être soumis à aucune puissance de famille ou en d'autres termes avoir le titre de
paterfamilias, expression on le sait qui signifie simplement, en dehors de toute considération d'âge, qu'une personne peut être à la tête d'un patrimoine et avoir d'autres

(1) *Inst.* L. I, T. II.

personnes sous sa puissance. Sous l'empire du droit classique, la puissance de famille sur les personnes libres se
présentait sous deux formes différentes, *la patria potestas*
et la *manus ;* les personnes *alieni juris* qui y étaient
soumises portaient le nom de *filii familias* et de femmes
in manu. La *femme in manu* étant soumise à des régles
sensiblement semblables à celles que nous allons donner
pour la *filia familias* et cette institution ayant d'ailleurs
disparu dès la fin de l'époque classique (1), nous ne saurions lui consacrer une place à part; bornons donc notre
étude à la capacité légale du *filius* et de la *filia familias.*

72. *Filius familias.* Le *filius familias* est-il capable
d'accomplir, en son propre nom, un acte juridique ayant
une existence légale *jure civili?* Telle est la première
question que nous ayons à résoudre. Le rapprochement
si souvent fait de la situation du fils de famille et de celle
de l'esclave pourrait faire croire que le fils de famille est
comme lui privé de toute personnalité juridique, de toute
aptitude légale à créer des rapports de droit et l'on pourrait semble-t-il invoquer à l'appui de cette solution un
certain nombre d'arguments de textes : l'un tiré du § 87 du
Commentaire de Gaius, un autre résultant d'un passage
d'Ulpien (2); ces deux fragments reproduisent le principe
bien connu : *Quidquid filius adquirit patri adquiritur*
qui semble établir de la façon la plus certaine, qu'en vain,
un fils de famille voudrait accomplir un acte juridique en
son propre nom, car sa personnalité disparait complète-

(1) Accarias, T. 1, § 74. *in fine,* p. 141.
(2) *Reg.* T. XIX, § 18-19.

ment et s'absorbe dans celle du *pater familias* (1). Aussi quelques auteurs n'ont-ils pas craint de dire, comme Van Wetter *que les personnes sous puissance n'avaient pas de vraie capacité personnelle.* Cette solution nous semble, dans sa généralité même constituer une erreur certaine. Peut-on en effet hésiter en présence de la loi 141, § 2, *de verborum obligationibus* (2) à reconnaître au fils de fa mille des droits égaux au *pater familias* en matière d'obligations? Solution incontestablement admise dès l'époque classique, sous laquelle se place l'auteur dont nous repoussons l'opinion. Quant au droit du Bas-Empire, il ne fit on le sait qu'accroître la capacité du fils de famille en lui permettant d'avoir un patrimoine propre vis-à-vis duquel il était considéré comme un *pater familias.* Mais si nous admettons en principe la capacité du fils de famille à produire des effets de droit, c'est toutefois sous l'importante réserve que tous les actes juridiques ne lui étaient pas accessibles. En effet, dans la matière même des obligations dans laquelle la loi 141 lui reconnait des pouvoirs si étendus, le Sénatus-Consulte Macédonien le privait du droit d'emprunter de l'argent. Si un prêt de ce genre est intervenu au profit du fils de famille, faudra-t-il dès lors le considérer comme inexistant? Le texte des Institutes semble bien admettre cette solution, car il nous dit que dans ce cas toute action est refusée au créancier : *denegatur actio* (3), mais d'autres textes déclarent que dans ce cas la nullité n'était opposable que par voie d'exception,

---

(1) V. Inst. *Per quas person.* L. 2, T. IX, § 1.—L. 6. pr. *de bonis quæ, lib.* L. VI., T. LXI. C.

(2) V. L. 3, § 3. *De S. c. t. Maced.*

(3) Inst. § 7, L. IV, T. VII.

ce qui laisserait entendre que le contrat était seulement annulable.

73. Observation. — Avant de terminer les développements que nous venons de donner au sujet de là capacité du *filius familias*, une observation importante doit être faite : les textes qui assimilent le fils de famille au père de famille, quant à la capacité juridique, ne doivent s'entendre que des personnes pubères. On n'admettait pas en effet à Rome que le fils impubère, sorti de l'*infantia*, pût s'engager *patre auctore* (1); aussi peut-on à bon droit reprocher à la loi 6, § 7, de *actionibus empti*, son excès de généralité, quand elle nous dit que si un fils de famille a vendu et livré une chose, il est tenu comme père de famille ; car si ce fils de famille n'est pas encore pubère, il est certain qu'un tel acte ne saurait en aucune façon l'engager, il n'aurait en effet aucune existence juridique et en dépit de la vente et de là tradition l'impubère fils de famille resterait propriétaire et pourrait revendiquer(2). — Ajoutons toutefois qu'on admit *benignius* et dans l'intérêt même du père de famille, que le fils impubère comme l'esclave impubère pourrait faire *aditio hereditatis jussu patris* (3). Plus tard les Constitutions de 407 et 428 permirent au père de faire adition pour son fils *infans*. Remarquons enfin qu'à l'époque de Justinien l'incapacité du fils de famille impubère n'est pas moins absolue et

---

(1) Instit. *de inutil. stipul.* § 10, *in fine.* — L. 141, § 2, *de verbor. oblig.*

(2) La loi 39 *de Act. et oblig.* mérite encore à un plus haut degré cette critique.

(3) L. 8, § 1, *de adq. vel. om.* XXIX, 2. — L. 25, § 4, *eod. tit.*

que les actes d'aliénation ou d'obligation par lui accomplis sont considérés comme non avenus (1).

74. *Filiafamilias.* Nous n'avons pas ici à examiner la controverse qui s'est élevée entre les interprètes du droit romain sur la capacité des filles de famille (2); contentons-nous d'indiquer sur ce point notre solution : nous croyons, en effet, avec la majorité des auteurs, qu'il faut distinguer entre les époques et décider qu'au temps où les femmes pubères étaient en tutelle, les filles de famille étaient incapables, qu'après la disparition de la tutelle des femmes au contraire, les filles de famille eurent la même capacité que les fils de famille et que par conséquent les actes accomplis par elles eurent le même sort.

§ II

De l'incapacité légale d'accomplir des actes juridiques résultant de l'âge.

75. Les jurisconsultes romains divisaient au point de vue du droit la vie humaine en quatre phases distinctes : l'enfance, l'impuberté, la minorité et la majorité. La première de ces phases, l'*infantia*, finissait à sept ans ; la deuxième à douze ou quatorze ans suivant les sexes, la troisième s'étendait de cet âge jusqu'à vingt-cinq ans et la période de la majorité embrassait tout le reste de la vie humaine. La capacité de l'homme variait suivant qu'il appartenait à l'une ou à l'autre de ces périodes.

(1) Inst. *Per quas personas,* § 1.
(2) V. sur cette question Accarias, T. 2, n° 505, p. 225, note 1.

76. 1°. *Infantia*. Nous n'avons au sujet de l'*infantia* et de l'incapacité qui en résulte, qu'une observation à faire : l'*infantia*, nous l'avons établi plus haut, n'est pas en principe une cause *légale* d'incapacité, mais une cause *naturelle* d'impossibilité. Si l'*infans* en effet est impuissant à produire un effet de droit, ce n'est pas parce que la loi lui en a retiré la faculté, mais parce que le droit rationnel lui-même la lui refuse comme à tout être incapable de volonté ; aussi est-ce dans l'étude de la volonté que nous avons fait rentrer ce qui concerne l'*infantia*. Il importe toutefois de remarquer que si l'*infantia* est en principe une cause naturelle d'incapacité et ne peut à ce titre trouver place dans ce chapitre exclusivement consacré à l'aptitude *légale*, elle peut aussi parfois être une cause d'incapacité légale. On conçoit, en effet, nous avons déjà signalé ce point, qu'un enfant précoce possède avant l'âge de sept ans, pris pour terme de l'*infantia* par la loi positive, une volonté parfaitement suffisante au point de vue du droit naturel pour accomplir un acte juridique et cependant la loi l'en déclare incapable. Quoiqu'il en soit d'ailleurs de la cause de l'incapacité de l'*infans*, son effet n'en est pas moins certain, il nous est déjà connu et consiste dans l'inexistence de l'acte par lui accompli.

77. 2° *Impuberté*. Tous les individus âgés de plus de sept ans et de moins de douze ou quatorze suivant le sexe sont dits : *pubertati proximi* ; supposons que l'un de ces impubères accomplisse un acte juridique, quel sera le sort de cet acte ? Les Institutes de Justinien répondent elles-mêmes à cette question par une distinction : « *Placuit meliorem suam conditionem licere pupillis facere etiam sine tutoris auctoritate, deteriorem vero non aliter quam* *tutore auctore.* » (1). Le pupille peut faire seul sa condition meilleure, il lui faut au contraire *l'auctoritas tutoris* pour la rendre pire. Ainsi l'acte par lui accompli sera parfaitement valable quand il aura pour objet de lui faire acquérir la propriété, la possession ou tout autre droit réel, de le rendre créancier ou de l'affranchir d'une dette. (2). Aucun doute ne peut s'élever sur le sens de cette première partie de la règle, l'acte existe, il est plein de force, il sort tous ses effets. Mais si cet acte a pour but de rendre pire la condition du pupille, de lui faire perdre la propriété d'une chose, de faire naître sur sa tête une obligation, de lui faire perdre une créance (3), cet acte sera-t-il absolument inexistant, sera-t-il au contraire simplement annulable ? Nous pensons qu'un tel acte accompli *sine tutoris auctoritate* est absolument dépourvu de tout effet juridique, que par conséquent le pupille ne saurait être obligé d'en poursuivre l'annulation devant les tribunaux, pas plus qu'il n'aurait d'ailleurs le droit de s'en prévaloir ; cet acte reste lettre morte, il ne produit aucun effet et n'en pourra jamais produire aucun et c'est là surtout ce qui le sépare bien nettement de l'acte simplement annulable qui, lui, produit toutes ses conséquences juridiques jusqu'à son annulation par l'autorité compétente. Que telle soit bien la solution romaine, c'est ce qui résulte avec évidence de nombreux textes et notamment du *principium* du Titre XXI, L. 1 aux Institutes qui supposant un contrat à la fois avantageux et nuisible au pupille n'hésite pas à faire deux parts des

(1) Inst. L. 1, T. XXI.
(2) Gaius C. 2, § 83. — L. 2, *de accept.* XLVI, 4. — Instit. L. 1, T. XXI. princ.
(3) Gaius C. 2, § 80 et 84.

conséquences juridiques attachées à cet acte : l'impubère profitera de tout ce qui dans l'opération peut lui être avantageux, et dans ces limites le contrat produira ses effets normaux, mais il ne sera grevé d'aucune des charges qui, d'après le même acte, devraient lui incomber et de ce chef l'opération sera considérée comme non avenue (1). La loi 13, § 29, *de actionibus empti* fait à la vente l'application de cette règle et déclare expressément que le contrat ne se forme que d'un côté : *ex uno latere constat contractus.* Mais ce qui démontre plus clairement encore que l'acte ainsi accompli par le pupille n'est pas seulement imparfait et vicié, c'est que le tuteur s'efforcerait en vain de le ratifier en l'approuvant, en déclarant que s'il en avait eu connaissance il eût accordé pleinement son *auctoritas* ; il pourra sans doute le refaire, mais qu'on le remarque, l'acte n'aura plus alors pour date le jour même où le pupille l'a accompli, mais le moment précis où il aura été refait dans les formes légales, et la loi 7, § 1, *de rescindenda venditione* consacre en effet cette solution.

Comme conséquence de ce principe que l'acte ainsi accompli par le pupille est frappé d'inexistence absolue, nous reconnaîtrons, ce que personne d'ailleurs ne saurait nier, que s'il a exécuté l'obligation par lui contractée en livrant la chose promise, il aura le droit de la *revendiquer,* car il n'a pas cessé d'être propriétaire.

Il est même une catégorie d'actes qui ne peuvent être en apparence qu'avantageux au pupille et qui cependant lui sont complètement interdits, nous voulons parler de

___

(1) V. également L. 5 pr. *de auctoritate et consensu tutorum.* — L. 28 *de pactis.* — L. 5, § 1, *de auctoritate et cons. tut.*

l'*aditio hereditatis*, de la demande de la *bonorum possessio* et de la restitution d'un *fideicommis* (1) et cette
solution particulière s'explique par ce fait que pour ces
actes, il était impossible de séparer les conséquences
avantageuses qu'ils pouvaient avoir, de leurs conséquences nuisibles comme on l'avait admis pour les contrats.

Aucune difficulté ne peut donc s'élever sur ce point :
les actes du pupille qui tendent à aggraver sa situation
et qu'il accomplit *sine tutoris auctoritate* sont absolument inexistants.

78. A côté de ces actes sans existence juridique, il
pouvait se faire, au moins dans le dernier état du droit,
que le pupille accomplît des actes simplement annulables. On finit en effet par admettre, par analogie de ce
qui se passait pour le mineur de vingt-cinq ans, que
lorsque le pupille avait été lésé par un acte d'ailleurs
régulièrement fait *cum auctoritate tutoris,* ou par un
acte de gestion du tuteur lui-même, il pouvait obtenir du
préteur contre cet acte une *in integrum restitutio* et le
faire *rescinder* (2).

79. 3° *Mineurs de vingt-cinq ans.* La puberté donnait
à l'homme, aux yeux de la loi romaine, pleine capacité
d'accomplir toute espèce d'actes juridiques et ce principe se maintint toujours dans le pur droit civil. La loi
Plætoria avait cependant déjà reconnu qu'à cet âge
l'homme est loin encore de posséder l'intelligence et les
connaissances suffisantes pour administrer sagement un

(1) Instit. *de auct. tut. princip.*
(2) L. 29, pr. *de minorib.*

patrimoine, aussi avait-elle pour la première fois établi dans un texte législatif une distinction entre les personnes pubères : les unes furent dites *minores viginti quinque annis (adulti, adolescentes)* et l'on déclara que les autres seules avaient atteint l'âge légal : *perfecta, legitima ætas.* Cette loi protégeait le mineur de vingt-cinq ans contre les manœuvres frauduleuses des hommes, qui cherchent à spéculer sur l'inexpérience de la jeunesse, en organisant contre eux un *judicium publicum rei privatæ*, suivant l'expression même de Cicéron. Il est probable d'ailleurs qu'indépendamment de cette action, le mineur pouvait encore opposer par voie d'exception et peut-être même par voie d'action la nullité de l'acte. Cette loi en outre, pour ne pas anéantir le crédit du mineur d_e vingt-cinq ans par une protection, qui à cette époque put paraître excessive, permit de lui faire nommer un curateur spécial quand il s'agissait d'accomplir un acte juridique et la seule présence de ce curateur suffisait pour rendre l'acte inattaquable en excluant toute idée de fraude.

La loi Plætoria protégeait le mineur trompé, le préteur voulut le mettre en garde contre sa seule inexpérience abstraction faite de toute idée de fraude et le déclara *restituable* contre tout acte qui le léserait ; un tel acte conservait son existence juridique, car il ne pouvait appartenir au préteur de créer des cas d'inexistence légale, mais il pouvait être *annulé.*

Marc-Aurèle enfin, au dire de Julius Capitolinus, décida que le mineur de vingt-cinq ans pourrait avoir un curateur général, sans que toutefois cette curatelle fut obligatoire. On fut dès lors naturellement amené à distinguer entre les adultes pourvus d'un curateur et ceux qui n'en avaient pas; les premiers perdirent leur capacité juridique, les seconds seuls la conservèrent. C'est probablement vers la fin du troisième siècle que cette distinction fut nettement établie ; en effet Dioclétien déclare nul un acte fait par un mineur pourvu d'un curateur sans l'assistance de ce curateur (1) et laisse entendre que cet acte vaudrait si le mineur n'avait pas de curateur. Il en résulta qu'en ce qui concerne les mineurs de vingt-cinq ans la *restitutio in integrum* fut limitée dans ses cas d'application, le mineur en effet n'avait plus à y recourir quand, ayant un curateur, il ne s'était pas muni de son *consensus*; un tel acte était considéré comme inexistant. Ajoutons que la *restitutio in integrum* subit, sous Septime Sévère, une autre restriction : un Sénatus-Consulte rendu sous ce prince frappa d'inexistence absolue les aliénations accomplies par les pupilles de leurs *prædia rustica vel suburbana* et leur reconnut le droit de revendiquer les immeubles ainsi aliénés. Constantin étendit ce principe aux *prædia urbana* et à certains meubles précieux. Le Sénatus-Consulte de Septime Sévère ne s'occupait textuellement que des immeubles du *pupille*, mais on l'appliqua sans hésiter aux aliénations consenties par le curateur du mineur de vingt-cinq ans et le mineur lui-même.

§ III

De l'incapacité légale d'accomplir des actes juridiques résultant du sexe.

80. En ce qui concerne l'aptitude légale de la femme à accomplir des actes juridiques, nous nous trouvons à

(1) L. 3, C. *de In integ. restit.*

Rome en présence de deux principes dont les législations modernes semblent avoir voulu prendre le contre-pied. A Rome, en effet, la femme, au moins pendant les premiers siècles, était, en tant que femme, frappée d'incapacité et soumise à une tutelle perpétuelle; en second lieu le mariage n'avait sur sa condition juridique aucune influence directe; plaçons-nous successivement à chacun de ces deux points de vue.

81. 1° *Tutelle perpétuelle des femmes*. Quel que soit le motif qui ait fait admettre dans les premiers siècles de Rome cette institution, qui paraît bien avoir été inspirée plutôt par un sentiment de défiance que par un désir de protection, il est certain qu'à l'origine la femme était réduite à la capacité si limitée du pupille et tout acte nuisible accompli par elle était frappé d'inexistence. Les textes, il est vrai, font défaut sur ce point, ceux qui ont été insérés au Digeste se référant presque exclusivement à l'époque de décadence de cette institution, mais la solution ne saurait être douteuse. Il est certain toutefois qu'au temps de Gaius le tuteur ne gérait plus dès que la femme avait atteint vingt-cinq ans et ce point est important à noter en ce qui nous concerne, car il maintient même dans les derniers temps de cette institution une différence entre l'homme mineur de vingt-cinq ans et la femme du même âge ; pour le premier en effet il n'existe encore que *l'in integrum restitutio*, tandis que la femme n'a pas à faire rescinder les actes par elle accomplis, ces actes étant frappés d'inexistence absolue. On sait que la tutelle des femmes sans être jamais abrogée tomba peu à peu en désuétude et avait complètement disparu à l'époque de Constantin.

82. 2ᵉ *Femmes mariées.* Le mariage romain n'avait pas par lui-même d'influence sur la capacité juridique de la femme, aussi n'avons-nous sur ce point aucune règle spéciale à signaler ; qu'il nous suffise de rappeler qu'il pouvait à l'origine être accompagné de la *manus* qui mettait la femme *loco filiæ* et la faisait ainsi tomber sous la puissance paternelle de son mari.

83. Le sexe était encore à Rome pour la femme la source d'une incapacité spéciale fort importante, l'incapacité de s'engager pour autrui, *intercedere pro alio.* Elle fut établie en l'an 46 de notre ère sous Claude, par le S. C. Velléien qui ne fit d'ailleurs que consacrer sur ce point une jurisprudence antérieure. Nous n'avons pas à rappeler ici les principales dispositions de ce Sénatus-Consulte fameux, nous devons uniquement nous demander quel était le sort d'une *intercessio* faite par la femme, était-elle inexistante, était-elle simplement annulable. L'examen de cette question présente pour nous un intérêt pratique d'autant plus grand que nous allons voir les textes établir nettement, suivant les cas, la distinction de l'inexistence et de l'annulabilité. On peut dire en effet qu'en principe l'*intercessio* de la femme est simplement nulle ou annulable, c'est-à-dire que la femme peut à son choix tenir ou refuser de tenir son engagement et elle n'a dans cette dernière hypothèse qu'à invoquer l'*exceptio S. Cᵗⁱ Velleiani* (1). L'*intercessio* produira donc tous ses effets ordinaires tant qu'elle n'aura pas été annulée, en faut-il d'autres preuves que la loi 8, § 7 *D. ad S. Cᵗᵘᵐ Velleianum* qui déclare le débiteur originaire libéré par

(1) L. XXV, § 1 D. *ad S. Cᵗᵘᵐ Velleianum.*

l'*expromissio* de la femme. Mais Justinien décida que dans certains cas l'*intercessio* serait considérée comme ne pouvant produire aucun effet et que le recours au Sénatus-Consulte Velléien serait inutile pour en obtenir l'annulation ; c'était en proclamer l'inexistence et l'empereur applique notamment cette solution à l'*intercessio* faite par la femme au profit de son mari (1). Les termes de l'authentique ajoutée à la loi 22 au Code *ad S. C^{tum} Velleianum* sont trop formels en ce sens pour que nous ne les reproduisions pas en entier : *Si qua mulier crediti instrumento consentiat proprio viro, aut scribat, et propriam substantiam, aut seipsam obligatam faciat : jubemus, hoc nullatenus valere, sive semel, sive multoties hujusmodi aliquid pro eadem re fiat : sive privatum, sive publicum sit debitum sed ita esse ac si neque factum quicquam, neque scriptum esset: nisi manifeste probetur, quod pecunio in propriam ipsius mulieris militatem expensæ sint.*

(1) *Van Wetter*, T. I, p. 626. — Novelle 134, chap. VIII, *de Just.*

ARTICLE DEUXIÈME

Des effets de droit, objet de l'acte juridique

ACTES NON EXISTANTS

ACTES ANNULABLES A RAISON DE L'OBJET

---

84. Nous avons défini l'acte juridique : tout fait volontaire de l'homme qui tend à produire un effet de droit ;
notre premier article a eu pour but de préciser ce qu'il
faut entendre par fait volontaire de l'homme, étudions
maintenant le but même auquel tend la volonté humaine
dans l'acte juridique, but qui caractérise véritablement
dans ce cas l'activité de l'homme et permet de lui donner
le nom spécial *d'acte juridique*. L'homme en effet accomplit en un jour un nombre souvent considérable de faits
volontaires et cependant parmi ces faits il n'y en a qu'un
très petit nombre qui constituent des actes juridiques;
comment donc les distinguerons-nous des autres, à quel
criterium devons-nous nous attacher ? Pour discerner si
un fait volontaire de l'homme constitue un acte juridique,
c'est le but même auquel il tend qu'il faut envisager; ce
n'est qu'autant qu'il a pour objet la production d'un effet
de droit qu'il devient un acte juridique. Je me promène, je
lis, je visite mes amis, ce sont là certainement des faits

qui émanent de ma volonté, de mon activité, sont-ce des actes juridiques ? Non certes, car je ne me propose pas par là de créer, de modifier, de conserver ou d'éteindre un rapport juridique, de produire en un mot un effet de droit.

85. Dire, comme nous venons de le faire, qu'un fait volontaire de l'homme n'est un acte juridique qu'autant qu'il tend à produire un effet de droit, c'est montrer que cet acte n'est en définitive qu'une espèce d'un genre, mais ce n'est pas là en donner une notion suffisante. Qu'entendons-nous donc par cet effet de droit, par ce rapport juridique que la volonté a eu pour objet de créer, de conserver, de modifier ou d'éteindre.

Par *rapport de droit* nous entendons un lien qui unit deux ou plusieurs personnes de telle sorte que les unes sont tenues vis-à-vis des autres d'un fait ou d'une abstention et peuvent au besoin y être contraintes par l'intervention de l'autorité publique. L'acte juridique est donc celui qui tend à produire, conserver, modifier ou éteindre un semblable lien, et atteindre un tel résultat c'est produire un effet de droit ; ainsi le mariage est un acte juridique non pas seulement parce qu'il constitue un fait volontaire de l'homme, mais parce que la volonté dans cet acte tend à établir un lien entre deux personnes, et ce lien consiste dans le devoir d'obéissance, de protection, de fidélité.

86. Que la création, la modification, la conservation ou l'extinction d'un rapport de droit soit bien le *criterium* qui permet de reconnaître si l'on est en présence d'un acte juridique, c'est ce que déjà nous avons exposé dans notre chapitre préliminaire et c'est ce que nous rappelons en quelques mots : qu'est-ce en effet que le *droit ;* c'est l'ensemble des règles auxquelles chacun est tenu et peut au besoin être contraint de conformer sa conduite ; modifier ces règles d'une façon quelconque, c'est donc bien produire un effet de droit, puisque c'est établir des règles nouvelles auxquelles on est tenu de se conformer.

Il y a donc à la base même de tout acte juridique un *effet de droit* qui a pour but de créer, modifier ou éteindre un lien entre deux ou plusieurs personnes, et c'est là *l'objet* de l'acte juridique, c'est-à-dire le but immédiat auquel il tend ; cet objet, nous le savons, forme avec la volonté de l'homme ses deux éléments constitutifs généraux. Nous avons analysé le premier de ces éléments, il importe maintenant de déterminer les conditions requises pour l'existence du second.

87. La première question qui s'impose à nous est de savoir si la volonté humaine, réunissant d'ailleurs toutes les conditions par nous précédemment énumérées peut produire un effet de droit quelconque ; s'il lui suffit en d'autres termes de manifester qu'elle entend créer tel lien, modifier tel autre pour que la loi lui accorde immédiatement sa sanction et donne aux dépositaires de la force publique l'ordre d'en assurer l'exécution ; ou bien au contraire les seuls effets de droit que la volonté puisse produire doivent-ils être d'avance limitativement déterminés par la loi, dans laquelle ils existeraient en quelque sorte en puissance jusqu'au moment où la volonté de l'homme voudrait y recourir ? En un mot tout lien établi par la volonté humaine est-il par cela seul que cette volonté existe, reconnu par la loi et peut-il produire les effets que cette volonté y a attachés, ou bien n'y a-t-il de liens juridiques que ceux que la loi elle-même a reconnus et sanctionnés ? La réponse à cette première question fera l'objet d'un chapitre premier que nous intitulerons : *Des effets de droit qui peuvent être l'objet des actes juridiques*.

88. Ce premier point examiné, il est facile de voir que notre tâche ne sera pas achevée; ce rapport de droit, ce lien que l'acte a pour objet de créer, de modifier ou d'éteindre, suppose comme tout rapport, deux termes et les deux termes sont ici, par suite de la définition même que nous avons donnée du rapport de droit, deux personnes, l'une d'elles nous est déjà connue c'est le sujet même de l'acte juridique, il nous faudra dans un second chapitre étudier l'autre ; nous donnerons pour titre à ce chapitre : *Des personnes qui concourent passivement à la formation des actes juridiques*.

89. Enfin il est d'évidence même que cet effet de droit ne peut intervenir utilement qu'à l'occasion d'une chose du monde physique qui en forme comme la matière ; comprendrait-on en effet un rapport de droit qui ne reposerait sur rien de réel, qui serait une pure abstraction de l'esprit ? aussi dans un troisième chapitre traiterons-nous : *De l'élément matériel des actes juridiques*.

90. Si l'effet de droit que veut produire l'auteur de l'acte n'est pas permis par la loi, si la personne qui concourt à la formation du rapport de droit fait défaut ou ne peut former le second terme de ce rapport, si l'élément matériel enfin est absent, l'acte juridique pèche dans son essence même, il n'a aucune existence juridique, il est *inexistant* ; tous ces éléments au contraire existent-ils, mais que l'un d'eux soit vicié, l'acte a pris naissance, il existe, mais le vice qui l'infecte le rend *annulable*.

CHAPITRE I

Des effets de droit qui peuvent être l'objet des actes juridiques

---

91. La définition même que nous avons donnée de l'acte juridique pourrait faire croire que pour agir efficacement, la volonté de l'homme doit se mouvoir dans la sphère tracée par la loi ; l'acte juridique, avons-nous dit, tend à produire un effet de droit, c'est-à-dire une conséquence qui pourra être obtenue *etiam manu militari*, pour l'accomplissement de laquelle la force publique pourra être mise en mouvement ; ne semble-t-il pas dès lors que pour produire un effet aussi considérable, il faille que lé but auquel tend la volonté soit prévu et sanctionné par la loi ? On pourrait croire en un mot qu'il n'y a d'actes juridiques que ceux auxquels le législateur a formellement attaché un effet de droit. Cette idée, complètement rejetée par notre législation moderne (1), qui n'impose guère d'autres limites à la volonté de l'homme que la liberté des autres hommes et l'intérêt public, cette idée, disons-nous, était vraie dans une large mesure en

---

(1) Voyez notamment : Déclaration des droits : 3,14 sept. 1791, art. 5. — Loi du 22 ventôse an 11, art. 55. « La loi valide ce qu'elle n'annule pas. » Art. 544, 902, 1123, 1134, 1594, 1598. C. Civ.

droit romain ; c'est ainsi qu'il n'y avait de contrats et de
délits que ceux que la loi avait elle-même réglementés et
l'on donnait du contrat cette définition bien connue :
conventio nomen habens vel causam ; pour être un contrat,
c'est-à-dire une convention productrice d'obligations
civiles, un pacte devait rentrer dans l'une des catégories
de contrats spécialement dénommés et réglés par la loi
ou avoir une *causa civilis*, c'est-à-dire renfermer cet élément purement légal qui consistait, on le sait, tantôt dans
des paroles ou des écrits solennels, tantôt dans une *res.*
Le pacte intervenu entre les parties en dehors de ces
hypothèses prévues par la loi était aux yeux du pur droit
civil comme dépourvu de toute existence juridique, ce
n'était plus pour lui qu'un simple fait ou le néant. Nous
n'avons pas dit toutefois que ce fût à Rome une règle
absolue ; les usages reçus en effet obtenaient parfois l'autorité de la loi écrite elle-même, bien qu'ils émanassent
de l'initiative de l'homme : *Nam imperatur noster Severus
rescripsit in ambiguitatibus quæ ex legibus proficiscun-
tur, consuetudinem aut rerum perpetuo similiter judica-
tarum auctoritatem, vim legis obtinere debere* (1).

Remarquons d'ailleurs que les parties en accomplissant
un contrat reconnu par le droit civil restaient maîtresses
d'en fixer les clauses. *Contractus ex conventione legem
accipiunt,* disait-on. (L. 1, § 6 *depositi*) ; pourvu bien
entendu que ces clauses ne dérogeassent pas au droit
public ou aux bonnes mœurs. (2) Mais sous le bénéfice de

_____

(1) L. 38 *de legibus* — Voyez également L. 36 *eod. tit.* — Voet. ad
Pandectas : « *Jus non scriptum moribus utentium paulatim introductum
legis habet vigorem* ». L. 1, T. 3, § 27, T. 1, p. 18.

(2) L. 15, § 1 *Ad legem Falcidiam* — L. 45, § 1 *de diversis regulis juris
antiqui* — L. 2, § 8 D. *de administratione rerum ad civitates pertin.*

cette double restriction nous croyons exact de dire que dans le droit civil romain la volonté humaine ne pouvait se mouvoir utilement que dans la sphère que lui avait tracée la loi. Les actes accomplis en dehors étaient réputés non avenus. Aussi est-ce grâce à ce principe général qu'il est fort simple à Rome de distinguer les actes pourvus d'une existence juridique et ceux au contraire qui se réduisent à de purs faits, qui sont comme nous disons aujourd'hui, inexistants. Aussi toute la théorie romaine sur l'existence des actes juridiques peut en droit civil pur se résumer de la manière suivante : Les actes qui tendent à produire des effets de droit non expressément reconnus par la loi n'ont pas d'existence juridique ; les actes accomplis suivant les règles tracées par la loi existent au point de vue juridique et rien ne saurait les empêcher de produire effet; en un mot deux termes seulement dans la classification des actes juridiques au point de vue de l'existence, l'existence parfaite, inattaquable et l'inexistence absolue ; l'annnulabilité est inconnue du droit civil, c'est une création prétorienne.

92. La théorie purement formaliste du droit civil ne donnait pas satisfaction aux vrais principes rationnels, il faut bien le reconnaître. Le droit positif n'est fait que pour régler l'activité humaine, il ne doit jamais tendre à l'entraver, pourvu qu'elle respecte l'ordre public et les bonnes mœurs. Aussi le droit prétorien devait-il poser la base d'une théorie nouvelle en reconnaissant à la volonté humaine la puissance de produire des effets de droit en dehors des hypothèses limitativement réglées par la loi. Les bonnes mœurs, l'intérêt public et les droits des tiers furent les seules limites imposées à la liberté de l'homme ; mais l'acte qui tendait à franchir ces limites était considéré comme un pur néant, les textes le déclarent de la façon la plus nette : *Privatorum conventio juri publico non derogat* (L. 45, § 1 *de regulis juris*). *Pacta quæ turpem causam obtinent non sunt observanda* (L. 27 *de pactis*) (1).

93. Il suffit donc sous l'empire de ces nouveaux principes que la loi soit muette sur un acte pour qu'elle autorise ainsi cet acte par son silence et pour empêcher les parties d'accomplir telle opération déterminée il faudra qu'une loi la prohibe ; mais si cette opération est faite néanmoins, quel sera son sort ? Sera-t-elle par le seul fait de la prohibition considérée comme dépourvue de toute existence juridique ou bien ne faudra t-il voir dans cette opération un acte inexistant qu'autant que la loi y aura spécialement attaché cette sanction ? Voici en quels termes la loi 5 au Code *de legibus* tranche elle-même la question (2) « Nous voulons, disent les empereurs Théodose et Valentinien, que tout pacte, toute convention, tout contrat passé entre ceux à qui la loi défend de le faire soient regardés comme non avenus, en sorte qu'il suffit au législateur d'avoir défendu ce qu'il ne veut pas qu'on fasse et que tout le reste s'ensuive de l'intention de la loi, comme s'il était expressément ordonné ; c'est-à-dire que tout ce qui est fait contre la défense de la loi soit non seulement inutile mais encore considéré comme non fait, quoique le législateur se soit borné à le défendre et n'ait pas déclaré spécialement qu'il le défendait à peine de nullité. (*Hoc est ut ea, quæ lege fieri prohibentur, si fuerint facta, non solum inutilia, sed pro infectis etiam*

_____

(1) Voyez également L. 123 *de Verborum obligation*.
(2) Cette loi est connue surtout sous le nom de loi *Non dubium*.

habeantur licet legislator fieri prohibuerit tantum, nec
specialiter dixerit inutile esse debere quod factum est).
Et s'il se fait ou arrive quelque chose comme conséquence de ce qui a été fait au mépris de la défense de la
loi, nous voulons qu'on le regarde pareillement comme
nul et de nul effet. D'après cette règle par laquelle nous
anéantissons tout ce qui est contraire aux lois prohibitives, il est certain que l'on ne doit ni admettre une stipulation de cette nature, ni donner effet à un mandat de la
même espèce, ni avoir égard à un serment qui tiendrait à
couvrir la nullité de l'un ou de l'autre. » La question est
donc à Rome résolue pour la loi elle-même, toute loi
prohibitive est sanctionnée par l'inexistence. Il ne faudrait pas croire d'ailleurs que ce fut là un texte isolé,
beaucoup d'autres fragments insérés au Digeste reproduisent ce principe (1).

94. Si aucun doute ne peut s'élever sur la solution
elle-même, au moins est-il possible de critiquer la généralité des termes de la Constitution de Théodose et de
Valentinien. Tous les auteurs s'accordent en effet pour
reconnaître que si la loi prohibitive indique elle-même
une autre peine comme sanction, on ne saurait y ajouter
la peine de l'inexistence, le bon sens l'indiquerait d'ailleurs suffisamment, mais les docteurs invoquent en outre
un texte, la loi 41 *de pœnis* qui défend de présumer que le
législateur a voulu infliger deux peines. Nous pouvons
citer comme exemple de loi prohibitive n'entraînant pas

---

(1) L. 7, § 16, D. *de pactis.* — L. 112, *de legatis,* 1, § 3-4. — Novelle, 51, *præfatio.* — L. 1. *de rebus eorum q. sub. tut.* — L. 4. Code
de prædiis et aliis rebus minorum. — L. 9. *eodem titulo.* — L. II,
L. 16, *eod. titulo.* — L. 25, *de legibus.*

inexistence de l'acte accompli en violation de sa prohibition l'exemple même que nous donne Ulpien (1). La loi *Furia testamentaria* défendait de léguer plus de mille as à une seule personne et condamnait au quadruple celui qui recevait quelque chose au delà ; Ulpien nous dit que le legs fait en violation de cette loi était valable puisque la sanction de la loi consiste en une autre peine et il donne à cette loi le nom de *lex minus quam perfecta,* la loi parfaite étant à ses yeux celle qui ne reconnait aucune existence juririque à l'acte accompli contrairement à sa prohibition (1).

95. Notre but unique étant de poser des principes généraux, nous croyons les développements, que nous venons de donner sur les effets de droit qui peuvent faire l'objet des actes juridiques suffisants, pour en déduire les règles suivantes :

1º Sous l'empire du droit civil pur, la volonté humaine est impuissante à produire un effet de droit qui n'a pas été déjà spécialement prévu par la loi ; en d'autres termes il n'y a d'actes pourvus d'une sanction juridique que ceux auxquels la loi a attaché expressément ce caractère, et la volonté ne peut se mouvoir utilement que dans les limites mêmes que la loi lui a tracées.

2ª Sous l'empire du droit prétorien et du droit romain du bas empire, au contraire, la volonté humaine est sanctionnée tous les fois qu'elle n'est en contradiction ni avec l'intérêt privé, ni avec l'intérêt public, ni avec les bonnes mœurs. Le silence de la loi suffit en principe pour reconnaître l'existence à un acte juridique dû à la volonté de

---

(1) Voet *ad Pandectas*, L. 1, T. 3, § 16, T. 1º, p. 13.

l'homme, mais si la loi prohibe l'acte ainsi accompli, cet acte est en principe inexistant, sans même que la loi ait à s'en expliquer formellement.

CHAPITRE II

Des personnes qui concourent passivement à la formation
des actes juridiques

---

96. Le rapport de droit dont l'établissement, la modification ou l'anéantissement est, nous le savons, l'objet de tout acte juridique, suppose au moins deux personnes dont l'une peut exiger quelque chose de l'autre, de telle sorte qu'à la base même de tout acte juridique se trouve toujours un autre individu qui constitue le second terme du rapport dont le sujet de l'acte forme le premier. C'est là du moins ce que l'analyse que nous avons faite de cet acte pris en général nous a permis de constater. Mais on ne manquera certes pas de nous opposer que si dans un grand nombre d'hypothèses, l'acte juridique suppose en effet, comme nous le prétendons, deux personnes distinctes, ce n'est pas là une règle générale et que par conséquent on n'y saurait voir un élément constitutif de cet acte. Un acte juridique peut parfaitement, nous dira-t-on peut-être, avoir pour objet la production d'un droit qui existe au profit de l'auteur même de l'acte sans créer sur la tête d'aucune autre personne ni droit ni obligation ; en veut-on un exemple ? l'occupation envisagée comme mode d'acquérir la propriété ne rend-elle pas

l'occupant propriétaire sans qu'aucune autre personne concoure passivement à la formation de son droit.

Cette objection ne saurait nous arrêter; les droits peuvent en effet se ramener à trois grandes catégories, il y a des droits qui tiennent à la nature même de l'homme, nous les appellerons, si l'on veut, les droits de l'homme, comme le droit de penser, d'agir, de vivre libre ; il en est d'autres qui tiennent à l'organisation même de la famille; une dernière catégorie comprend enfin des droits d'une nature moins élevée, ceux qui ne se réfèrent plus aux personnes, mais au patrimoine, ce sont les droits pécuniaires. Or, on semble croire dans l'objection par nous prévue que parmi ces droits il en est qui ne supposent pas comme contre-partie une obligation qui leur soit corrélative ; le droit que j'ai d'agir librement suppose-t-il en effet, dira-t-on, une obligation sur la tête d'une autre personne? Et parmi les droits pécuniaires, n'en est-il pas de même de cette catégorie spéciale de droits, qu'on appelle les droits réels ? Le mot seul qui les désigne n'exprime-t-il pas clairement, pourrait-on dire, qu'ils mettent le sujet du droit en rapport direct avec la chose du monde physique sur laquelle il porte, sans supposer par conséquent aucune personne comme intermédiaire? J'ai un droit de propriété sur un immeuble, je puis en faire ce que je veux, le détruire ou en user aussi complètement que possible, mon droit correspond-il à quelque obligation sur la tête d'une autre personne? non certainement, dira-t-on, et cela est tellement vrai, pourrait-on ajouter, qu'on peut supposer les personnes investies de tels droits seules au monde, leurs droits n'en existeraient pas moins. — Ce raisonnement en apparence fort spécieux ne saurait cependant nous con-

vaincre ; il n'est pas vrai en effet qu'il existe des droits qui
ne supposent aucune obligation corrélative ; on cite les
droits réels, mais à ces droits ne correspond-il pas pour
tous les autres hommes l'obligation de les respecter, n'est-
ce pas là une obligation très-réelle ? Ce qu'il y a de vrai,
c'est que dans ces droits le second élément personnel, si
nous pouvons ainsi nous exprimer est au contraire plus
certain que dans les autres puisqu'il embrasse l'universa-
lité des hommes ; mais parce que cette obligation grève
un nombre infini de personnes en faut-il conclure
qu'elle n'en grève aucune ? On prétend qu'on peut supposer le fonctionnement régulier de ces droits alors même
que celui qui les possède serait seul au monde, mais nous
le demandons, peut-on transporter ainsi l'idée de droit en
dehors d'un état social sans en méconnaître complètement
la notion ? le droit tel que nous l'envisageons dans notre
science, peut-il naître autrement en effet que du conflit
des intérêts humains ? Voilà pourquoi nous persistons à
dire qu'il y a à la base de tout acte juridique au moins
deux personnes, la première d'entre elles nous est connue
occupons-nous maintenant de la seconde.

97. Je veux, par un acte juridique, créer un droit, le
bon sens seul suffit pour faire comprendre qu'en vain ma
volonté se manifesterait en ce sens, qu'en vain le rapport
de droit que je veux produire serait permis par la loi et que
je n'accomplirais qu'un pur fait dénué de toute efficacité
juridique si celui sur la tête duquel je veux fixer ce droit
est incapable de le recevoir ou n'existe même pas ; et ce
que nous disons de la création d'un droit au profit d'un
tiers, il faut le dire de la création d'un droit au profit de
nous-mêmes avec cette différence toutefois qu'alors ce sera

une obligation qu'il s'agira de fixer sur la tête d'autrui et qu'il faudra en conséquence qu'il soit capable d'être grevé de cette obligation.

98. Mais s'il est vrai qu'à la base de tout acte juridique se trouvera toujours une autre personne à côté du sujet même de l'acte, il ne faudrait pas croire que le rôle joué par cette personne sera toujours le même. Tantôt en effet il sera purement passif et ne supposera de sa part aucune coopération à la formation même du droit, tantôt au contraire il sera actif et il y aura alors en réalité dans l'acte deux coauteurs, deux sujets. Aussi on peut, croyons-nous, distinguer à ce point de vue deux grandes catégo-ries d'actes juridiques, ceux dans lesquels la seconde personne n'a qu'un rôle purement passif, ceux au con-traire qui supposent de sa part un concours actif, ceux par conséquent qui n'exigent que la volonté d'une des parties, ceux qui supposent la volonté des deux: des actes unilatéraux et des actes bilatéraux, si l'on veut. Comme exemple d'actes de la première espèce nous citerons le tes-tament ; les conventions forment le type des actes de la seconde catégorie.

99. Lorsque la seconde personne qui concourt à la formation de l'acte juridique y prend une part active, c'est un véritable sujet de l'acte, il faut alors lui appliquer toutes les règles que nous avons posées dans notre article premier, aussi n'est-ce pas de cette catégorie de per-sonnes qu'il s'agit ici ; ce chapitre n'a trait qu'à celles qui ne jouent dans l'acte qu'un rôle purement passif comme l'héritier institué ou le légataire dans le testament. Or, ces personnes sont nécessaires à l'existence même de l'acte, car sans elles il n'y a pas de rapport de droit, point d'effet juridique possible. La première qualité que ces personnes doivent avoir, c'est de participer au *jus civile*; un étranger ne pourrait donc concourir à la formation d'un acte du droit civil romain et l'acte dans lequel il eût figuré comme second terme du rapport de droit eût été privé de toute existence légale (1).

Mais à côté de ces personnes frappées d'une incapacité absolue s'en trouvaient d'autres qui bien que, jouissant en principe du *jus civile* ne pouvaient cependant voir tel ou tel droit déterminé se fixer sur leur tête, nous ne pouvons songer à en présenter l'énumération complète, mais il nous faut du moins pour justifier les principes par nous posés et en préciser la portée, en donner quelques exemples : c'est ainsi qu'un testament sera frappé d'inexistence absolue si celui que le testateur a voulu instituer son héritier ne pouvait pas l'être, n'avait pas la *testamenti factio passive* comme disent les commentateurs ; Ulpien et Gaius font aux pérégrins l'application de ce principe (2); il en était de même des esclaves sans maître, des *personæ incertæ* (3); et plus tard, sous le Bas-Empire, des apostats (L. 3, Code *de Apost.* 1, 7), des hérétiques (L. 4, § 2, Code *de heret.* 1, 5), des enfants de la personne condamnée pour lèse-majesté (L. 5, § 1 C. *Ad legem Jul. majest.* IX, 8), etc. Dans tous les cas le

---

(1) Ce n'est pas à dire que ces personnes étaient dépourvues de tout moyen de produire des effets de droit, mais on leur appliquait les règles du *jus gentium* ou de leur droit national. — Gaius C. 3, 93, 132, 134.

(2) *Ulpien Reg.*, T. XXII, § 2. — *Gaius C.* 1, § 25.

(3) Ulpien XXII, § 4. *Inst.* L. II, T. 20, § 25 de leg. Des dérogations furent dans la suite apportées à ce principe (Ulpien XXII, § 6.— L. 30 *De Vulg. et pup. substit.* XXVII, 6). Justinien abrogea l'incapacité des personnes incertaines.

testament était considéré comme inexistant ; et qu'on le remarque bien, ce n'est pas seulement au moment du décès du testateur qu'on se place pour rechercher si l'institué avait la *factio testamenti*, mais au moment même où la disposition a été faite, n'est-ce pas une preuve évidente de l'importance excessive peut-être mais très réelle que la législation romaine attachait à cet élément pour la formation même de l'acte.

Des principes analogues dominaient la matière des legs « Sont nuls dès l'origine, dit M. Accarias (1), tous legs laissés à une personne qui n'a pas la *factio testamenti* avec le testateur au moment même où il dispose. » La novelle 89, chap. XII, § 2 *in fine* déclarait non avenue la disposition faite au profit des enfants illégitimes en violation des règles par elle établies et en attribuait le bénéfice à d'autres personnes.

Est donc inexistant l'acte juridique dans lequel manque la seconde personne nécessaire pour former le rapport de droit qu'il a pour objet de créer, de modifier ou d'éteindre, peu importe d'ailleurs qu'elle fasse physiquement défaut, comme lorsqu'un testateur institue une personne dont il ignore le décès ou qu'elle ne manque que juridiquement, comme dans les hypothèses que nous avons prises pour exemple ; mais dans le premier cas il y aura inexistence rationnelle, il y aura inexistence légale dans le second.

(1) *Précis de droit romain*, T. 1, p. 930.

CHAPITRE III

De l'élément matériel des actes juridiques

---

§ 2. Des actes inexistants à raison de l'élément matériel. — § 2. Des
actes simplement annulables à raison de l'élément matériel.

100. Nous devons tout d'abord nous mettre en garde
contre une confusion que l'emploi du mot objet dans des
acceptions différentes rend possible, et il nous faut distinguer avec soin ce qu'on doit entendre par *objet* de
l'acte juridique et par élément matériel de cet acte.
L'objet de l'acte juridique est *l'effet de droit* dont le sujet
de l'acte poursuit la réalisation ; son élément matériel
c'est la *chose du monde physique* sur laquelle porte le rapport de droit qu'on veut créer, modifier ou éteindre ; ainsi
dans un testament l'*objet* de l'acte consistera dans l'institution d'héritier ou dans les legs, institution et legs qui
font naître des droits ; l'*élément matériel* comprendra les
biens eux-mêmes qui forment le patrimoine du testateur.
101. Le bon sens suffit pour faire comprendre que
cet élément matériel doit se rencontrer nécessairement
dans tout acte juridique et qu'il constitue ainsi un élément essentiel à son existence. Que serait en effet un

droit qui ne reposerait sur aucun objet du monde physique, personne ou chose ? Toutes les fois par conséquent
que l'élément matériel fera défaut dans un acte juridique,
cet acte sera inexistant ; or, cet élément fera défaut ou bien
lorsque la chose que les parties ont eue en vue n'aura pas
d'existence rationnelle, ou quand existant matériellement
la loi n'aura pas permis d'établir à son sujet de rapports
de droit. Nous étudierons donc, dans deux numéros d'un
premier paragraphe, les cas d'inexistence rationnelle et les
cas d'inexistence légale à raison de l'élément matériel ;
puis dans un deuxième paragraphe nous nous demanderons dans quels cas un acte juridique peut être simplement annulé à raison de cet élément matériel.

§ I

Des actes inexistants à raison de l'élément matériel.

102. 1° *Des actes rationnellement inexistants*. L'élément matériel fait défaut rationnellement quand les parties ont entendu créer un droit à l'occasion d'une chose
qui n'existe pas (1) ou qu'il n'est pas physiquement possible
à l'homme d'atteindre, tel serait par exemple un contrat
qui porterait sur un astre ou même sur des *res communes* ;
de telles opérations juridiques ne pourraient être considérées que comme de pures plaisanteries de la part de leurs
auteurs, *jocari videntur*, et dans ce cas, tout le monde le

(1) Instit. *de inutil. stipul.*, § 1.

reconnaît(1), il y a nullité radicale et dès l'origine, ni la chose, ni son estimation, ni même la somme promise comme clause pénale en cas d'inexécution, ne peuvent être dues.

103. 2° *Des actes légalement inexistants.* Bien plus importantes sont les hypothèses dans lesquelles la chose à l'occasion de laquelle est intervenu l'acte juridique est rationnellement et physiquement à la disposition des parties, mais où la loi a défendu d'en faire la matière d'un acte juridique. Dans ce cas l'acte juridique ne manque pas au point de vue rationnel d'élément matériel, mais il en manque légalement ; la loi romaine le considère dans ce cas comme non avenu, comme inexistant, c'est ce que nous allons établir par quelques exemples. Les Institutes de Justinien pourraient à elles seules permettre d'achever la démonstration. Ne voyons-nous pas en effet ce recueil nous présenter comme division fondamentale des choses la division en *res quæ in nostro patrimonio et res quæ extra patrimonium nostrum habentur,* c'est-à-dire en choses qui peuvent être l'objet de propriété, de possession ou de créance et choses sur lesquelles on ne peut établir ni droit réel, ni droit de créance. Les critiques les plus amères ont été dirigées il est vrai par la presque unanimité des interprètes contre cette division des choses (2) ; on a dit qu'elle confondait pêle-mêle les choses les plus dissemblables et n'avait aucune importance pratique ; sans doute si l'on attribue aux rédacteurs des Institutes assez de naïveté pour nous dire : il faut séparer avec soin parmi les choses, celles qui sont actuellement la propriété des particuliers et

(1) Ortolan, *Cours de droit romain*, T. 3, p. 194.
(2) V. Accarias, *Précis de droit romain*, T. 1, p. 443, n° 198.

celles qui ne sont pas entre leurs mains, soit parce que leur
nature s'oppose à toute appropriation, soit parce que personne n'a encore fait sur elles acte de maître, il faut bien
reconnaître que la science du droit ne gagne rien à poser
de semblables principes; nous admettons même que les
développements confus du titre *de divisione rerum* semble
bien justifier les critiques qu'on adresse aux Institutes, mais
nous préférons croire que Justinien a voulu au contraire
poser nettement la distinction, si naturelle et si scientifique celle-là *des choses hors du commerce* et *des choses
dans le commerce* ; c'est-à-dire des choses qui peuvent
être l'élément matériel des actes juridiques et des choses
qui ne peuvent l'être. Ajoutons que les choses qui sont
dans le commerce général peuvent parfois être soustraites
à certains actes juridiques dont elles ne sauraient dès lors
former l'élément matériel ; voyons successivement ces
différents cas.

104. 1° *Choses hors du commerce.* On en reconnait
quatre catégories : 1° les *res divini juris ;* 2° les *res communes ;* 3° les *res publicæ* et 4° les *res universitatis;* toutes
les fois qu'un acte juridique aura pour matière une chose
de ce genre, il sera frappé d'inexistence et c'est en effet ce
que déclarent les textes. C'est d'abord en ce qui concerne le
testament le § 4, L. 2, T. 20, *de legatis* (1) qui nous dit que le
legs du Champ-de-Mars, d'une basilique, d'un temple, d'une
chose du domaine public ne produit aucun effet ; *nullius
momenti legatum est ;* c'est ensuite le § 5 *de empt. et
vend.* (2) qui déclare que c'est en vain qu'on voudrait faire

(1) L. 2, T. 20, Institutes.
(2) L. 3, T. 23, Institutes.

une vente qui aurait pour objet *loca sacra vel religiosa...*
La loi 30, § 1, *de adq. vel amitt. poss.*, reproduit les mêmes
principes (1).

105. 2° *Choses qui ne peuvent former la matière de
certains actes.* Nous avons dit qu'il y avait des choses *in
commercio* qui ne pouvaient dans certains cas constituer
un élément matériel valable ; citons à titre d'exemple les
immeubles dotaux, citons encore les choses qui ne sont
hors du commerce qu'à l'égard de certaines personnes ;
ainsi les gouverneurs des provinces ne peuvent y acquérir
d'immeubles (L. 62 pr. *de cont. empt.*) ; les administra-
teurs des biens d'autrui ne peuvent obtenir des droits sur
les biens par eux administrés. (Loi 34, § 7, *de cont.
empt.*).

Lorsqu'une chose hors du commerce à l'égard de certaines personnes seulement a servi de base à un acte juridique, quel sera le sort de cet acte, sera-t-il inexistant ou
pourra-t-il au contraire produire quelque effet ? Il importe,
croyons-nous, de faire sur ce point la distinction établie
par la loi 34, *de verb. oblig.*, et de donner une solution
différente suivant que la chose est hors du commerce de
celui qui veut l'acquérir ou de celui qui veut l'aliéner ;
dans le premier cas l'acte ne peut prendre naissance, dans le second au contraire il naît et produit
des effets de droit. Le motif de cette distinction se découvre
sans peine et la loi 137, § 4, *de verb. oblig.* l'indique d'ailleurs clairement ; si l'on peut promettre une chose dont
en principe on ne peut disposer c'est qu'il n'y a pas dans

(1) V. également L. 185, 135, 182, *de diversis regulis juris antiqui*,
L. XVII.

ce cas impossibilité absolue ; sans doute le promettant pourra éprouver de grandes difficultés pour tenir ses engagements, mais il n'y a en somme que *difficultas dandi* (1).

On peut donc dire en résumé que l'élément matériel fait défaut dans un acte juridique toutes les fois que la chose même sur laquelle porte le droit est hors du commerce général ou du commerce de celui qui acquiert. Nous avons raisonné jusqu'ici sur l'hypothèse d'une *datio,* la solution est la même quand il s'agit d'un *facere ;* la loi 137, § 5, le décide ainsi : *Si ab eo stipulatus sim qui effi-cere non possit, cum alii possibile sit, jure factam obli-gationem Sabinus scribit.*

Il faut enfin, croyons-nous, considérer comme un nouvel exemple de *res extra commercium*, à l'égard de certaines personnes, nos propres choses, car elles ne peuvent, tant qu'elles sont dans notre patrimoine, servir de base à l'éta-blissement à notre profit de droits nouveaux ; c'est en effet la solution donnée par la loi 45, *de diversis regulis juris ;* l'acte dans ce cas est frappé d'inexistence, il ne produit aucun effet (L. 16, liv. XVI, T. 3. — L. 16, L. XVIII, T. 1, *de Contrah. empt.*); la loi 21, de *Usurpat.* et *Usuc.*, fait l'appli-cation de ce principe au cas de l'héritier apparent. (L. 33, § 5, *de Usurpat.*)

---

(1) V. également L. 49, § 2, *de legatis,* 2°, XXXI.

§ II

Des actes simplement annulables à raison de l'élément matériel.

106. Il peut se faire que l'élément matériel d'un acte juridique existe rationnellement et légalement et que cependant il ne soit pas suffisant pour assurer à l'acte une efficacité absolue ; l'acte juridique dans ce cas a pris naissance ; il produit ses effets ordinaires mais il est entaché d'un vice, qui peut en amener l'annulation. Les actes simplement annulables à raison de l'élément matériel sont rares, mais il en est au moins une catégorie fort importante à citer, nous voulons parler des *vices redhibitoires* en matière de vente. En vertu de l'édit des Ediles, le vendeur était tenu de déclarer tous les vices qui pouvaient diminuer sensiblement l'utilité et la valeur de la chose (1) ; faute de faire cette déclaration le vendeur était exposé à une double action : *l'actio quanti minoris* et *l'actio redhibitoria. L'actio quanti minoris* permettait à l'acheteur d'obtenir simplement une réduction de prix, mais le contrat était maintenu, *l'actio redhibitoria* tendait au contraire à *résoudre le contrat*, à replacer les parties dans leur situation ; aussi Julien, au dire d'Ulpien, comparait-il cette action à une véritable *restitutio in integrum. Julianus ait judicium redhibitoriæ actionis utrumque, id est ven-*

(1) L. 1, § 8, *de Ædilitio edicto*, XXI, I.

ditorem et emptorem quodammodo in integrum restituere
debere (1); et la loi 60, de *Ædilitio edicto*, ajoute : *Facta*
redhibitione, omnia in integrum restituuntur, perinde
ac si neque emptio, neque venditio intercessit.

107. Nous pouvons donc formuler de la manière
suivante le double principe qui régit l'élément matériel
de l'acte juridique.

1° Toutes les fois que cet élément fait absolument
défaut soit rationnellement, soit légalement, l'acte est
privé de toute existence juridique ; il est tenu pour non
avenu.

2° Toutes les fois que cet élément existe, mais est vicié
et que le droit positif a permis d'invoquer le vice qui
l'infecte pour demander l'annulation de l'acte, cet acte est
simplement annulable.

(1) L. 23, § 7, *de Ædilitio edicto*, XXI, I.

APPENDICE

___

De la cause considérée comme élément constitutif distinct de l'acte juridique

___

108. Nous croyons complète l'énumération que nous avons donnée des éléments essentiels des actes juridiques; quand tous ces éléments sont réunis, l'acte existe, quand l'un d'eux au contraire fait défaut l'acte est dépourvu de toute existence juridique. N'y a-t-il pas lieu cependant d'ajouter à notre énumération un terme nouveau : *la cause* ? Si nous nous posons cette question, ce n'est certes pas qu'elle ait passionné les jurisconsultes romains, car elle leur était certainement inconnue, c'est uniquement pour nous expliquer sur un point de la science juridique moderne qui nous paraît avoir été l'objet d'une solution absolument erronée. Les commentateurs du Code civil français, par respect pour le texte même qu'ils expliquent ne manquent pas d'ordinaire de citer la cause, à l'exemple de l'art. 1108 lui-même, comme un élément essentiel des conventions ; or, si cet élément se trouve réellement aujourd'hui dans une analyse sainement faite de cette espèce d'actes juridiques, elle existait à Rome, comme elle existe aujourd'hui car les éléments essentiels d'un acte sont écrits dans la raison même.

109. Or, qu'est-ce que la cause pour ces auteurs ? *c'est le but immédiat* que poursuivent les parties en contractant; ce but varie suivant les différentes espèces de contrats, mais il est le même pour tous ceux de la même espèce. Dans les contrats de bienfaisance, la cause, nous disent ces auteurs, c'est l'intention libérale elle-même, c'est là en effet le but immédiat poursuivi par le donateur ; dans les contrats à titre onéreux la cause varie suivant qu'ils sont synallagmatiques ou unilatéraux ; supposent-ils des obligations réciproques, la cause de l'obligation de chacune des parties consiste alors dans l'obligation de l'autre : une vente intervient entre Primus et Secundus, quel est le but immédiat que se propose le vendeur Primus ? c'est de créer à son profit sur la tête de Secundus les obligations d'un acheteur ; quel est d'autre part le but immédiat auquel tend l'acheteur ? c'est d'acquérir le droit d'exiger de Primus les obligations d'un vendeur ; s'agit-il au contraire d'un contrat unilatéral à titre onéreux, comme le prêt de consommation, la cause ici consistera dans la prestation même qui a été fournie par le prêteur; n'est-ce pas là en effet le but immédiat qu'à poursuivi l'emprunteur en s'obligeant, pourquoi est-il tenu *cur debetur*, sinon parce qu'il a reçu ? Ne semble-t-il pas dès lors qu'il est impossible de ne pas considérer cette cause comme un élément essentiel de toute convention ? Et ce qui est vrai, d'après ces auteurs, pour les contrats, devons-nous hésiter, quant à nous, dans notre œuvre de généralisation, à l'étendre à tout acte juridique quelconque ? Ce but immédiat pourrait-il en effet être

moins nécessaire dans un acte qui ne suppose qu'une seule
volonté, que dans un acte qui en suppose plusieurs ? Sans
but, comment l'activité humaine pourrait-elle se mouvoir utilement ?

110. Nous n'hésitons pas cependant à refuser de
voir dans la cause un nouvel élément de l'acte juridique ;
mais, qu'on comprenne bien dès maintenant toute notre
pensée : nous n'entendons certes pas nier que pour qu'un
acte juridique existe il faille à cet acte un but immédiat ;
mais ce que nous prétendons, c'est qu'il y a un vice d'analyse, une erreur dogmatique, à considérer la cause comme
un élément distinct ; ce que nous prétendons encore,
c'est que cette théorie de la cause ne présente dans le
droit moderne tant de difficultés et ne soulève chaque
jour tant de questions insolubles que parce qu'on a voulu
lui faire une place à part, pour nous en effet la cause d'un
acte se confond nécessairement soit avec son sujet, soit
avec son objet tel que nous les avons entendus, aussi
jamais, on peut l'affirmer sans crainte, jamais les jurisconsultes romains n'ont-ils songé à voir dans la cause
un élément distinct.

111. Avant de justifier notre solution il nous importe
de répondre à une objection qui pourrait nous être faite :
vous prétendez, nous dira-t-on, que le droit romain n'a
jamais considéré la cause comme un élément constitutif
de l'acte juridique, cela peut à la rigueur être vrai du droit
civil pur, mais ne l'est certes pas du droit prétorien, la
condictio sine causa n'en est-elle pas la preuve évidente ?
Qu'était-ce en effet que cette *condictio*, quel que soit d'ailleurs le nom spécial qu'elle pût prendre selon les cas :
condictio causa data causa non secuta, condictio ob tur-

8

pem causam, etc.? Voici à quelle nécessité sociale elle vint répondre. Lorsqu'une stipulation intervenait à Rome entre deux personnes, elles étaient liées par le fait même des paroles prononcées, sans que le juge eût à chercher si en équité un lien s'était réellement formé; prenons un exemple : Primus offre à Secundus une somme de dix à titre de prêt, Secundus accepte le prêt qu'on lui offre et s'engage aussitôt par stipulation à payer à Primus une somme de dix ; puis, l'obligation contractée, Primus refuse de lui remettre la somme promise, Secundus n'a rien reçu et cependant il est obligé ; le droit civil était désarmé contre une semblable fraude ; le préteur *justitia motus* intervint alors pour accorder à Secundus une exception de dol qui lui permit de se défendre contre les poursuites injustes de son créancier; cette exception de dol lui parut bientôt insuffisante, il permit au débiteur de prendre les devants et de demander par une *condictio sine causa* sa libération, en se fondant sur ce fait qu'il n'avait contracté *que dans un but qui n'avait pas été atteint*. Cela ne prouve-t-il pas, nous dira-t-on, que le droit romain a connu la théorie de la cause et qu'il a vu là, comme notre droit moderne, un élément essentiel distinct des conventions?

C'est, croyons-nous, se laisser tromper par les mots eux-mêmes, sans doute il existait dans le droit romain des *condictiones sine causa* permettant au débiteur qui n'avait pas obtenu de l'autre partie l'équivalent de l'obligation qu'il contractait lui-même, d'obtenir du juge sa libération, mais où voit-on que le préteur, qui imagina ce procédé indirect de remédier à l'injustice du droit civil pur, considéra la cause comme un élément essentiel des conventions ? S'il permettait dans ce cas au débiteur d'obtenir sa libération, ce n'était pas en réalité parce que le but qu'il avait poursuivi en contractant n'avait pas été atteint, mais parce que le créancier s'était enrichi sans cause, ce qui est bien différent; ce que le préteur a voulu, c'est que quiconque s'enrichit injustement à nos dépens fût obligé de nous restituer ce dont il s'est enrichi (1) : *Jure naturæ æquum est neminem cum alterius detrimento et injuria fieri locupletiorem* (2). Ce qui prouve d'ailleurs que le préteur n'a pas envisagé la cause comme élément essentiel de l'acte juridique, c'est qu'il accorde seulement dans ce cas une action en nullité et ne considère pas l'acte comme inexistant.

112. La théorie de la cause est née de toutes pièces dans notre ancien droit français; nos anciens jurisconsultes en effet remarquant que les *condictiones sine causa* sous leurs différentes formes n'étaient données que lorsque le but immédiat que se proposaient les partis n'étaient pas atteint, finirent par considérer ce but comme un élément essentiel distinct et lui donnèrent pour nom le nom même de cause qu'ils trouvaient dans les textes. C'est alors seulement qu'on rechercha en quoi consistait pour chaque espèce de contrats cet élément de cause et qu'on arriva à poser les règles que nous avons rappelées plus haut; mais ce que nous tenons à constater c'est que ces règles ne sont pas écrites dans le droit romain et nous allons établir que c'est avec grande raison.

Parcourons en effet les principales hypothèses examinées par les auteurs et voyons si ce prétendu élément de

---

(1) L. 1. D., *de cond. sine causa*, L. XII, T. XXXVII. — L. 25, *in fine*, D. *de act. rer. amo.* XXV. II.

(2) L. 206, *de div. reg. j. ant.* L. L, T. XVII.

cause, qu'ils croient découvrir ne rentre pas dans l'un ou dans l'autre des divers éléments constitutifs reconnus par nous : la cause dans les contrats de bienfaisance consiste, dit-on, dans l'intention libérale, mais n'est-ce pas là cet élément de volonté que nous avons placé à la base même de tout acte juridique ? Dans les contrats à titre onéreux unilatéraux, comme le prêt de consommation, la cause consiste, nous dit-on, dans la prestation même accomplie par le prêteur ; pour nous encore cette prétendue cause se confond avec la volonté, voici en effet comment nous raisonnons : lorsque Primus l'emprunteur consent à s'obliger à rendre une somme déterminée qu'on va lui remettre à titre de prêt, cette obligation n'est-elle pas consentie par lui *sous la condition* qu'on lui remettra la somme promise ; ce n'est qu'à cette *condition* qu'il veut et si cette condition vient à défaillir il est censé n'avoir jamais voulu, l'acte dès lors n'a pu se former faute de volonté. L'emprunteur qui s'est obligé à rendre la somme qu'on lui promettait et qui ne lui a pas été remise n'a en effet pour arrêter les poursuites dirigées contre lui qu'à répondre à son adversaire : vous me prétendez obligé vis-à-vis de vous comme emprunteur, vous reconnaissez donc que si je me suis obligé ainsi, c'est parce que j'attendais de vous l'équivalent de mon obligation, dès lors je n'ai pu consentir à cette obligation *qu'à la condition* que vous me fourniriez les deniers promis, c'était là en quelque sorte la condition *sine qua non* de mon consentement, pour prouver que j'ai consenti à être votre obligé comme emprunteur, vous devez donc établir que la condition que j'avais mise à y consentir et que vous reconnaissez implicitement, s'est réalisée, c'est-à-dire que vous avez vous-même fourni la prestation en vue de laquelle je m'engageais.

Supposons-nous maintenant un contrat synallagmatique, la solution est la même. Prenons pour exemple le contrat de vente ; la cause de l'obligation de chacune des parties consiste ici, dit-on, dans l'obligation de l'autre ; pour nous encore dans ce cas la cause se confond avec la volonté elle-même. Dans le contrat que nous avons pris pour exemple le consentement de chacune des parties à s'obliger n'est-il pas donné sous la condition *sine qua non* du consentement de l'autre à s'obliger également ? Primus consent à vendre son immeuble à Secundus pour 1000 fr. cela ne signifie-t-il pas évidemment que si Secundus ne consent pas de son côté à s'engager à payer le prix convenu, le consentement de Primus n'existe plus puisque ce n'est que sous cette condition qu'il s'était produit. Qu'on appelle donc dès lors les choses par leur nom et qu'on ne crée pas, sans raison, cette théorie abstraite de la cause faite tout exprès, semble-t-il, pour jeter le trouble dans l'esprit des jurisconsultes et l'incertitude dans les décisions des magistrats.

113. Mais alors, nous dira-t-on, si vous ne considérez pas la cause comme un élément essentiel distinct de l'acte juridique, vous allez reconnaître l'existence légale à des actes que les textes et la raison s'accordent à proscrire, c'est-à-dire les actes *sans cause*, ou sur *fausse cause* ou sur *cause illicite*. — Non certes ! nous ne validerons pas de tels actes, mais nous nous garderons bien de dire que c'est parce qu'ils manquent de cause ou ont une cause fausse ou illicite ; si nous leur refusons l'existence c'est parce que nous constatons chez eux l'absence d'un des élé-

ments constitutifs indiqués par nous, éléments à la fois nécessaires et suffisants pour l'existence des actes juridiques. Comme exemple d'hypothèses où la cause fait défaut
on cite d'ordinaire *l'emptio rei speratœ*(1), c'est-à-dire, si
l'on veut, l'achat d'une récolte future. Si l'immeuble ne
produit aucune récolte, la vente est reputée ne s'être pas
formée, le contrat est inexistant, dit-on, *faute de cause.*
Oui sans doute le contrat est inexistant, mais il l'est parce qu'il manque de deux des éléments constitutifs cités par
nous : la volonté et l'élément matériel ; nous nous expliquons : lorsque Primus achète une récolte future, le consentement qu'il donne à s'obliger comme acheteur et par
suite à payer le prix stipulé, ne le donne-t-il pas sous la
condition que le fonds produira une récolte (2)? s'il n'en
produit pas le consentement donné par l'acheteur n'existe
plus puisque la condition sous laquelle il s'était produit
vient à défaillir ; pour ce qui concerne Secundus n'est-ce pas
sous la même condition qu'il a consenti à être tenu comme
vendeur? Ce n'est pas seulement d'ailleurs pour défaut
de volonté, qu'un tel acte est inexistant, mais aussi, avons-
nous dit, parce qu'il manque d'élément matériel. Nous avons
en effet établi que tout acte juridique suppose à sa base
même un élément du monde physique à l'occasion duquel il
intervient et sur lequel il porte, or, ici cet élément fait défaut

(1) Il importe de ne pas confondre *l'emptio rei speratœ* avec *l'emptio
spei* qui est plutôt l'achat d'une chance à courir ; l'acheteur dans ce
cas doit dans toute éventualité le prix convenu. Dans *l'emptio rei
speratœ* on contracte en vue de la chose espérée, le prix n'en est dû que
si cette chose se produit (L 39, § 1, *de contrahenda emptione.*— L. 8, pr.
eod. tit).

(2) C'est cette intention même qui permet de distinguer *l'emptio rei
speratœ* et *l'emptio spei.*

puisque la récolte future, qui formait la matière même de la vente, a manqué complètement. Il n'est donc pas besoin de parler ici de cause, ce langage en effet ne pourrait être qu'une source d'erreur et consacrerait au point de vue scientifique un vice d'analyse qu'on ne peut nier. Ce que nous venons de dire de *l'emptio rei speratæ* s'applique également à l'hypothèse où l'on suppose que la chose louée vient à périr pendant le bail, hypothèse dans laquelle il y a encore pour les auteurs dont nous repoussons la doctrine, absence de cause.

114. *La fausseté de la cause* entraîne encore, dit-on, inexistence du contrat et l'on cite d'ordinaire comme exemple de fausse cause le cas où une personne se croyant obligée, en vertu d'un testament dont elle doit assurer l'exécution, à payer une certaine somme à une autre personne, substitue à cette dette apparente une obligation nouvelle ; la découverte d'un testament, qui annule le legs, établit que la cause de cette obligation était fausse et que par conséquent l'obligation est inexistante. Est-il vraiment besoin pour arriver à ce résultat d'imaginer l'intervention de cet élément de cause ? Pourquoi en effet cette obligation est-elle inexistante ? C'est parce que la volonté a manqué à sa formation : en contractant cette obligation vis-à-vis du légataire apparent l'héritier n'a-t-il pas subordonné son consentement à l'existence réelle d'une dette à sa charge, dette dont il voulait ainsi poursuivre l'acquittement ? Si cette dette n'existait pas, la condition tacite qu'il avait mise à son consentement n'existe plus et par conséquent l'acte juridique tout entier disparaît faute du premier de ses éléments essentiels : la volonté.

115. On parle enfin, dans la théorie que nous combattons, de *cause illicite* ou contraire aux bonnes mœurs ; une telle cause entraîne l'inexistence même de la convention dans laquelle elle se rencontre ; les exemples abondent : Primus s'engage à payer 100 à Secundus s'il incendie la maison de Tertius ; ce contrat, nous dit-on, est inexistant et son inexistence est due à ce qu'il renferme une cause illicite. Non, ce n'est pas parce qu'il repose sur une cause illicite que ce contrat est nul, s'il n'a pas d'existence juridique c'est parce que son *objet* même est contraire aux lois et aux bonnes mœurs. N'avons-nous pas vu en effet que tout acte juridique suppose comme élément essentiel un *objet* et cet objet consiste, nous le savons, en un effet de droit permis par la loi, c'est-à-dire la création, la modification, la conservation ou l'extinction d'un rapport de droit ; or, dans l'espèce, le rapport de droit que les parties ont voulu établir est prohibé par la loi et n'existe pas à ses yeux.

116. Mais où la supériorité de l'analyse, que nous proposons de substituer à celle des auteurs, éclate surtout avec évidence, c'est quand il s'agit pour eux d'appliquer leur théorie de la cause illicite aux contrats de bienfaisance. La cause dans ces contrats consiste, disent-ils, dans l'intention libérale elle-même, considérée par conséquent abstraction faite des motifs qui l'on déterminée ; or, comment, nous le demandons à ces auteurs, comment supposer ici une cause illicite ? des motifs illicites, oui ; mais non une cause illicite ! Aussi sont-ils fort embarrassés pour établir l'inexistence d'un contrat de bienfaisance qui n'aurait d'autre but que la récompense d'un acte illicite ou immoral ; il leur faut alors aller chercher en dehors même des éléments constitutifs de l'acte, la source de son inexistence ; c'est-à-dire dans la prohibition écrite en tête de toute législation de déroger aux lois d'ordre public ou aux bonnes mœurs. Nous, au contraire, nous n'avons pas pour proscrire une telle libéralité à nous mettre tant en peine : ce contrat est inexistant à nos yeux parce qu'il manque d'un de ses éléments essentiels et cet élément c'est l'*objet* même du contrat, c'est-à-dire, dans l'espèce que nous avons prise, le rapport de droit qu'il s'agissait de créer et qui n'a pu l'être parce que la loi le proscrivait.

117. Nous ne saurions pousser plus loin l'exposé de notre système, sa simplicité même nous en dispense et nous croyons avoir établi avec certitude que c'est à tort qu'on a voulu voir dans la cause un élément constitutif de l'acte juridique et que c'est avec moins de raison encore que certains auteurs ont cherché dans le droit romain le fondement de cette doctrine. Le droit romain ne peut en effet à aucun titre, être déclaré responsable de leur erreur, car il n'a jamais connu cette prétendue théorie de la cause.

SECTION DEUXIÈME

Intérêt de la distinction des actes non existants et des actes annulables

---

§ I. Moyens employés pour se prévaloir de l'inexistence ou de l'annulabilité — § II. Influence du temps sur les actes inexistants et les actes annulables. — § III. De la confirmation. — § IV. Intérêt de la distinction de l'inexistence et de l'annulabilité à l'égard des tiers.

118. Nous venons de poser les règles générales qui permettent de reconnaître si un acte est privé de toute existence juridique ou s'il est simplement annulable ; l'intérêt de la distinction de ces deux catégories d'actes est immense, nous l'étudierons dans quatre paragraphes distincts.

§ I

Moyens employés pour se prévaloir de l'inexistence ou de l'annulabilité.

119. L'acte inexistant n'étant en droit qu'un pur fait, n'entraîne aucune conséquence juridique, il ne produit

aucun effet : *nullum est negotium, nihil actum est* (1) ;
il n'a que l'apparence de l'existence et personne ne saurait s'en prévaloir, aussi, n'a-t-il pas encore reçu d'exécution, il suffira à celui qui voudra opposer son inexistence de faire constater, au début même de l'instance, par
le magistrat, que l'action qu'on dirige contre lui n'a aucune
espèce de fondement juridique et le préteur qui s'en con-
vaincra sans peine par le simple examen de l'acte, refusera
l'action; il y aura en d'autres termes : *denegatio actionis* ; il
était de principe en effet dans la procédure romaine que
l'action était refusée quand la demande était inadmissible soit en elle-même, soit par la manière dont elle était
présentée : « *Velut si quis homicidium vel sacrilegium*
se facturum promittat. Sed et officio prætoris continetur
ex hujusmodi stipulationibus actionem denegari (2), »
La théorie de l'inexistence trouvait donc, dans cette par-
ticularité de la procédure romaine, une sanction très
efficace et il existe de ce chef une différence profonde
entre les actes non existants et les actes annulables qui
eux, en effet, donnent toujours ouverture à une action.

120. Si l'acte inexistant avait à Rome reçu son exécution, celui qui voulait revenir sur cette exécution n'avait
pas à recourir à une action spéciale ; il lui suffisait d'agir
comme si aucun acte ne fût intervenu, en en faisant par
conséquent complètement abstraction. S'agit-il par exemple d'un acte translatif de propriété ? la propriété n'ayant

---

(1) L. I, § 3, *In fine, D. de Pactis*, II, XIV.
(2) *Pomponius*, L. 27, *D. de Verb. oblig.* — Bonjean, *Traité des actions*,
T. I, p. 472, 2ᵉ édition.—Etienne, *Traité des actions par Zimmern*, p. 341.
— Accarias, T. II, p. 855, nᵒ 752. — Ortolan, T. III., p. 537. — V. également : Bourdon : *Des incapacités civiles résultant de l'aliénation men-*
tale, p. 42.

pas quitté la tête du *tradens*, il n'aura pour se prévaloir
de l'inexistence qu'à intenter la *rei vindicatio* contre *l'accipiens* ; s'agit-il d'un paiement, le *solvens* aura la *condictio indebiti* sans qu'il lui soit nécessaire de faire au
préalable prononcer l'annulation de l'acte ; cet acte en
effet n'ayant en droit aucune existence, n'étant qu'un pur
fait, ne saurait lui être opposé. On comprend combien
cette règle était importante dans la législation romaine
où le demandeur devait, en se présentant devant le magistrat, lui désigner sur l'*album* l'action qu'il entendait intenter.

121. Donc que l'acte eût été ou non exécuté,
les droits de celui qui voulait se prévaloir de l'inexistence, étaient pleinement sauvegardés, sauf toutefois
cette réserve, sur laquelle nous reviendrons, que les
effets indûment produits par cet acte, s'il a reçu exécution,
ne peuvent plus disparaître quand le bénéfice en a été
acquis légitimement, par quelque autre voie, à celui au profit duquel est intervenue l'exécution. Ainsi s'agit-il d'un
acte translatif de propriété frappé d'inexistence, le *tradens*
ne pourra évidemment plus intenter la *rei vindicatio* pour
recouvrer l'objet livré, s'il a laissé s'accomplir la *prescription*. Mais qu'on le remarque bien, si cet effet de l'acte non
existant se trouve à jamais maintenu, ce n'est pas comme
une conséquence juridique de l'acte lui-même ; l'*accipiens*
en effet pour écarter l'action en revendication dirigée
contre lui par le *tradens*, n'oppose pas l'acte intervenu
entre eux, puisque cet acte ne peut être pris en considération par le juge, il se prévaut d'un moyen d'une nature toute
différente, le fait même de sa possession prolongée pendant
un certain temps.

122. De ce principe que pour se prévaloir de l'inexistence d'un acte juridique il suffit d'agir en faisant complétement abstraction de l'acte intervenu, résulte cette conséquence importante que toute personne intéressée pourra opposer cette inexistence, et que le juge devra la constater d'office ; toute personne au contraire, nous le prouverons bientôt, ne peut indistinctement poursuivre la rescision d'un acte simplement annulable et le juge ne peut annuler cet acte que sur la demande expresse des personnes qui ont le droit d'en poursuivre l'annulation.

123. L'acte annulable ayant une existence juridique produit tous les effets que la loi y attache tant que son annulation n'a pas été poursuivie devant l'autorité judiciaire ; cette demande en nullité forme l'objet d'une action spéciale, régie par des règles particulières, soumises à des conditions rigoureuses et qui ne peut être intentée que par certaines personnes seulement.

124. Pour pouvoir faire rentrer dans le néant un acte qui jouit de la vie juridique, on comprend qu'il soit nécessaire à l'autorité chargée de prononcer cet anéantissement, de posséder un pouvoir égal à celui de la loi qui reconnaît à cet acte l'existence, ou de trouver dans la loi elle-même le principe de l'annulation qu'elle prononce. Trop d'intérêts respectables sont attachés au maintien d'un acte juridique, auquel la loi a reconnu l'existence, pour qu'on puisse légèrement l'anéantir ; tout, dans l'action en rescision, sera donc de rigueur et les conditions que la loi aura imposées pour son exercice devront être exécutées à la lettre. Aussi pour chaque hypothèse d'annulabilité trouvons-nous à Rome une action déterminée, soumise à des règles fixes : tantôt elle prend le nom de *restitutio in inte-*

grum, tantôt celui *d'action de dol*, *d'action quod metus causa*, *d'actio redhibitoria*, tantôt elle se confond avec l'action même qui dérive de l'acte ; c'est notamment ce qui arrive dans les contrats de bonne foi. Nous n'avons pas ici à étudier ces différentes actions, qu'il nous suffise de poser le principe qu'un acte rescindable ou annulable ne peut être annulé qu'en intentant devant l'autorité judiciaire une action en nullité spéciale, soumise pour chaque cas à des principes spéciaux, mais toujours rigoureusement réglementée ; quelques exemples suffiront pour dégager toute la portée de cette règle. La forme principale de l'action en rescision des actes juridiques, c'est, avons-nous dit, l'*in integrum restitutio*. On la définit d'ordinaire le décret par lequel un magistrat rescinde un acte valable. Cette *restitutio* s'applique, en principe, à toute espèce d'acte juridique ; elle est d'origine prétorienne, c'est-à-dire qu'elle émane d'un pouvoir considéré comme égal à celui de la loi elle-même ; on a dit fort justement que c'était « une réaction de l'équité prétorienne contre le droit civil » mais de l'équité prétorienne se manifestant avec toute la force des lois ; c'est dans l'Edit lui-même, en effet, que cette action était écrite et c'est lui qui déterminait les règles rigoureuses qui la gouvernaient. Elle doit avant tout être fondée sur l'une des causes limitativement prévues par lui, et ces causes, bornons-nous à le rappeler, sont au nombre de six : la crainte, le dol, l'erreur, la *minima capitis deminutio*, la minorité et l'absence. L'un des principes qui lui sont propres, dans le dernier état du droit romain, montre assez quelle importance fondamentale la loi y attache : Justinien nous dit en effet dans une de ses constitutions (L. 3 au Code *Ubi et ap. quem cogn.* II, § 47) que cette *in integrum restitutio* ne peut être prononcée que par des magistrats supérieurs, c'est-à-dire ceux qui ont une juridiction propre. Les *judices pedanei*, les *defensores civitatis* et les magistrats munici-paux sont, en conséquence, privés de ce droit.

Voulons-nous encore prendre pour exemple *l'actio redhibitoria* en matière de vente, ses règles ne sont pas moins minutieusement déterminées, il faudra pour obte-nir l'annulation de la vente prouver que le vice allégué existait avant le contrat (1); qu'il n'était pas apparent (2); qu'il était inconnu de l'acheteur et qu'il n'a pas disparu ; si l'un de ces points ne peut être établi par le demandeur, il succombe ; annuler un acte qui a l'existence juridique est en effet fort grave, aussi est-il nécessaire que le cas qu'on invoque rentre nettement dans les hypothèses pré-vues par la loi.

Quand il s'agit d'un acte annulable, notre conclusion est donc celle-ci : cet acte sort tous ses effets de droit tant que son annulation n'est pas prononcée par le juge et pour que cette annulation soit prononcée, il faut que les personnes investies de ce pouvoir, la demandent par voie d'action ou d'exception et qu'elle repose sur un cas spé-cialement prévu et réglé par la loi.

(1) L. 54 de *Ædilit. edicto.*
(2) L. 1, § 6 ; L. 14, § 10, *h. tit.*

§ II

Influence du temps sur les actes inexistants et les actes annulables

125. Dans toutes les législations le temps a toujours eu la puissance de produire des effets de droit et il rentre, à ce titre, dans ce que nous avons appelé, au cours de notre chapitre préliminaire, *un fait juridique*, et prend dans ce cas le nom générique de prescription dans notre langage moderne. Est-il besoin de dire qu'il sera sans influence sur les actes dépourvus de toute existence légale? Le néant peut-il, en effet, par le seul fait de l'expiration d'un certain laps de temps, devenir quelque chose? Que la possession d'un objet matériel prolongée pendant un certain temps fasse naitre sur cet objet un droit de propriété au profit du possesseur, c'est ce qu'on n'a pas de peine à concevoir ; qu'une action judiciaire, dont on dispose pour faire valoir un droit, cesse d'exister si elle n'a pas été intentée dans un laps de temps déterminé, c'est ce qui se comprend encore fort bien ; mais quand on est en présence d'un acte non existant, comment pourrait-on concevoir la mise en jeu de ces principes ? Supposons d'abord que l'acte n'a pas reçu d'exécution, comment pourrait-on admettre qu'après un certain temps je ne puisse plus opposer aux poursuites dirigées contre moi l'inexistence même de l'acte ? Pour l'opposer en effet, cette inexistence, je n'ai pas à prendre dans l'instance un rôle actif; je me contente de dire à celui qui agit contre moi : vous pré-

tendez que je suis lié vis-à-vis de vous par tel acte juridique, établissez donc d'abord que tous les éléments
nécessaires à l'existence de cet acte sont réunis ; qu'on
oppose une prescription contre une action ou une exception, rien de plus naturel, mais ici, nous l'avons établi, il
n'est besoin ni d'action, ni d'exception, aussi rien de plus
exact que la règle fameuse du droit romain : *Quod ab
initio vitiosum est, non potest tractu temporis convalescere* (1). C'est la consécration des principes que nous
venons de déduire rationnellement.

Supposons-nous maintenant que l'acte inexistant a reçu
son exécution, le principe en lui-même n'en reste pas
moins absolument vrai et jamais l'acte ne sera réputé avoir
eu une existence juridique ; mais qu'on le remarque, il pourra
arriver dans ce cas, lorsque le débiteur, qui l'aura exécuté,
voudra revendiquer la chose par lui livrée ou intenter une
condictio indebiti, pour recouvrer ce qu'il a indûment payé,
il échoue devant une fin de non-recevoir tirée de la
prescription acquisitive ou de la prescription libératoire ;
l'action en revendication et la *condictio indebiti* s'éteignent
en effet par prescription et le laps de temps pendant lequel
elles peuvent utilement s'exercer, une fois écoulé, celui
qui les avait ne peut plus y recourir ; mais peut-on dire
que c'est l'acte inexistant lui-même qui se trouve ainsi
validé, confirmé par la prescription, certainement non, car,
pour se prévaloir de la prescription qu'il invoque,
l'accipiens n'oppose pas l'acte lui-même, mais le fait de sa

---

(1) L. 29, *de diversis reg. juris ant.* D. L. XVII. — L. 210, *eod. tit.*
« *Quod ab initio inutilis fuit institutio, ex post facto convalescere non
potest.* »

possession ou de sa libération s'il était tenu en vertu d'un paiement indû et cela est tellement vrai que s'il voulait faire abstraction de cette prescription particulière pour s'en tenir à l'acte lui-même, il succomberait infailliblement, empêché toujours qu'il serait d'établir que l'acte, dont il entend se prévaloir, réunit les conditions fixées par la loi et par la raison pour qu'il eût la vie juridique.

126. Le principe *quod initio vitiosum est...* ne reste pas moins vrai d'ailleurs alors même que la cause qui a empêché l'acte de se former viendrait plus tard à disparaître ; l'acte dans ce cas pourra sans doute être valablement *refait,* mais il ne prendra rang dans la vie juridique qu'à sa date nouvelle. Le principe en lui-même est certain, mais il comporte quelques exceptions ; certains auteurs en ont même signalé un assez grand nombre, mais la plupart de celles qu'ils ont citées ne sont au contraire que l'application de la règle : ils invoquent notamment la loi 4 *de ritu nuptiarum* (1) qui déclare que le mariage de l'impubère devient valable quand il atteint l'âge de puberté ; et ils rapprochent de ce texte la loi 27 *eod. tit.* qui décide que le mariage contracté par un sénateur avec une affranchie cesse d'être nul quand il est expulsé du Sénat (2); or, le mariage à Rome n'exigeant aucune formalité, il est parfait par le seul fait de la vie commune jointe à l'intention des parties de vivre comme époux, il en résulte que lorsque la cause qui empêchait le mariage de se former et le rendait inexistant vient à cesser, ce n'est pas la première union

(1) Livre XXIII, titre 2, au Digeste.
(2) V. également L. 65, § 1, *de ritu nuptiar.* — L. 63, *de jure dot.* XXIII, 3.

qui est confirmée, mais un nouveau mariage qui se forme.

Nous croyons, au contraire, voir une véritable exception à notre règle dans l'hypothèse suivante : l'aliénation du fonds dotal par le mari est nulle, c'est-à-dire inexistante, et cependant si la dot plus tard lui est attribuée en totalité, l'acte est réputé valable et il n'est pas nécessaire de faire une nouvelle tradition (1). Cette exception ne fait d'ailleurs que confirmer notre règle ; si la loi, en effet, a cru devoir donner formellement cette solution pour une hypothèse spéciale, c'est que de droit commun les choses ne se passent pas ainsi. Qu'on remarque d'ailleurs que cette exception est admise pour un cas d'*inexistence légale ;* tout ici étant de création arbitraire de la loi, on comprend qu'elle règle à sa guise l'hypothèse par elle prévue, la raison pure n'a rien à y perdre et les considérations pratiques peuvent avoir beaucoup à y gagner.

127. Si le temps est sans influence sur les actes juridiques inexistants, il en est tout autrement des actes simplement annulables. Pour se prévaloir de l'annulabilité d'un acte, il faut en effet, nous l'avons vu, former contre cet acte, soit par voie d'action, soit par voie d'exception, une véritable demande en nullité, or, qui dit demande en justice, dit droit prescriptible et périssable par l'effet du temps. Il est même à remarquer que le temps a plus de prise, si l'on peut ainsi s'exprimer, sur cette espèce particulière d'actions que sur les autres. Voyons, en effet, par quel laps s'éteignent, à Rome, les principales actions en nullité, il est toujours fort court. La plus importante d'entre

(1) L. 42, de *Usurpat.* XLI, 3 — V. Savigny, t. 4, p. 566 et s.

elles, l'*in integrum restitutio*, quelle que fût la cause qui la motivât, se prescrivait dans le droit classique par une année utile, et Justinien la soumit à une prescription de quatre ans (1) ; l'*actio quod metus causa* s'éteignait elle-même par un an (2), quant à l'*actio redhibitoria*, elle ne durait que six mois (3). Il est vrai que cette prescription était plus longue lorsque l'annulation était obtenue par l'action née d'un contrat de bonne foi, dans ce cas, en effet, elle durait trente ans ; mais il n'en est pas moins très exact de constater qu'en principe les moyens qui permettent d'obtenir l'annulation d'un acte juridique, s'éteignent par l'expiration d'un laps de temps relativement fort court, ou si l'on veut se placer à un autre point de vue, que le temps a pour effet de valider très rapidement les actes simplement annulables.

128. Nous pouvons donc ainsi résumer l'intérêt qu'il y a à distinguer les actes non existants et les actes annulables au point de vue de l'influence du temps :

1° Le temps ne peut jamais faire produire effet à un acte privé d'existence juridique ;

2° Le temps fait promptement disparaître les vices des actes annulables et les rend bientôt inattaquables.

(1) L. 7, pr. Code, *de temp. in integr. restit.* 2, 53.
(2) L. 8, C. *de dolo malo.*
(3) L. 38 pr. — L. 55 D. *de Ædilitio edicto,* 21, 1.

§ III

De la confirmation.

129. Si le temps, quelque long qu'il soit, est impuissant à donner à un acte non existant la force nécessaire pour produire des effets de droit, la volonté de l'homme n'a pas sur lui plus d'empire. L'homme ne peut faire en effet que ce qui n'a pas existé ait cependant existé, pas plus qu'il ne dépend de lui que ce qui s'est accompli ne se soit pas accompli. En d'autres termes l'acte inexistant n'est pas susceptible d'être confirmé ; confirmer c'est en effet rendre plus ferme, et l'on ne peut donner à une chose une qualité à un degré supérieur qu'autant que cette qualité lui appartient déjà à un moindre degré ; aussi l'acte non existant ne peut-il être *validé*, mais il peut être *refait* et l'on aperçoit sans peine la différence profonde qui sépare les deux choses : l'acte refait ne prend date du jour où il est ainsi valablement refait, l'acte confirmé au contraire est réputé rétroactivement n'avoir jamais été infecté d'aucun vice ; l'acte pour être refait suppose en outre le concours de toutes les parties, la confirmation peut émaner au contraire de celui-là seul qui avait le droit de se prévaloir de l'annulabilité.

130. Que l'acte privé d'existence juridique ne puisse être confirmé, c'est ce que le bon sens seul suffit à établir et par conséquent un texte n'est pas nécessaire pour poser de semblables principes ; cependant plusieurs fragments du Digeste et du Code ne craignent pas de les rappeler quelque évidents qu'ils soient ; le plus important d'entre eux est la loi 5 au Code *de legibus* (1) qui s'exprime ainsi : « *Secundum itaque prædictam regulam qua ubicumque non servari factum lege prohibente censuimus; certum est, nec stipulationem hujusmodi tenere, nec mandatum ullius esse momenti, nec sacramentum admitti.* — D'après la règle, par laquelle nous anéantissons ce qui est contraire aux lois prohibitives, il est certain que l'on ne doit ni admettre une stipulation de cette nature, ni donner effet à un mandat de la même espèce, *ni avoir égard à un serment qui tendrait à couvrir la nullité de l'un ou de l'autre.* » Les anciens commentateurs des Pandectes ne sont pas moins formels, citons l'un des plus autorisés d'entre eux Voet : « *Quod si contra leges quid actum, gestum, contractumve sit, id ipso jure nullum est adeoque nec servandum etiamsi nullitatis comminatio nominatim legi subjecta non sit, sic ut nec jurejurando firmetur* » (2).

131 L'acte annulable est au contraire par essence susceptible de confirmation, puisque confirmer c'est guérir, c'est rendre plus valide, c'est faire disparaître les vices qui infectent l'acte. Du jour donc où ces vices auront cessé d'exister, celui qui a le droit de poursuivre l'annulation de l'acte, peut déclarer qu'il renonce à son droit et qu'il le considère comme parfait. Cette confirmation sera parfois expresse, mais la loi se contente d'une ratification tacite, elle résultera donc avec évidence de l'exécution volontaire ou de tout autre acte impliquant que le premier est tenu pour valable.

(1) L. 1, T. XIV.
(2) Voet, *ad Pandectas*, T 1, p. 14. — L. 1, T. 3, n° 16.

En resumé jamais l'acte inexistant ne peut être confirmé, la raison et la loi s'y opposent, l'acte annulable peut, au contraire, toujours l'être et la loi voit avec faveur sa confirmation.

§ IV

Intérêt de la distinction de l'inexistence et l'annulabilité à l'égard des tiers.

132. On peut encore, croyons-nous, signaler un autre intérêt à la distinction des actes non existants et des actes annulables, en se plaçant au point de vue des droits des tiers.

L'inexistence, peut-on dire en principe, a effet à l'égard des tiers, l'annulation au contraire n'opère le plus souvent qu'entre les parties. On s'aperçoit, par l'énoncé même de cette règle, que ce dernier intérêt est loin d'avoir l'importance des autres, qu'il est loin surtout de se présenter avec leur netteté. Le principe général est exact, mais il comporte des exceptions qui en diminuent sensiblement la force.

133. En ce qui concerne les actes inexistants il est bien certain d'abord que leur inexistence pourra être opposée à qui que ce soit, puisqu'ils sont considérés comme non avenus, comme n'ayant pas pris rang dans la vie juridique ; s'agit-il par exemple d'une aliénation inexistante, la propriété ne s'étant pas fixée sur la tête de l'*accipiens*, c'est en vain qu'il voudrait lui-même la transférer à un autre; le tiers au profit duquel interviendrait une semblable aliénation n'aurait pas plus de droits que n'en avait l'*accipiens* lui-même, et par conséquent le *tradens* originaire qui est resté propriétaire pourra agir directement en revendication contre lui.

134. L'annulation d'un acte simplement rescindable n'a au contraire en principe d'effet qu'entre les parties (1). Prenons pour exemple la *restitutio in integrum*, elle a pour effet de remettre le patrimoine de la patrie gagnante dans son état primitif, soit en y faisant rentrer l'objet même qui en est sorti, si cet objet figure encore en nature dans le patrimoine de *l'accipiens*, soit en lui en faisant obtenir l'équivalent pécuniaire si cet objet en est sorti et se trouve entre les mains d'un tiers. Cependant cette règle n'est pas absolue, en effet la *restitutio in integrum* opère elle-même, *in rem*, c'est-à-dire contre les tiers, quand le recours accordé contre le perdant est illusoire (2); il est même une des actions en annulation par nous citée, l'*actio quod metus causa* qui produit effet *erga omnes* et permet par conséquent au demandeur, qui a triomphé, d'agir en revendication contre tout tiers détenteur (3). On ne peut d'ailleurs sur ce point poser de règle absolue, il existe dans les textes eux-mêmes tant de vague et d'incertitude que l'on ne peut donner de solution véritablement sûre ; tout semble dépendre des circonstances de la cause et le préteur parait

(1) V. L. 10, Code, *de rescind. vend.* 4, 44.— L. 43, § 8, D. *de Ædilitio edicto.* 21, 1.

(2) L. 13, § 1, *de minorib. vig. quinq. annis*, L. 4, T. 4. — L. 9, pr. *eod tit.* — L. 9, § 4, *quod metus causa*.

(3) L. 3, Code *de his quæ vi*... L. 9, § 8, D. *Quod metus causa.*— L. 14, § 3, *eodem titulo*, L. 17, *princip.*— L. 30, § 1. *Ex quibus causis maj.*

sur ce point disposer d'une autorité considérable. Aussi ne saurions-nous insister sur un intérêt qui se présente d'une façon aussi imparfaite, tout ce que nous pouvons dire, c'est qu'il importe de distinguer les actes non existants des actes non annulables, en ce qui concerne les droits des tiers, en ce sens que l'inexistence de l'acte peut toujours et dans tous les cas être opposée aux tiers, tandis que l'annulation n'a d'effet vis-à-vis d'eux que d'une manière exception- nelle.

Nous ne prétendons certes pas avoir ainsi fait connaître tous les points de vue multiples auxquels l'intérêt pratique de la distinction, que nous faisons des actes inexistants et des actes annulables, peut apparaître ; notre but unique était de prouver que nous ne restions pas dans le domaine de la spéculation théorique pure, ce rapide exposé nous permettra d'échapper à ce reproche.

DEUXIÈME PARTIE

DISTINCTION

DE

L'INEXISTENCE et de L'ANNULABILITÉ

des Actes juridiques

DANS

L'ANCIEN DROIT FRANÇAIS

ET

LE DROIT CIVIL MODERNE

135. L'étude que nous venons de faire, au point de vue théorique pur, de la doctrine de l'inexistence, n'a eu d'autre but, on le sait, que de préparer la discussion du problème, dont la solution forme le fond de toutes nos recherches et l'objet spécial de notre deuxième partie. Voici comment nous en formulons l'énoncé : *Notre droit civil moderne a-t-il consacré la distinction des actes dépourvus de toute existence juridique et des actes simplement annulables? Quelles sont les conséquences pratiques de cette distinction?*

Nous diviserons en cinq chapitres les développements que nous devons consacrer à son examen ; le premier aura pour objet de préciser exactement les termes mêmes de la question et de constater que si le Code n'a pas expressément reconnu dans son texte la doctrine de l'inexistence, elle y est du moins implicitement écrite. C'est à la preuve de cette dernière assertion que tendront nos deux chapitres suivants, le premier consacré à la tradition historique, le second à l'étude des travaux préparatoires et des textes du Code. Puis nous suivrons, dans un chapitre quatrième, la marche progressive de notre doctrine au cours même de ce siècle, en signalant ce qui reste à faire pour lui donner, dans la science du droit, la place prépondérante qui lui est due. Enfin, notre dernier chapitre se proposera d'indiquer les points de vue multiples auxquels il peut y avoir un intérêt pratique à distinguer les actes inexistants des actes annulables.

CHAPITRE I

*Notions générales sur la distinction des actes inexistants
et des actes annulables dans le droit civil moderne*

---

136. Rien ne se justifie plus facilement, en raison
pure, que la distinction des actes inexistants et des actes
annulables, ce n'est en effet, nous l'avons établi, que l'application, à une matière particulière, d'une loi naturelle
qui régit toutes choses. N'est-ce pas une vérité évidente
par elle-même que tout ce qui existe, existe parce qu'il
réunit les éléments nécessaires pour qu'il soit ce qu'il est
et ne soit pas autre chose ? Les êtres animés peuvent-ils
vivre s'ils manquent de l'un de leurs organes essentiels ?
Un enfant nouveau-né qui aurait extérieurement toute
l'apparence d'un être humain bien constitué, ne sera jamais
considéré que comme une chose informe, indigne par conséquent de porter le nom d'homme, s'il manque d'un de ces
organes sans lesquels la vie devient impossible ; et ce qui
est vrai des choses matérielles, ne l'est pas moins de l'acte
juridique lui-même ; pour qu'il existe, il doit nécessairement réunir un certain nombre d'éléments constitutifs ; si
l'un de ces éléments fait défaut, l'acte tout entier doit être
considéré comme non avenu, comme inexistant. Peut-on
songer par exemple à reconnaitre quelque efficacité à l'acte
accompli par l'insensé sous l'empire de la folie ? Peut-on

prétendre attacher quelque conséquence de droit à l'apparente manifestation de volonté de l'enfant du premier âge encore incapable de rien discerner ?

137. Il est facile d'ailleurs de reconnaître dans les actes juridiques deux grandes catégories d'éléments constitutifs ; les uns en effet se retrouvent dans tous les actes juridiques et l'on peut les appeler les éléments constitutifs généraux, les autres au contraire sont propres à chaque acte considéré dans son espèce, ce sont des éléments constitutifs spéciaux. Nous avons essayé dans notre première partie d'indiquer quels sont, d'après les données de la raison, les éléments constitutifs généraux des actes juridiques et nous avons pris pour guide dans notre étude le droit romain lui-même ; la rapide analyse que nous avons faite suffit pour mettre notre théorie en pleine lumière.

Nous avons défini l'acte juridique : *Tout fait volontaire de l'homme qui tend à produire un effet de droit*, et dégagé les divers éléments essentiels de cette définition ; si l'un de ces éléments fait défaut, l'acte est incomplet, il se réduit à un pur fait, ce n'est plus un acte juridique et comme tel il est inexistant. Le premier élément constitutif dont nous ayons signalé la présence à la base même de tout acte juridique, c'est la volonté ; que cette volonté fasse défaut, soit parce que l'extrême jeunesse de l'auteur de l'acte ne lui permet pas de comprendre ce qu'il fait, soit parce que l'état d'imbécillité ou de démence, dans lequel il se trouve, ne lui laisse pas le libre exercice de ses facultés, qui pourra soutenir alors que l'acte existe néanmoins ou qu'il est simplement annulable ? Annuler en effet c'est réduire à rien une chose qui existe ; on n'annule pas le néant ! on ne réduit pas à rien ce qui déjà n'est rien ! Tout acte juridique

suppose encore, nous le savons, un effet de droit, puisque,
par définition même, la manifestation de la volonté humaine
ne revêt le caractère d'acte juridique qu'autant qu'elle
poursuit un semblable but ; or, si l'auteur de l'acte n'a en
vue qu'un pur fait dénué de toute conséquence juridique
ou un effet de droit que la loi prohibe, l'acte ne peut naître ;
il en est de même encore quand l'*élément matériel* fait
défaut, lorsque par exemple la chose à l'occasion de
laquelle intervient l'acte juridique a cessé d'exister. Il
serait facile de multiplier les exemples, mais les développements précédemment donnés suffisent pour justifier une
idée aussi simple ; il y aurait presque de la naïveté à poursuivre la démonstration d'une proposition qui a toute l'évidence d'un axiome : toutes les choses qui existent existent
parce qu'elles réunissent un certain nombre d'éléments
nécessaires à leur existence et si l'un de ces éléments fait
défaut elles sont d'autres choses ou ne sont plus.

Aussi ne peut-on concevoir qu'on ait osé dans de
semblables hypothèses parler d'annulation. Annuler un
acte qui n'a pas d'existence, mais n'y a-t-il pas là la plus
évidente contradiction dans les idées comme dans les mots ?
Si les actes, qui manquent d'un des éléments constitutifs
par nous indiqués, sont simplement annulables, c'est donc
qu'ils peuvent produire effet tant qu'une autorité supérieure,
investie par la loi du pouvoir de les faire rentrer dans le
néant, n'est pas intervenue pour les briser. Comment
admettre une telle conséquence ? Comment ! un acte
accompli par un insensé au milieu même d'un accès de
folie sortirait tous ses effets tant qu'on n'aurait pas intenté
une action en justice pour le faire disparaître ! L'acte dû à
l'enfant, qui commence à peine à bégayer et qui ne sait

encore discerner à quelles idées exactes correspondent les mots qu'il prononce, tiendrait tant que la nullité n'en aurait pas été prononcée!

138. L'annulation c'est l'exécution à mort de l'acte juridique; or, pour mourir il faut exister. Aussi comprenons-nous fort bien qu'on parle d'annuler un acte dans lequel par exemple la volonté de l'auteur n'a pas été complète, a été surprise par dol, arrachée par violence, car dans ce cas l'acte existe puisqu'il réunit, nous le supposons, tous les éléments nécessaires à son existence; nous comprenons encore qu'un incapable soit armé de quelque action spéciale pour faire anéantir par l'autorité un acte juridique surpris à son inexpérience; mais ce que nous ne saurions admettre c'est qu'on parle des effets possibles d'un acte incomplet, informe, inexistant et de son annulation. Seul ce qui existe peut produire effet, seul ce qui existe peut être vicié, seul ce qui existe peut être annulé! L'acte non existant est mort-né, c'est le néant même! L'acte annulable n'est qu'infirme; il est malade, exposé sans doute à périr, mais susceptible aussi très souvent d'être guéri et sauvé!

139. Aucun doute ne peut donc s'élever en droit rationnel sur la distinction de l'inexistence et de l'annulabilité; mais cette distinction est-elle réellement consacrée par le droit positif moderne? c'est ce qu'il nous faut maintenant rechercher.

N'hésitons pas d'abord à reconnaître, car ce point, selon nous, ne peut être sérieusement contesté, que cette distinction n'a pas aujourd'hui encore reçu d'expression générale. Appliquée par les jurisconsultes romains, par la force même des choses, entrevue par nos anciens auteurs, elle ne sut pas, lors de la rédaction de notre Code civil, se dégager pleinement et conquérir la place prépondérante qui, ne craignons pas de l'affirmer, lui est réservée dans un avenir plus ou moins éloigné.

Mais, nous dira-t-on, si la science du droit n'a pas encore rangé cette distinction au nombre de ses axiomes, n'est-ce pas parce qu'elle consiste beaucoup plutôt dans les mots eux-mêmes que dans la nature des choses? Nous nous expliquons : un acte juridique quelconque, une vente, un testament, une reconnaissance d'enfant naturel, est accompli par un individu privé de raison, pour les auteurs qui ne reconnaissent pas la doctrine de l'inexistence, l'acte est annulable, c'est-à-dire que, pour le faire disparaître, une action devra être intentée en justice et tant que son annulation n'aura pas été prononcée par le juge il sera considéré comme valable ; pour nous au contraire l'acte étant dépourvu de toute existence juridique, il ne s'agira en aucune façon d'intenter contre lui une action en nullité et le juge, si un débat s'engage devant lui, n'aura qu'à constater l'inexistence. Mais c'est là, nous dira-t-on, pure affaire de mots, dans un cas comme dans l'autre il faut toujours que le juge soit appelé à se prononcer ; qu'il *annule l'acte* ou *en reconnaisse l'inexistence*, n'est-ce pas au fond absolument la même chose? Dans un cas comme dans l'autre, l'acte sera considéré comme non avenu et aucune conséquence juridique ne lui sera attribuée ; peut-être serait-il d'un langage plus scientifique et plus exact de dire que l'acte est inexistant, et non qu'il est annulable, mais au fond les choses sont les mêmes. C'est là sans doute la considération qui jusqu'à ce jour a trompé tant d'excellents esprits, or, rien n'est plus faux, selon nous. Il n'y a, nous dit-on, que des cas d'annulabilité et ce que nous appelons des cas d'inexistence n'est en réalité qu'une espèce particulière de nullités. Peut-on vraiment soutenir un semblable système en présence des principes mêmes qui dominent toute notre législation ? Nous indiquerons plus tard, avec tous les développements qu'ils comportent, les intérêts multiples qui sont attachés à notre distinction, aussi nous suffit-il, pour le moment, d'écarter en peu de mots l'objection qui nous est faite dès le début. Il n'y a, prétend-on, aucun intérêt à distinguer l'annulabilité de l'inexistence, car dans un cas comme dans l'autre il faudra, personne n'oserait le nier, recourir aux tribunaux, nul ne pouvant se faire justice à soi-même et l'effet du jugement est identiquement le même, qu'il prononce l'annulation ou reconnaisse l'inexistence. — Mais oublie-t-on, c'est la seule réponse que nous ferons dès maintenant à cette objection, oublie-t-on que pour prononcer une nullité sous l'empire de notre droit, il faut que cette nullité soit écrite dans la loi ? Les nullités ne se présument pas, elles ne se suppléent pas ; au contraire, pour reconnaître l'inexistence d'un acte juridique, le juge n'a pas à invoquer tel texte de loi qui l'y autorise, il constate, son rôle se borne là ; il n'anéantit rien et par conséquent il n'a pas besoin d'être investi par la loi d'un pouvoir spécial. Un exemple fera comprendre toute l'étendue de notre pensée : supposons un mariage contracté entre individus de même sexe ; la raison proteste énergiquement contre le maintien d'une semblable union et personne ne songera jamais à lui faire produire les effets attachés au mariage régulier ; or, si nous reconnaissons avec la théorie qu'on nous oppose que ce mariage tombe simplement sous le coup d'une action en nullité, où donc trouverons-nous, dans le Code, un article qui prononce la nullité d'une semblable union ? et il n'y a de mariages nuls, on le sait, que ceux que la loi permet de déclarer tels ; aussi les jurisconsultes qui ne voient partout que des cas de nullité doivent-ils, s'ils osent dans cette hypothèse rester logiques avec eux-mêmes, déclarer le mariage inattaquable. Pour nous au contraire qui distinguons entre les actes inexistants et les actes annulables, il n'existe aucune difficulté ; un tel mariage en effet n'en est pas un, il manque d'un de ses éléments constitutifs : la différence de sexes; il n'a que l'apparence d'un mariage, mais est dépourvu de toute existence juridique et le juge n'a qu'à le constater sans qu'il ait à appuyer sa décision sur un texte spécial de la loi ; ce n'est pas en effet une nullité qu'il prononce, il se contente de répondre à celui qui entend se prévaloir de ce mariage : vous voulez faire produire les effets d'un mariage à une union qui ne revêt à aucun titre ce caractère, cette union, vous l'appelez mariage, mais que m'importe, ce n'est pas là un mariage, puisqu'elle n'est pas contractée entre personnes de sexe différent.

Il y a donc entre les actes annulables et les actes inexistants cette première différence capitale, c'est que pour qu'un acte puisse être annulé, il faut une disposition formelle de la loi prononçant la nullité, tandis qu'au contraire l'inexistence peut toujours être constatée en l'absence de toute disposition spéciale de la loi, quand la raison elle-même la proclame.

140. Une nouvelle objection se présente encore à l'esprit, au seuil même du problème que nous devons résoudre : la doctrine de l'inexistence ne va-t-elle pas,

en pratique, ouvrir la porte à l'arbitraire des tribunaux ?
Il est fort difficile de déterminer avec exactitude quels
sont les éléments essentiels d'un acte juridique, la loi le
plus souvent est muette sur ce point et les jurisconsultes
sont bien loin d'être toujours d'accord ; ne va-t-on pas
dès lors être exposé à voir les tribunaux refuser à un
acte juridique, en somme très régulier, toute efficacité,
sous prétexte qu'il n'est pas complet, qu'il lui manque un
élément essentiel et cela sans qu'ils aient même à appuyer
leur décision sur un texte formel de la loi. Quelle stabilité
va-t-il y avoir dès lors dans les transactions ? Les opérations en apparence les mieux formées, vont pouvoir
être attaquées ! Si l'on rejette au contraire cette doctrine,
pour s'en tenir à la théorie des nullités, le juge, ne pouvant se mouvoir que dans les limites fixées par les textes,
son pouvoir sera fort restreint et chacun sait que moins
on reconnait d'étendue dans une législation, à l'arbitraire du juge, plus sa situation juridique est florissante.
La réponse est facile : si l'obscurité règne parfois en ce
qui concerne la détermination des éléments essentiels
des divers actes juridiques, doit-on en chercher la cause
en dehors de l'insuffisance et de l'imperfection des lois
qui nous régissent ? Si la loi est muette, les travaux des
jurisconsultes ne fournissent-ils pas le plus souvent des lumières auxquelles les juges ne manqueront pas de recourir?
D'ailleurs, comme il s'agit là de questions de droit pur, la
Cour de cassation n'interviendra-t-elle pas bientôt pour
suppléer à l'insuffisance des textes et dicter aux tribunaux une solution uniforme ? Qu'on laisse donc à la
doctrine et à la jurisprudence le soin de préciser dans ses
applications la théorie de l'inexistence et on arrivera

sans peine à imposer d'étroites limites à l'arbitraire qu'on redoute, si tant est que cet arbitraire puisse exister.

Ces objections une fois écartées et la justification de notre distinction faite au point de vue rationnel, voyons si le Code civil l'a consacrée et si l'on peut trouver, dans son esprit ou dans son texte, la base d'une théorie générale sur ce point.

CHAPITRE II

Distinction de l'inexistence et de l'annulabilité dans l'ancien droit français

---

141. On découvre sans peine toute l'importance de la tradition historique dans le problème dont nous nous sommes proposé la solution ; les textes de notre droit civil moderne, bien que formels, selon nous, dans le sens de la distinction que nous avons établie, ne la présentent, il faut bien du moins le reconnaître, que d'une manière imparfaite et par voie d'applications particulières, mais ne l'établissent pas, à eux seuls, d'une façon assez nette pour qu'il nous suffise de les invoquer, pour échapper aux critiques de nos adversaires ; aussi est-ce dans l'esprit même de la loi que nous devons chercher la confirmation de nos principes ; or, est-il de moyens plus sûrs, pour découvrir la pensée même du législateur, que d'envisager le milieu juridique dans lequel il vivait, de rechercher quelles idées avaient cours alors dans la doctrine et à quelles solutions s'était arrêtée la jurisprudence. N'est-il pas, si non absolument certain, du moins fort probable que, si le Code n'a pas pris soin de repousser formellement ces idées dominantes, il a entendu les consacrer implicitement ? Et cette probabilité ne devient-elle pas la certitude même qu'exige la science du droit, pour servir de base aux principes qu'elle pose, quand les solutions communément reçues ont été reproduites au milieu même de la discussion de la loi et que loin d'être rejetées, elles ont été clairement adoptées et présentées par les orateurs, comme les motifs déterminants des textes discutés ?

142. Il ne faudrait pas croire cependant que notre ancien droit français consacrât formellement et dans la généralité même sous laquelle nous la présentons, la distinction des actes dépourvus de toute existence juridique et des actes simplement annulables ; cette distinction aussi largement entendue est, nous l'avons dit, toute moderne, ou, pour être plus exact, elle est seulement en voie de formation et de longues années s'écouleront encore sans doute avant qu'elle prenne dans la science du droit la place si importante qui lui appartient et que l'avenir lui réserve ; mais si cette théorie n'est pas nettement établie dans nos anciens auteurs au moins l'y trouvons-nous en germe ; au moins pouvons-nous constater que si la science à cette époque n'a pas encore été en possession des moyens suffisants pour la dégager pleinement, elle en a du moins subi l'influence d'une manière presque inconsciente comme de tout principe supérieur et a été ainsi amenée à en faire l'application dans certains cas, mais sans parvenir cependant à préciser son langage et à caractériser clairement sa pensée d'un mot qui l'exprimât tout entière. Aussi n'est-ce pas sans une surprise bien légitime que nous avons lu dans le plus récent commentateur du Code civil (1) cette phrase

(1) Baudry Lacantinerie, *Précis de Droit civil.* Tome 1er, n° 477, p. 297.

surprenante : « La distinction des actes nuls et des actes inexistants était inconnue dans notre ancien droit. » Non ! cette distinction n'était pas ignorée de nos anciens auteurs et en voici la preuve.

143. Nous avons déjà constaté dans la première partie de cette étude que la législation romaine, au moins à ses débuts, n'avait pas reconnu la présence simultanée dans le droit d'actes inexistants et d'actes annulables ; mais bien loin de ne voir dans toutes les hypothèses que des cas d'annulabilité, comme prétendent le faire quelques commentateurs du Code civil, les jurisconsultes romains ne reconnaissaient, à l'origine, que deux grandes catégories d'actes juridiques : des actes pourvus d'une existence réelle et parfaite et des actes au contraire absolument privés de toute conséquence de droit et par suite tenus pour non avenus, c'est-à-dire pour inexistants selon le langage moderne. Aussi avons-nous pu dire avec raison qu'il n'est pas de législation où les actes inexistants se trouvent en plus grand nombre et où, par conséquent, la distinction de l'existence et de l'inexistence soit plus nettement tranchée; car nous l'avons vu, la catégorie des actes non existants embrassait un grand nombre d'actes qui, aujourd'hui, sont, de l'aveu de tous, simplement annulables ; nous ne citerons pour exemple que les actes accomplis par l'impubère sorti de l'*infantia*.

144. L'absence de tout terme moyen entre l'existence et l'inexistence devait bientôt cependant faire sentir toute l'excessive rigueur de cette législation et amener les jurisconsultes à se départir peu à peu des principes absolus du droit, pour permettre dans certains cas d'attaquer et de poursuivre, devant l'autorité, l'anéantissement d'un acte plein de vie et de force au point de vue du pur droit civil. C'est grâce à l'influence bienfaisante du droit prétorien que ces principes passèrent peu à peu de la doctrine dans la pratique des tribunaux romains et dans l'Edit lui-même. La théorie des nullités était dès lors créée et l'on s'accoutuma à reconnaître dans l'analyse de l'acte juridique, au point de vue de sa force vitale, trois degrés différents : l'*existence*, l'*annulabilité* et l'*inexistence*. Mais ce serait une grave erreur de croire que la théorie de l'annulabilité une fois formée, elle absorba l'ancienne catégorie des actes inexistants pour en faire des actes simplement annulables ; jusque dans le dernier état du droit romain en effet, la distinction est très-nettement maintenue entre ces deux espèces d'actes et même exprimée parfois dans un langage dont la précision peut exciter l'envie de bien des jurisconsultes plus récents ; nous ne citerons pour exemple que la Constitution 5 au Code *de legibus* (1), connue sous le nom de loi *Non dubium*, qui déclare que les actes *quæ lege fieri prohibentur, si fuerint facta, non solum inutilia, sed* PRO INFECTIS *etiam habentur;* de tels actes ne sont pas seulement annulables, ils sont considérés comme non avenus, comme n'ayant aucune existence juridique ; la date même de cette loi, due aux Empereurs Théodose et Valentinien, prouve jusqu'à l'évidence que, même à l'époque où la théorie de l'annulabilité avait atteint son entier développement, on n'en persistait pas moins à distinguer avec soin les actes inexistants et les actes annulables; aussi croyons-nous l'argument que l'on peut déduire de la législation romaine tellement certain et tellement fort, que nous n'avons pas craint de lui

(1) Liv. 1, Titre XIV.

consacrer dans notre première partie tous les développements qu'il méritait. Chacun sait en effet quelle légitime
influence a exercée sur notre ancien droit français et par suite
sur notre législation moderne, le droit romain, cette *ratio
scripta*, aux lumières de laquelle les vrais jurisconsultes
sont toujours allés chercher leurs principes les plus sûrs ;
on ne peut nier d'ailleurs son influence directe sur la rédaction même de nos codes, quand on se souvient qu'une
grande partie des provinces françaises vivaient encore sous
l'empire de ce droit ancien, au moment où éclata la
Révolution.

145. S'il est certain que le droit romain connaissait
la distinction que nous ressuscitons aujourd'hui (1), ou
plus exactement dont nous demandons la reconnaissance
officielle il nous faut bien constater toutefois que la catégorie des actes annulables alla toujours croissant et qu'un
grand nombre d'actes, originairement considérés comme
dépourvus de toute existence, furent à un certain moment
et restèrent depuis considérés comme simplement annulables ; nous ne citerons pour exemple que les actes
accomplis par les incapables, qui ne furent plus entachés
que d'annulabilité, après avoir été à Rome absolument
inexistants. Mais si chaque jour la théorie de l'annulabilité a vu sa sphère d'application s'étendre au préjudice de
celle de l'inexistence, et c'est là un fait que nous constar-
tons le premier, est-ce à dire qu'elle l'ait complètement
absorbée ? La raison seule, nous l'avons vu déjà, proteste
contre cette solution ; si l'on comprend en effet que la coutume ou la loi ont pu accroître le nombre des actes annu-

(1) M. Bonneville, à son Cours.

lables, en considérant comme tels des actes jusqu'alors regardés comme inexistants, n'est-il pas d'évidence même que ces actes ne pouvaient être pris que parmi ceux qui, selon l'expression par nous plusieurs fois employée et définie dans la première partie de notre étude, sont atteints d'une *inexistence légale* ; quant aux actes *rationnellement inexistants*, il n'est pas de puissance humaine capable de les rendre simplement annulables, car ils n'existent pas et on ne peut annuler que ce qui existe ! Mais, nous le savons, ce n'est plus aux seules lumières de la raison que nous devons ici avoir recours ; la loi, en effet, peut consacrer des erreurs juridiques et cependant elle n'en a pas moins droit, en tant que loi, à notre respect ; ce qu'il nous faut donc maintenant établir c'est que notre ancien droit n'a jamais exagéré le principe de l'annulabilité et que sauf les cas qu'il a tout spécialement prévus, pour les faire passer de la catégorie des actes non existants dans celle des actes annulables, il n'a pas cessé de reconnaitre que les autres ne pouvaient sortir aucun effet.

146. Constatons au début même de l'examen que nous allons faire de notre ancien droit français, qu'en dépit de nos recherches les plus scrupuleuses et les plus attentives nous n'avons pu découvrir, dans les anciens recueils d'arrêts notables, c'est-à-dire dans les monuments de notre ancienne jurisprudence française, de décisions suffisamment formelles pour nous permettre d'affirmer que les anciens praticiens ont nettement compris toute la portée de la différence sur laquelle nous insistons. *Le Recueil des arrêts de* Louet, *la Bibliothèque des arrêts*, *le Dictionnaire des arrêts*, *le Journal des audiences* et plusieurs autres recueils semblables ne nous ont pas fourni de données suffisantes. La plupart de ces ouvrages cependant distinguent assez nettement deux catégories de nullités, les unes absolues et radicales, les autres respectives et relatives ; et par nullités absolues et radicales ils semblent bien désigner ce que nous entendons aujourd'hui par inexistence. Pour ne prendre en effet pour exemple que l'article consacré aux nullités dans le *Répertoire* de Guyot (1) l'auteur cite, pour expliquer les termes mêmes qu'il emploie, un long passage de Dunod, sur lequel nous devrons à notre tour insister plus tard, et où ce jurisconsulte fait, de la façon la plus nette à nos yeux, la distinction des actes qui, selon sa propre expression sont réduits à de purs faits et des actes simplement annulables. Si nous nous bornons sur ce point à citer le *Répertoire* de Guyot, c'est que la valeur juridique de ce recueil n'est contestée par personne et qu'on peut à bon droit le considérer comme la source première de tous les répertoires modernes ; Guyot nous donne d'ailleurs l'état de la jurisprudence au XVIIIᵉ siècle, c'est-à-dire de la jurisprudence sous l'empire de laquelle avaient vécu les rédacteurs du Code. Or, il ne nous paraît pas possible, à la lecture du passage cité plus haut, de nier qu'une distinction fût établie dans la pratique, sinon d'une façon formelle au moins implicitement, entre les actes nuls dans leur essence même et les actes simplement annulables ; mais qu'on nous permette de regretter l'inévitable doute que fait naître dans l'esprit l'emploi d'un même mot pour désigner des

<hr>

(1) *Répertoire universel et raisonné de jurisprudence civile, criminelle, canonique et bénéficiale* par Guyot. Paris MCCLXXXIV. Vᵒ nullité, p. 250, T. 12.

choses aussi différentes et qu'on nous laisse déplorer
surtout que l'auteur du *Répertoire* n'ait pas mieux choisi ses
exemples : « La nullité absolue, nous dit-il, est celle qui
vient d'une loi dont l'intérêt public est le principal motif :
telle est relativement au mariage la nullité produite par
l'engagement d'un de ceux, qui prétendent le contracter,
dans l'état religieux ou les ordres sacrés... Telle est en
matière civile la nullité des établissements et acquisitions
de gens de mainmorte sans autorisation du souverain. »
N'eut-il pas été plus saisissant de nous citer pour exemple
le cas d'un mariage dans lequel le consentement fait
absolument défaut ou d'autres semblables? Mais qu'on le
remarque, tous les exemples invoqués par l'auteur du
Répertoire sont empruntés aux cas *d'inexistence légale*,
ceux au contraire que nous venons de citer sont des cas
d'inexistence rationnelle, or, n'est-il pas à présumer que
dans l'esprit de l'auteur la solution dans ce cas était
tellement certaine, qu'il y aurait eu quelque naïveté à la
présenter d'une manière expresse ? Que ce soit là le
motif réel du peu de précision et du laconisme de Guyot,
ou qu'il provienne, au contraire, d'une analyse insuffisante de l'acte juridique, peu importe, nous pouvons
au moins retenir de ce rapide examen du meilleur et du
dernier recueil de notre ancienne jurisprudence, qu'elle
consacrait en réalité, sous le nom de nullités absolues et de
nullités respectives, la distinction même que nous
établissons aujourd'hui entre les actes inexistants et les
actes annulables ; mais, remarquons-le, cette distinction
ne se trouve là qu'à l'état rudimentaire, elle est soupçonnée
bien plutôt que vue et comprise ; c'est plutôt la constatation
d'un principe dominant qui s'impose, mais que l'on sent

alors sans le comprendre encore pleinement et dont on ne tire que quelques applications pratiques, dont l'importance nous parait, aujourd'hui surtout, bien relative, si nous les comparons à celles dont est susceptible ce principe pleinement entendu, pleinement compris (1).

147. Si nous quittons la jurisprudence pour examiner la doctrine pure des anciens auteurs, nous retrouvons la même distinction faite avec plus ou moins de précision et de netteté, mais il nous faut encore constater dans leurs écrits l'absence de toute idée générale, de toute vue d'ensemble. Alciat (2), d'Argentré (3), Gouget (4), Coquille (5), les notes de Duplessis (6), nous parlent de nullités radicales et de nullités respectives et semblent bien considérer comme de simples faits les actes entachés d'une nullité radicale ; mais leur doctrine est trop confuse sur bien des points pour qu'il nous soit permis d'en argumenter sûrement. Tous ces auteurs d'ailleurs ne parlent de nullités radicales qu'en ce qui concerne les actes qui violent l'ordre public, mais ne semblent même pas entrevoir que ce n'est là qu'une face de la question et peut-être pas la plus importante. Constatons au moins qu'au fond de leur pensée il s'agissait bien de distinguer entre les actes simplement annulables et les

---

(1) L'un des plus justement célèbres de nos anciens praticiens, Bourjon, consacrait aussi cette distinction : *Droit commun de la France*, L. 6, T. VII, ch. 5, section 1. Distinction 2 (T. 2, p. 586).

(2) *Paradoxa*, L. 3, cap. 4, 5.

(3) *In Consuet. Brit.*, § 266. — *Tract. de qualit.* c. 1, n° 11 et § 283, gl. 1, n° 9 et s. — § 419, gl. 3, n° 20.

(4) *Des criées*, p. 477, 478.

(5) *Coutume du Nivernais*, chap. 23, art. 1.

(6) *Traité de la Communauté*, L. 1, chap. 4, p. 41.

actes réduits à de purs faits, l'expression de d'Argentré
est trop énergique pour qu'il puisse sur ce point s'élever
le moindre doute : s'il est fait quelque chose de contraire
à l'ordre public, dit-il, *Nihil est quod fit,* ce qui est fait
n'est rien, ce qui est fait est le néant au point de vue juridique !

148. Nous avons dit que Guyot dans son répertoire,
pour préciser ce qu'il entendait par nullité absolue ou
radicale en matière d'ordre public, avait eu l'heureuse
inspiration de céder la parole à Dunod lui-même (1) ; le
passage qu'il cite de ce jurisconsulte est certainement l'un
des plus précieux que l'on puisse invoquer en faveur de
notre thèse ; son importance même veut que nous en don-
nions une rapide analyse. Dunod en effet ne se contente
pas, comme la plupart des auteurs cités plus haut, de
nous dire que la violation d'une règle d'intérêt public
entraîne nullité radicale de l'acte, il nous indique encore
ce qu'il faut entendre par intérêt public et détermine les
conséquences qu'il faut attacher à une semblable nullité.

Dunod se place naturellement au point de vue, qui forme
spécialement l'objet de son traité, au point de vue de la
prescription et s'occupe, au passage indiqué, du *titre nul.*
La nullité du titre provient, selon lui, de la prohibition de la
loi, qui défend certaines choses et déclare nul ce qui
se fait contre sa volonté ; c'est on le voit toujours le même
point de vue restreint auquel seul nos anciens juriscon-

(1) Dunod de Charnage, né à St-Claude en 1679, mort en 1752, était
l'un des plus célèbres jurisconsultes de son temps : ses ouvrages
jouissaient, au siècle dernier, de la plus légitime autorité ; le premier
qu'il publia fut le *Traité des prescriptions* (1730) ; il fut bientôt suivi
d'un *Traité de la mainmorte et des retraits* et d'observations fort
estimées sur la coutume de Bourgogne.

sultes semblent avoir attaché quelque importance, parce
que sans doute c'était sous cet aspect qu'en pratique la
question se posait le plus souvent. Pour juger de l'effet
de cette nullité, il faut, dit l'auteur, examiner la cause de
la prohibition et voir si cette cause repose sur l'intérêt
public ou l'intérêt privé : « La prohibition est censée faite
par rapport à l'intérêt public, lorsque son premier et principal objet, est le bien de la société, la conservation des
choses et des droits qui appartiennent au public ; et qu'elle
statue sur ce qui concerne les bonnes mœurs, ou qui est
hors du commerce, par les droits naturels, des gens ou
civils. Telles sont les dispositions des lois, au sujet des
actes qui emportent quelque délit ou quelque turpitude,
de ceux qui ne produisent pas même une obligation naturelle ou qui contiennent l'aliénation de ce dont le commerce
est interdit pour une cause publique et perpétuelle, comme
sont les choses sacrées et le domaine. La nullité qui résulte de la prohibition en ce cas, est absolue, parce que la
loi résiste continuellement et par elle-même à l'acte qu'elle
défend ; elle le réduit à un pur fait, qui ne peut être ni
confirmé ni autorisé, et qui ne produit aucun droit, aucune
action ni exception : cette nullité peut-être objectée non
seulement par la partie publique, mais encore par toute
sorte de personnes, sans qu'on puisse leur opposer qu'elles
se prévalent du droit d'un tiers ; et le Juge peut y prendre
égard d'office, quand personne ne la proposerait. »

N'est-ce pas là ce que nous entendons nous-même par
acte inexistant ? L'acte non existant n'est-il pas en effet
celui auquel la loi résiste continuellement et par elle-
même, celui qu'elle réduit à un pur fait, qui ne peut être
ni confirmé, ni autorisé et qui ne produit aucun droit, au-

cune action ni exception. Peut-on s'exprimer avec plus de
clarté et de précision ; nous étions donc bien autorisé, on
le voit, à dire que la nullité radicale, telle que l'entend
Dunod, n'est autre chose que notre inexistence. Aussi la
plupart des auteurs admettaient-ils qu'une telle nullité ne
pouvait se couvrir par aucun laps de temps ; c'était notamment l'opinion de Fachiné (1); rien en effet ne semble plus
logique que cette solution ; il n'y a pas d'action en nullité
à intenter, comment dès lors parler de la prescription de
la nullité ! Cependant Dunod (2) semble tout à coup ou-
blier les principes nettement posés par lui pour combattre
sur ce point la solution dominante : il y a des auteurs, dit-
il, qui tiennent que les nullités absolues sont couvertes
par cent années, Fachiné les réfute et son opinion est la
plus commune. « Je crois cependant qu'on doit laisser la
question à l'arbitrage du juge pour la décider suivant les
circonstances, la qualité et l'importance de la nullité. »
N'est-ce pas là, au moins en apparence, le renversement
de toute sa doctrine. Nous ne le pensons pas et cette solution de Dunod peut, croyons-nous, se justifier pleinement
et se concilier sans peine avec le caractère qu'il attribue
à la nullité radicale ; qu'on le remarque bien en effet, il ne
s'agit nullement ici de la prescription d'une action en nullité, car Dunod lui-même déclare qu'aucune conséquence
juridique ne peut résulter d'un acte radicalement nul ;
contre quoi donc serait alors dirigée l'action en nullité ?
Cette action a pour but de faire anéantir un acte juridique
susceptible de produire des effets de droit, or, si l'acte

(1) Fachiné : *Contr. jur.* lib. 8, cap. 33.
(2) *Traité des prescriptions*, p, 49. 4ᵉ édition, MDCCLXV.

11

dont il s'agit ne peut produire aucun effet de cette nature ;
c'est un pur fait ; il n'y a rien à faire anéantir dans un tel
acte puisqu'il est déjà lui-même le néant. La prescription
dont parle l'auteur est une prescription acquisitive : un individu a acquis par exemple une chose hors du commerce ;
il la conserve lui et ses ayants cause pendant cent ans, la
revendication est-elle encore possible ? Voilà la véritable
question que Dunod pose et il y répond que dans ce cas
il faudra s'en remettre à l'appréciation du juge. Une possession de cent ans est toujours digne d'être prise en considération, elle fait présumer en quelque sorte que le titre
prétendu nul, ne l'était pas en réalité, le juge appréciera.
Mais s'il est certain que l'acte qui sert de base à la prescription est de ceux qu'on ne saurait maintenir à aucun
titre, le laps de temps le plus long ne peut produire aucun
effet et le juge dans ce cas ne doit pas admettre la prescription. Telle est la paraphrase du passage de Dunod ; ce
jurisconsulte pèche par excès de concision, mais c'est le
seul reproche qu'on puisse lui adresser et nous n'en restons
pas moins convaincu qu'il a compris, avec beaucoup plus
de netteté que ses devanciers, l'importance qu'il y avait à
distinguer les actes que l'on doit considérer comme de
purs faits et ceux qui ne sont qu'annulables. C'est de cette
dernière catégorie d'actes qu'il s'occupe à la page 48 de
son traité des prescriptions, où il nous indique, sous forme
d'antithèse avec ce qu'il a dit des nullités absolues, quelles
sont les conséquences des nullités relatives : ces nullités
là, dit-il, concernent principalement l'intérêt des particuliers ; elles n'annulent pas pleinement et absolument les
actes qui sont faits au contraire : ces actes *subsistent* à
l'égard des tiers et ne sont *déclarés nuls* que quand les

personnes, que la loi a voulu favoriser, le demandent; ils peuvent être *confirmés* et *ratifiés... la loi ne résiste pas expressément et toujours à ces sortes d'actes comme dans les cas auxquels elle produit une nullité absolue;* elle se contente de ne les pas avouer et autoriser à l'égard de certaines personnes. *Non assistit nec corroborat quod actum est, respectu ejus in cujus favorem prohibitio facta est, sed non resistit absolute et semper.* Emploirions-nous aujourd'hui un autre langage pour exprimer la dif-férence qui sépare les actes inexistants des actes annu-lables ? Qu'est-ce qu'un acte qui est frappé d'une *nullité absolue, qui ne subsiste pas,* auquel la loi résiste *absolute et semper, qui n'est susceptible ni de confirmation ni de ratification,* qui ne *produit aucun droit*, n'engendre aucune action, aucune exception, sinon un acte qui est dépourvu de toute vie juridique, un acte inexistant selon l'energique expression moderne ?

149. L'importance du passage de Dunod, dont nous venons de présenter une rapide analyse, ne consiste pas seulement dans la précision même des expressions et la certitude de sa doctrine ; tout porte à croire en effet que ce n'est là que la consécration de l'opinion commune, on sait de quelle légitime autorité jouissait dans la pratique ce Jurisconsulte ; la reproduction de sa théorie à la fin du xviiie siècle, dans la nouvelle édition du répertoire de Guyot, montre assez qu'elle avait été pleinement reconnue par les arrêts des Parlements ; aussi les rédacteurs du Code durent-ils fatalement en subir l'influence.

150. Il est bon toutefois de ne pas exagérer notre pen-sée ; si Dunod, au moins pour une hypothèse spéciale, a consacré la distinction des actes non existants et des actes annulables et cela ne peut,croyons-nous, soulever de doutes sérieux, nous n'entendons pas affirmer que ses ouvrages renferment sur ce point une théorie d'ensemble ; son sens juridique la lui fit peut-être entrevoir, mais il ne sut pas encore mettre en pleine lumière le caractère d'absolue généralité et d'importance fondamentale qui lui est propre. Faut-il d'ailleurs s'en étonner ? Une théorie juridique quelque évidente et rationnelle qu'elle soit, ne saurait se former en un jour ; il faut souvent plusieurs siècles pour mettre en pleine lumière les principes les plus incontestables ; qu'y a-t-il de plus simple et de plus rationnel que la théorie du transfert immédiat de la propriété par le seul effet des obligations et cependant cette théorie n'est née que d'hier, si l'on compare le temps depuis lequel elle existe et celui qu'elle a mis à se former. De même la doctrine de l'inexistence des actes juridiques domine le droit tout entier et cependant à peine est-elle née encore ; elle a été entrevue sans doute, les rédacteurs de 1804 en ont subi l'influence, comme nos anciens auteurs l'avaient eux-mêmes subie, ils l'ont même parfois consacrée expressément, mais elle est encore en pleine voie de gestation et de longues années s'écouleront peut-être avant qu'elle revête le caractère de généralité qui lui convient et qu'on ne saurait trop signaler à l'attention de ceux qui s'occupent d'études juridiques. L'unique mérite de Dunod est d'avoir apporté une pierre à l'édification de l'œuvre nouvelle, et ce mérite, il le partage d'ailleurs, nous allons en donner la preuve, avec bon nombre d'autres jurisconsultes anciens.

151. Nous ne saurions en effet passer sous silence l'opinion nettement formulée par un éminent magistrat,

dont les œuvres ont joui autrefois, parmi les jurisconsultes
français et étrangers, d'une si grande autorité et qui doit
encore nous être cher à un autre titre, Bouhier, président
au Parlement de Bourgogne (1). Bouhier, dans ses observations sur la coutume, résume, avec sa précision habi-
tuelle, l'opinion dominante sur la question qui nous
occupe (2). « Nos anciens auteurs, dit-il, distinguent deux
sortes de nullités; les une sont pour principe l'intérêt public,
que l'acte soit contre les bonnes mœurs ou qu'il ait mérité
d'être prohibé par quelque autre considération politique.
Par exemple si on avait traité de la succession d'un
homme vivant ; si on avait testé contre les formalités
prescrites par les lois, en un mot, s'il était question de
choses qui ne tombassent point dans le commerce des
hommes ou de contractants qui ne fussent pas en état de
consentir. De telles nullités sont appelées *absolues* en ce
sens qu'elles peuvent être opposées par toutes sortes de
personnes et *qu'elles anéantissent l'acte essentiellement et
radicalement, en sorte qu'on le regarde comme non fait
et non avenu : Ut ea quœ lege fieri prohibentur si fuerint
facta non solum inutilia sed* PRO INFECTIS *etiam habeantur.* — Les autres nullités sont celles qui ont été intro-
duites en faveur de certaines personnes, comme celles
qui ont donné lieu au secours du Velléien pour les femmes et à celui du Macédonien pour les pères et fils de

---

(1) Bouhier est né à Dijon, en 1673, il mourut en 1746 ; ses ouvrages de droit les plus estimés sont *le Commentaire de la coutume de
Bourgogne* que nous allons citer et ses traités de la *Dissolution du
mariage* et des *Successions.*

(2) *Œuvres de jurisprudence de M. Bouhier, président au Parlement
de Dijon, de l'Académie française, recueillies par M. Joly de Bévy, Dijon,*
1787, T I, p. 526, chapitre XIX, §§ 12 et 13.

famille, à celui de la restitution pour les contrats des mineurs et autres semblables. Comme ces nullités ne regardent que l'intérêt des particuliers, elles sont appelées respectives ou selon d'autres causatives parce qu'elles ne peuvent être opposées que par ceux au profit de qui elles ont été établies. »

152. Personne ne contestera la supériorité de ce passage des œuvres de Bouhier, écrit au moment même où Dunod publiait son traité des prescriptions (1); Bouhier a, sur ce point, des idées beaucoup plus générales et la nature même de ses travaux, qui embrassent une législation tout entière, le fait comprendre sans peine ; s'il se montre comme tous les auteurs de cette époque, surtout préoccupé des conséquences de la violation des dispositions d'intérêt public, il nous laisse du moins clairement entendre que pour lui ce ne sont pas seulement les actes qui leur sont contraires que l'on doit considérer comme non faits et non avenus, comme entachés d'une nullité qui les anéantit *essentiellement* et radicalement, qui sont en d'autres termes privés de toute existence juridique et réduits à de purs faits, mais qu'il en est encore de même de l'acte solennel, pour l'accomplissement duquel les formalités prescrites par la loi n'ont pas été suivies, ou de l'acte qui porte sur des choses qui, par leur nature ou la volonté de la loi sont hors du commerce ou enfin quand l'acte émane de contractants *qui n'étaient pas en état de consentir*. Ce n'est certes pas

(1) Le traité des prescriptions de Dunod, parut en 1730 : la date de la rédaction du commentaire de Bouhier, n'est pas exactement connue mais il mourut en 1746 et l'on sait que cet ouvrage fut composé plusieurs années avant sa mort.

là encore un exposé général, mais Bouhier a fait un pas en avant dans la doctrine de l'inexistence. Pour les auteurs anciens, comme pour Dunod lui-même, seuls les actes faits en violation des lois d'intérêt général et d'ordre public étaient pris comme exemples de nullités absolues, ces auteurs en effet, versés pour la plupart dans la pratique judiciaire, n'avaient été frappés que des faits qui se présentaient chaque jour devant eux ; ils avaient considéré que la raison protestait contre le maintien de tels actes, que rien ne pouvait les valider, mais ce n'était là en réalité de leur part qu'une constatation de fait dont ils ne surent pas dégager la véritable cause, le vrai principe juridique. Bouhier, jurisconsulte plus profond, découvre sans peine qu'il y a encore d'autres hypothèses dans lesquelles les actes juridiques n'ont que l'apparence même de l'existence et il n'hésite pas à ranger tout d'abord dans cette catégorie les actes solennels pour lesquels les formalités légales n'ont pas été suivies ; il ne parle, il est vrai, que du testament, mais ce n'est là qu'un exemple qu'il donne, et dans l'esprit même de l'auteur la règle qu'il pose doit être étendue à tous les cas analogues. Mais il fait mieux encore, il déclare entachés de nullité absolue les actes portant sur des choses hors du commerce, or, qu'on le remarque bien, Bouhier ne fait ici aucune distinction entre les objets qui sont hors du commerce par la force même des choses et ceux que la loi a considérés arbitrairement comme tels ; il y a donc sur ce point encore un progrès dans sa doctrine sur celle de Dunod ; mais où Bouhier s'élève véritablement au-dessus des autres auteurs, où il est sur le point d'apercevoir nettement dans sa généralité même la distinction qu'il établit, c'est quand il nous parle du consentement et déclare entaché d'une nullité radicale le contrat dans lequel l'un des contractants n'était pas en état de consentir; il n'est pas douteux en effet que par là il fait allusion aux personnes qui ne peuvent avoir aucune volonté, comme le fou ou *l'infans*, et ce qui le prouve c'est qu'il range lui-même plus bas dans la catégorie des actes simplement entachés d'une nullité relative ceux qui sont accomplis par des personnes dont le consentement existe, mais ne peut-être considéré comme parfait, par les mineurs notamment (1).

Aussi n'hésitons-nous pas à affirmer que, parmi nos anciens auteurs, Bouhier a, l'un des premiers, compris que la catégorie des actes, qu'on doit considérer comme non avenus, embrasse bien d'autres hypothèses que les cas de violation des lois d'intérêt public; il est même à remarquer qu'il a entrevu presque la totalité des hypothèses où l'inexistence d'un acte juridique peut se produire d'après l'analyse même que nous avons faite de cet acte dans notre première partie : le défaut de volonté, l'absence des formalités dans les actes solennels, la prohibition de la loi défendant tel effet de droit déterminé, enfin un élément matériel hors du commerce ; mais il est loin de s'exprimer dans les termes généraux que nous venons d'employer nous-même et s'il parle de l'absence de solennités c'est seulement au sujet du testament, c'est-à-dire d'une catégorie spéciale d'actes juridiques ; ce n'est pas non plus du défaut de *volonté* qu'il s'occupe, mais de l'absence du *consentement*, ne visant ainsi qu'une seule catégorie d'actes

---

(1) Œuvres de Bouhier, T. 1, p. 527.

juridiques, les actes qui supposent le concours de deux
volontés ou même, pour préciser davantage, une seule
espèce particulière de cette catégorie : les contrats.

En résumé Bouhier a donc, croyons-nous, entrevu dans
ses principales applications la distinction de l'inexistence
et de l'annulabilité, mais il pèche encore par l'absence
complète de toute idée de généralisation ; ce n'est point là
une doctrine, ce sont des applications d'un principe pres-
senti sans doute, mais non encore nettement compris. Ce
qu'il nous importe toutefois de constater, c'est qu'au moins
dans cette mesure la distinction, qui fait l'objet de notre
étude, était reconnue, au dire même de Bouhier, par tous
nos anciens auteurs et par la pratique judiciaire.

153. Nous n'avons plus pour terminer les quelques
développements que nous donnons à l'ancienne doctrine
et à l'ancienne jurisprudence françaises qu'à rechercher
quelle était, sur le point qui nous occupe, la solution suivie
par les deux auteurs auxquels le Code a eu le plus fré-
quemment recours : Domat (1) et Pothier (2).

___

(1) Ce jurisconsulte a ses partisans et ses adversaires, mais son
œuvre peut s'autoriser du jugement d'un grand homme, voici ce que
d'Aguesseau a dit de lui : « Personne n'a mieux approfondi le véritable principe de la législation. Il descend jusqu'aux dernières conséquences ; il les développe dans un ordre presque géométrique ; toutes
les différentes espèces de lois y sont détaillées avec le caractère qui
les distingue. C'est le plan général de la société civile, le mieux fait et
le plus achevé qui ait jamais paru et je l'ai toujours regardé comme
un ouvrage précieux que j'ai vu croître et presque naître entre mes
mains. »
Domat était le compatriote et l'ami de Pascal, il naquit en 1625 et
mourut en 1696. Indépendamment de son célèbre *Traité des lois civiles*,
Domat est l'auteur de deux autres ouvrages également estimés : le
Droit public et les textes choisis (*Legum delectus*). Ses œuvres ont été
plusieurs fois réimprimées, nous citerons la dernière édition qui en a
été donnée, elle est due à M. Rémy et date de 1828.
(2) Pothier est né à Orléans en 1699; il mourut en 1772: Conseiller au

Leur œuvre malheureusement se ressent des incertitudes qui entourent fatalement les origines d'une théorie juridique ; c'est toujours le même défaut de généralisation, la même absence d'idées d'ensemble, la même terminologie défectueuse, le même vague en un mot que dans les auteurs qui les ont précédés; toutefois, hâtons-nous de le dire, parmi ces deux auteurs il en est un au moins qui a aperçu plus complétement que l'autre l'importance de notre distinction, c'est Domat.

154. Pothier ne semble pas, au contraire, avoir eu sur ce point la netteté et la précision qui sont comme le trait caractéristique de son œuvre tout entière; il est certain cependant qu'il a, sinon vu clairement, du moins aperçu et appliqué en partie la distinction de l'inexistence et de la simple annulabilité, mais il a, à certains endroits, des expressions si malheureuses qu'on peut à bon droit se demander s'il ne l'a pas parfois complétement oubliée.

Il consacre aux nullités l'article 1er du chapitre IV de son traité de la procédure civile (1); mais cet article n'embrasse guère plus d'une page et l'incertitude qui y règne montre que son auteur a hâte de quitter un sujet dont il ne se dissimule pas les difficultés. La confusion y est d'ailleurs aussi complète que possible : l'absence des solennités requises, l'incapacité de la femme mariée, du

Châtelet de sa ville natale et professeur de droit, il donna l'exemple de toutes les vertus publiques et privées et la preuve de l'érudition la plus vaste et du sens juridique le plus parfait. Son principal ouvrage est son édition des Pandectes. (*Pandectæ justinianeæ in novum ordinem digestæ*. En 1760 il publiait la *Coutume d'Orléans*, puis un *Traité des obligations* si justement célèbre.

(1) *Traité de la procédure civile*, chap. IV, Tome XIV, p. 390 des Œuvres, édition de 1825.

mineur non émancipé ou de l'interdit, l'infraction aux lois d'ordre public, le mépris des bonnes mœurs sont jetés pêle-mêle dans la catégorie des moyens de nullité. Faut-il conclure de là que l'auteur a entendu repousser la distinction faite, nous l'avons vu, par la presque unanimité de nos anciens auteurs ? Nous ne le pensons pas. Que suppose Pothier en effet dans cet article ? Il se place uniquement au point de vue pratique, comme il convient à un auteur qui fait un traité sur la procédure, et suppose qu'une demande en justice fondée sur un acte solennel dont les formalités auront été omises, ou sur un acte contraire aux lois d'ordre public ou aux bonnes mœurs, un pacte sur succession future, un contrat usuaire, une opération de jeu, est introduite contre une personne et il déclare que cette personne pourra, sans avoir recours à des lettres de rescision, opposer la nullité de l'acte, mais il ne nous indique pas quelle sera la nature de cette nullité. Nous dit-il que le juge, dans ce cas, devra annuler l'acte ou simplement constater qu'il n'existe pas ? En aucune façon, c'est là une question qu'il n'examine pas ; tout ce qu'il veut constater c'est l'existence d'un moyen de protection au profit du défendeur sans indiquer comment opérera ce moyen de défense, si ce sera une annulation que prononcera le juge ou s'il se contentera de reconnaître que l'acte ne peut servir de base à une demande parce qu'il n'est lui-même, en droit, qu'un pur fait ; il y aurait donc une grande imprudence, croyons-nous, à soutenir, en s'appuyant uniquement sur ce passage de Pothier, que ce jurisconsulte a entendu assimiler complètement les nullités absolues, telles que les entendaient nos anciens auteurs et les nullités respectives ; il reconnaît en effet implicitement la distinction faite par eux puisque, dans ce même passage, il nous renvoie à une partie des œuvres d'Argou où il est parlé d'actes nuls *de plein droit* et où cet auteur cite une hypothèse dans laquelle l'inexistence même de l'acte était nettement proclamée par les textes du Digeste et reconnue par l'ancienne doctrine, le cas de vente d'un immeuble par un mineur, sans un décret du magistrat ou sans suivre les formalités prescrites.

155. D'ailleurs Pothier ne reconnaît-il pas lui-même expressément que l'erreur peut, dans certains cas, empêcher la formation des contrats? Après avoir nettement posé comme principe que le consentement des parties est nécessaire, pour qu'une convention se forme il ajoute : il ne peut pas y avoir de consentement lorsque les parties ont erré sur l'objet de leur convention : *non videntur qui errant consentire* et dans ce cas le contrat lui-même ne prend pas naissance : « C'est pourquoi, ajoute-t-il en effet, si quelqu'un entend me vendre une chose et que j'entende la recevoir à titre de prêt ou par présent, *il n'y a dans ce cas ni vente, ni prêt, ni donation...* car il n'y a pas de consentement. *Sive in ipsa emptione dissentiam, sive in pretio, sive in quo alio, emptio imperfecta est. Si ego me fundum emere putarem Cornelianum, tu mihi te vendere Sempronianum putasti, qua in corpore dissensimus, emptio nulla est* (1). » Pothier entend donc bien consacrer la doctrine romaine, or nous savons qu'à Rome, dans ce cas, il n'y avait pas simplement annulabilité mais bien nullité radicale ou, comme nous disons aujourd'hui, inexistence. Le rapprochement que l'auteur établit plus loin

(1) L. 9, D. *De Contr. empt,* L. 18, T. 1er.

entre l'erreur et la violence ne peut d'ailleurs laisser aucun doute sur sa pensée : « Le consentement, quoique extorqué par violence, nous dit-il, est un consentement tel quel, *voluntas coacta est voluntas*, on ne peut pas dire, comme dans le cas de l'erreur, *qu'il n'y ait point eu absolument de contrat*. Il y en a un, mais il est vicieux et celui dont le consentement a été extorqué par violence ou ses héritiers, ou ses cessionnaires peuvent le faire annuler et rescinder. » Peut-on, sans en prononcer le nom, établir plus formellement, au moins en ce qui concerne les contrats, la distinction de l'inexistence et de l'annulabilité? Il faut bien avouer que rapprochée de ce passage si précis, la page confuse du traité de la procédure civile a bien peu de poids, en admettant même qu'on rejette l'explication que nous en avons donnée.

156. Le paragraphe que Pothier consacre, dans son traité des obligations, à la matière de la cause est encore plus formel, s'il est possible. L'auteur suppose qu'une personne croyant faussement devoir une somme, léguée à un tiers par le testament de son père, mais révoquée par un codicille inconnu d'elle, s'est engagée à donner au légataire apparent un immeuble en paiement de cette somme : « Ce contrat est nul, nous dit Pothier, parce que la cause de mon engagement qui était l'acquittement de cette dette est une cause qui s'est trouvée fausse : c'est pourquoi la fausseté de la cause étant reconnue, non-seulement *vous ne pouvez avoir d'action pour vous faire livrer l'héritage, mais si je vous l'avais déjà livré, j'aurais action pour vous le faire rendre.* » Et l'auteur dans une autre partie de ses œuvres (1)

---

(1) *Traité du Contrat de Constitution de rente*, n° 214.— T. IV, p. 124, édit. de 1825.

fait nettement l'application du principe général. Il est de l'*essence* du contrat de constitution de rente viagère qu'il y ait une personne sur la tête de laquelle la rente soit constituée ; la rente constituée sur la tête d'une personne décédée, au moment du contrat, *est nulle de plein droit* et le débiteur rentier a la *condictio sinecausa* pour répéter la somme payée et cela sans avoir au préalable à intenter une action en nullité du contrat; on n'annule pas en effet ce qui déjà est nul de plein droit.

157. Pothier applique encore les mêmes principes dans d'autres passages de ses ouvrages ; c'est ainsi que dans son traité de la Communauté, n° 160 (1), après avoir examiné la question de savoir quelle sera la nature d'un immeuble acquis avant le mariage en vertu d'un titre sujet à rescision, mais confirmé durant le mariage, et avoir déclaré, avec raison, que cet immeuble restait propre à l'époux acquéreur, Pothier décide qu'il faudrait suivre une solution contraire si l'acte d'acquisition originaire était radicalement nul ; dans ce cas en effet, dit-il, le nouvel acte intervenu ne peut passer pour une confirmation de la première vente « laquelle étant absolument nulle n'en était pas susceptible » c'est cette nouvelle vente qui est le seul titre d'acquisition de l'immeuble, qui par conséquent est un conquêt.

On voit par ces nombreuses citations que si Pothier n'a pas su dégager nettement la théorie de l'inexistence des actes juridiques, si même il a été parfois sur ce point moins clair qu'à l'ordinaire, il n'en est pas moins certain cependant qu'il reconnaissait là une distinction à

(1) T. 8, p. 104, édit de 1825.

faire, et au point de vue de la démonstration que nous poursuivons, on nous permettra de supposer qu'au moins dans cette mesure, les rédacteurs du Code ont suivi ici encore leur guide habituel.

158. Mais de tous nos anciens auteurs il n'en est pas, selon nous, qui ait mieux entrevu la doctrine de l'inexistence que Domat lui-même (1). Penseur plus profond que Pothier, Domat n'est pas comme lui limité dans ses aperçus scientifiques par d'étroites considérations de pratique pure. Son esprit semble fait bien plutôt pour la généralisation que pour l'analyse, et la recherche des principes fondamentaux du droit est le but unique de son œuvre. Qu'on n'espère pas trouver cependant dans son traité, sur le point qui nous occupe, une doctrine générale ; mais la distinction si nette qu'il établit entre les conventions qui sont nulles *dans leur origine* et celles qui sont seulement *sujettes à resolution* (2), montre qu'en cette matière spéciale ce jurisconsulte a clairement compris l'importance de l'idée dont nous poursuivons nous-même la généralisation. Qu'on nous permette de reproduire textuellement le passage cité (3) ; Domat intitule le paragraphe qu'il consacre à cette distinction : *Des conventions qui sont nulles dans leur origine.* « Les conventions nulles, dit-il, sont celles qui, manquant de quelque caractère essentiel, *n'ont pas la nature d'une convention ;* comme si l'un des contractants était dans quelque imbécillité d'esprit ou de corps qui le rendit incapable de connaitre à quoi il s'en-

(1) *Lois civiles* : Des conventions en général, T. 1, Sect. V.
(2) *Loc. cit.* T. 1, Sect. VI.
(3) *Loc. cit.* T. 1, Sect. V, § 1.

gage ; si on avait vendu une chose publique, une chose sacrée ou autre qui ne fût point en commerce ou si la chose vendue était déjà propre à l'acheteur. » Dans le paragraphe suivant il ajoute que les actes de l'insensé sont nuls dans leur origine et qu'il en est de même de tout ce qui est contraire aux bonnes mœurs. Mais le principe posé, Domat commet dans les exemples qu'il donne quelques inexactitudes : c'est ainsi qu'après avoir reconnu avec le droit romain, que l'erreur sur l'objet empêche le contrat de se former, il lui assimile la violence qui, à Rome, n'était considérée, on le sait, que comme un vice du consentement, entraînant simplement par conséquent l'annulabilité de l'acte ; c'est ainsi encore que la distinction qu'il établit entre les actes accomplis par l'insensé ou « ceux qui ne peuvent s'exprimer » n'est pas nettement indiquée ; mais ce sont là les inévitables imperfections d'une théorie naissante.

159. Qu'on nous laisse cependant nous mettre en garde contre une objection plus sérieuse en apparence, que le texte lui-même peut faire naître ; cela nous permettra d'ailleurs de nous expliquer sur un point important de notre théorie ; voici, en effet, comment s'exprime Domat à la fin de la section qu'il consacre aux conventions nulles dans leur origine : « Quoique une convention se trouve nulle, dit-il, celui qui s'en plaint ne peut se remettre lui-même dans ses droits, si l'autre n'y consent. Mais il faut qu'il ait recours à l'autorité de la justice soit pour faire juger de la nullité et le rétablir en son droit, soit pour mettre à exécution ce qui sera ordonné en cas qu'il s'y trouve quelque résistance. Car quand il faut user de la force, la justice n'en souffre aucune si elle-même ne la met pas en usage. »

N'est-ce pas là, nous dira-t-on, la négation même de la
théorie de l'inexistence ? S'il faut recourir aux tribunaux
« pour faire juger de la nullité » d'un acte inexistant,
n'est-ce pas qu'on entend le mettre sur la même ligne
que l'acte annulable lui-même ? — L'objection n'est que
spécieuse et trouve sa réponse dans le texte même, que
nous avons reproduit sans doute il faudra recourir à
la justice, mais est-ce parce qu'il y a dans l'acte inexistant
quelque chose à faire annuler ? C'est uniquement, l'auteur
nous le dit, *parce que, quand il faut user de la force, la
justice n'en souffre aucune si elle-même ne la met en
usage.* Dans un moment de folie une personne aliène
un immeuble à une autre et le lui livre, puis, revenue
à la raison, elle veut se prévaloir de l'état de maladie
mentale, dans lequel elle se trouvait, pour invoquer
l'inexistence de l'acte et revendiquer son immeuble ; si
l'acquéreur persiste à soutenir que la vente a été faite par
une personne saine d'esprit, il faudra bien que le vendeur
s'adresse à l'autorité pour se faire remettre en possession
de son immeuble, car il ne saurait user de violence envers
le possesseur, quelle que soit l'irrégularité de son titre.
Il est certain alors, qu'à la demande en revendication
intentée par le vendeur, l'acheteur répondra en opposant
la vente passée entre lui et le demandeur et que la question de savoir si le contrat s'est formé ou non s'élèvera
devant le juge, mais en résulte-t-il que les tribunaux,
s'ils reconnaissent que l'acte a été accompli par un individu privé de raison, auront à en prononcer l'annulation ? En aucune façon, ils se contenteront d'en proclamer l'inexistence et nous avons vu que ce n'était pas là
pure affaire de mots.

Ce serait, en effet, une grave erreur de croire que les tribunaux n'auront jamais à intervenir quand il s'agit d'un acte non existant ; toutes les fois en effet qu'une personne prétend obtenir d'un autre la reconnaissance d'un droit à son profit et que celle-ci s'y refuse, l'autorité judiciaire doit être appelée à en connaître, par application de ce principe, qui est l'une des règles fondamentales de toute société civilisée, que nul ne peut se faire justice à soi-même, quelles que puissent être l'entière certitude et l'évidence parfaite de son droit.

160. Non seulement on ne saurait tirer de ce paragraphe de Domat une objection contre notre doctrine, ni y voir une contradiction entre le commencement et la fin de cette section VI que nous avons analysée, mais nous y trouvons même un argument nouveau en faveur de notre théorie, et en effet s'il s'agissait dans cette section d'actes simplement annulables, n'eut-il pas été quelque peu naïf, de la part de l'auteur, de nous dire qu'il fallait, pour obtenir cette annulation, recourir à la justice ? N'est-il pas évident en effet que l'intervention de l'autorité est nécessaire pour réduire à néant ce qui juridiquement existe et peut produire effet ? Comment pourrait-il être question dans le cas où un acte est simplement annulable de se faire justice à soi-même ? L'acte dans ce cas ne produit-il pas, tant que l'autorité ne l'a pas anéanti, les plus légitimes effets et celui qui considérerait cette annulation comme déjà prononcée et voudrait de son propre mouvement en assurer l'exécution, non seulement ne se ferait pas justice, mais violerait de la façon la plus formelle les règles du droit ; aussi pour comprendre le paragraphe de Domat, faut-il nécessairement supposer qu'il s'agit bien d'actes

nuls d'une nullité radicale, essentielle, d'actes inexistants;
et loin de voir dans la fin de la section la contradiction
des principes posés au début, nous n'y trouvons que leur
application la plus logique. En faut-il d'ailleurs d'autres
preuves que le paragraphe par lequel Domat termine
cette section : si les conventions qui acquièrent quelque
droit à des tierces personnes se trouvent nulles, nous
dit-il, elles n'ont pas plus d'effet à l'égard de ces personnes
qu'à l'égard des contractants. « Ainsi le créancier *n'a
aucune hypothèque* sur l'héritage que le débiteur avait
acquis par un contrat nul. » Qu'on remarque bien l'expression employée par l'auteur, il ne nous dit pas que l'hypothèque sera annulée en même temps que le contrat lui-
même, son expression est bien plus énergique et beaucoup
plus vraie : le créancier *n'a aucune hypothèque* ; l'hypothèque *n'existe pas* et elle n'existe pas, parce que l'acte
d'acquisition lui-même n'existe pas !

161. Mais peut-on exprimer avec plus de netteté la
distinction de la nullité absolue ou de l'inexistence et de
la simple annulabilité que ne le fait Domat au début de la
section suivante (1) : « Il y a cette différence entre la nullité et la résolution des conventions que la nullité fait qu'il
n'y a eu que l'apparence d'une convention et que la résolution anéantit une convention qui avait existé. » Nous
servons-nous encore aujourd'hui d'autres expressions
pour opposer aux actes annulables les actes dépourvus
de toute existence juridique? Aussi est-ce avec raison que
nous avons déclaré que Domat avait nettement aperçu
cette distinction fondamentale et l'on comprendra sans

(1) *Lois civiles*, T. I, sect. VI. — Tome I, p. 152 de l'édition de 1835.

peine l'importance d'une semblable remarque si l'on se souvient de l'influence incontestable qu'a exercée cet auteur sur la rédaction de notre Code civil.

162. Quelques propositions nous suffiront pour résumer l'étude que nous venons de faire de notre ancien droit : tous les jurisconsultes de cette époque, ou du moins les plus célèbres d'entre eux, ont compris avec plus ou moins de netteté qu'une distinction devait être établie entre les actes qui n'ont que l'apparence d'actes juridiques et ceux qui au contraire en ayant la réalité sont cependant atteints d'un vice susceptible d'en amener l'annulation ; ils en ont même fait parfois l'application avec beaucoup de justesse et une grande sûreté de vues à certains actes et notamment aux conventions ; mais ils semblent plutôt avoir en tout cela subi l'influence d'un principe de raison que leur sens juridique leur fit entrevoir, que considéré cette distinction comme l'une des règles fondamentales de la science du droit. Quoi qu'il en soit et sous cette réserve, on ne saurait nier que ce fût là la solution dominante au moment même de la rédaction du Code et on chercherait en vain à contester son influence sur le législateur de 1804.

CHAPITRE III

Distinction des actes inexistants et des actes annulables
dans le Code civil

I

TRAVAUX PRÉPARATOIRES

163. Les rédacteurs du Code de 1804 n'ont pas su échapper au vague qui caractérise, sur le point spécial qui nous occupe, les écrits de nos anciens auteurs et peut-être y aurait-il quelque témérité à décider qu'ils ont ici réalisé de sérieux progrès. Sans doute, on sent à chaque pas de la discussion que la distinction des actes dépourvus d'existence juridique et des actes simplement annuables leur est familière, mais on s'aperçoit sans peine aussi qu'ils ne l'entrevoient qu'à travers les ouvrages que nous avons cités, dont ils se contentent de reproduire les solutions sans oser établir des principes généraux, qu'ils devinent peut-être, mais qui ne se présentent pas encore à eux avec netteté. Peut-on d'ailleurs reconnaître plus formellement l'autorité des anciens auteurs et exprimer plus clairement l'intention qu'on a de les suivre pas à pas, que ne le fait le Tribun Jaubert dans le rapport, vraiment remarquable, qu'il présenta au Tribunat dans la

séance du 13 pluviôse an XII (1) : « Et d'abord, dit-il, il
était impossible de ne pas conserver l'ancienne distinction entre les actes faussement qualifiés de contrats et
qui ne produisent jamais d'action et les contrats qui ont
contenu une obligation et conséquemment le principe
d'une action, laquelle action peut être seulement repoussée par une exception. » On reconnaît là sans peine l'am-
pleur de vues du vrai jurisconsulte (2); la distinction
semble clairement se présenter à son esprit et nous
verrons bientôt en effet, par la rapide analyse que nous
ferons de ce rapport, qu'au moins en ce qui concerne les
conventions, Jaubert était en possession des vrais principes ; mais il devine sans peine, qu'il lui sera fort
difficile de faire comprendre à un grand nombre de ses
collègues une théorie d'ensemble, il invoque donc simplement l'autorité de l'ancien droit et se contente de demander le maintien des solutions jusqu'alors admises en
pratique et qu'il était impossible, dit-il, de ne pas conserver. Une théorie complète sur la matière des nullités
sembla toujours aux rédacteurs du Code une œuvre au-
dessus de leurs forces et souvent même, il leur arriva
d'en faire l'aveu. Les tribunaux cependant, insistèrent
auprès d'eux pour qu'on leur fixât des règles précises
sur une matière regardée, à juste titre, comme l'une des
plus difficiles du droit, mais leur demande était éludée
chaque fois qu'elle se produisait. Il fallut bien au moins,
au sujet du mariage et plus tard sur la matière des con-

(1) Locré : *Législation civile, commerciale et criminelle de la France.*
T. XII, p. 492.
(2) Jaubert était professeur de droit à Bordeaux.

ventions ébaucher une théorie, mais cette question souleva les plus grandes difficultés lors de la discussion.
Quelle confusion règne sur ce point dans les débats parle-
mentaires et avec quelle peine les vrais principes par-
viennent à se faire jour, quand ils ne sont pas absolument méconnus ! Mais par bonheur, quelques esprits
vraiment juridiques vinrent à plusieurs reprises montrer
au législateur la voie qu'il devait suivre. Dès le début
lorsque l'art. 192 du projet, qui correspond à notre
article 1304 actuel, fut soumis à l'examen du Tribunal de
Cassation, cette compagnie fut choquée de ne pas voir
poser, en tête même de la matière des nullités des conventions, la distinction des actes qui n'ont que l'apparence d'actes juridiques et des actes simplement annulables ; voici d'ailleurs les termes mêmes de l'observation qu'elle présenta sur cet article : « Les conventions
contraires aux bonnes mœurs ou à la prohibition de la
loi ne sont pas obligatoires ; il n'est pas nécessaire de
les attaquer par action en nullité, il suffit d'opposer cette
nullité comme exception à celui qui en demande l'exécution et cette exception est perpétuelle. Trente ans de
silence, l'exécution même pendant un plus grand nombre
d'années ne détruiraient pas l'effet de l'exception. » En
dépit de sa justesse, cette observation, inspirée au Tribunal suprême par d'invincibles considérations pratiques,
n'amena pas cependant de modification dans la rédaction, à raison sans doute de l'évidence même de la solution.

164. Quoiqu'il en soit la distinction traditionnelle, que
le Tribunal de Cassation avait ainsi rappelée, fut reproduite
par les jurisconsultes vraiment dignes de ce nom qui sié-

geaient dans les Assemblées, chaque fois que l'occassion s'en présenta au cours de la discussion. Si nous voulons suivre l'ordre chronologique, ce fut pour la première fois au sujet du mariage qu'elle reçut son application ; l'art. 2 du projet portait en effet : « Il n'y a point de mariage lorsqu'il n'y a point de consentement. Il n'y a pas de consentement lorsqu'il y a violence ou erreur sur la personne. » Le premier alinéa de cet article semblait bien proclamer l'inexistence juridique du mariage dans lequel le consentement fait complètement défaut et consacrer implicitement la théorie que nous exposons ; mais cet article souleva d'interminables discussions dans lesquelles on ne découve plus bientôt qu'erreur et confusion. Dès le début Tronchet attaque la rédaction de l'article comme inexacte et commet lui-même une grave erreur en soutenant que dès qu'il y a un acte matériel du mariage, on ne peut pas dire que ce mariage n'existe pas, que cependant ce mariage peut être nul s'il n'est pas intervenu de consentement, mais qu'il subsiste jusqu'au jugement qui en prononce la nullité. « C'est ce qu'il importe de faire sentir, ajoute-t-il, afin que les parties ne se croient pas autorisées à se dégager de plein droit et sans l'intervention des tribunaux. (1) » Est-ce-là la négation absolue de notre doctrine ? Nous ne le pensons pas ; au fond la solution de Tronchet se concilie fort bien avec la distinction que nous proposons ; ce n'est pas en effet contre le contrat de mariage que ce jurisconsulte dirige l'action en nullité, mais contre l'acte matériel, l'*instrumentum* qui doit faire

(1) Fenet, *Recueil complet des Travaux préparatoires du Code civil,* T. IX, p. 99.

foi tant que l'autorité judiciaire ne l'a pas anéanti et qui
jusque-là fait présumer l'existence du mariage ; l'observation de Tronchet n'a pas d'autre portée et ses termes
seuls sont inexacts ; quant à la modification qu'il voulait
introduire dans l'article, il nous en précise lui-même le
sens, il veut bien faire entendre aux parties qu'elles ne
peuvent pas se dégager de plein droit et sans l'intervention
des tribunaux ; aussi Réal de répondre aussitôt que cette
manière de voir se concilie sans peine avec la rédaction
de l'article ; que le recours aux tribunaux sera toujours
nécessaire bien que le mariage n'existe pas. Nous avons
déjà d'ailleurs signalé nous-même ce point ; que l'acte
juridique soit inexistant ou simplement annulable, le
recours à l'autorité judiciaire est toujours nécessaire quand
une contestation s'élève à son sujet, car nul ne peut se
faire justice à soi-même.

165. L'observation malheureuse de Tronchet eut
d'ailleurs l'heureux effet d'inviter le Premier Consul à
s'expliquer sur une distinction qui lui était chère et qu'il
sut toujours présenter avec netteté. On a distingué, dit-il,
dans les précédentes discussions entre les cas où l'officier
de l'état civil supposerait un consentement qui n'avait pas
été donné, même forcément, et le cas où il y aurait un
consentement non libre. « On a dit que dans le premier
cas il n'y a pas de mariage, que dans le second il y a un
mariage, mais qui peut être déclaré nul. » De même,
ajoute-t-il, il a été reconnu *qu'il n'y a pas de mariage*
lorsqu'un autre individu est substitué à celui que l'on a
consenti d'épouser. « Quand il n'y a pas eu de consentement, le mariage n'existe pas même en apparence, » dit
plus loin le Premier Consul, et il établit d'une façon fort

saisissante la distinction entre les mariages dépourvus de toute existence à raison de défaut absolu de consentement et le mariage dans lequel le consentement a été atteint d'un vice, comme la violence qui le rend simplement annulable. « Une jeune personne se trouve en présence de l'officier de l'état civil, celui-ci veut supposer qu'elle consent au mariage ; elle se récrie, elle désavoue à la face du public cette fausseté ; elle échappe et implore le secours des citoyens contre l'oppression : *il est évident qu'alors il n'y a pas de mariage*. Si au contraire, intimidée par les menaces elle consent au mariage, ne fut-ce qu'un moment, le mariage subsistera jusqu'à ce que les tribunaux aient décidé que le consentement n'a pas été libre (1). »

166. Mais c'est surtout lors de la discussion de la matière des conventions que la distinction des actes dépourvus de toute existence juridique et des actes simplement annulables fut nettement établie par les orateurs du Tribunat. Ce fut le Tribun Jaubert qui fut chargé de présenter à ses collègues le rapport sur les modes d'extinction des obligations. Ce rapport, dont la valeur scientifique est bien connue, fut lu dans la séance de 13 pluviôse an XII (2). Après avoir examiné les divers modes d'extinction des obligations, Jaubert arrive à l'action en nullité ou en rescision des conventions (3) : c'était la partie la plus difficile de sa tâche. Une idée importante devait

---

(1) Voy. Fenet, *op. cit.*, T. IX, p. 99 et 100, et, en note, la reproduction littérale des paroles du premier Consul d'après les *Mémoires de Thibaudeau sur le Consulat*. — Comp. Fenet, T. IX, p. 16.

(2) Locré, T. XII, p. 450.

(3) Locré, T. XII, p. 491.

tout d'abord être mise en lumière c'est que dès lors qu'il s'agissait de l'extinction des obligations par la nullité, il ne pouvait évidemment être question des obligations dépourvues de toute existence juridique qui ne sauraient s'éteindre puisqu'elles ne vivent pas et c'est en effet ce que Jaubert a fort bien su faire ressortir au début même de son rapport : « Pour qu'une convention soit obligatoire, dit-il, il ne suffit pas qu'elle ait les apparences extérieures d'une convention, qu'elle soit revêtue des formes prescrites en pareille matière, il faut aussi qu'on y retrouve tout ce qui est nécessaire pour la réalité d'une convention..... Une cause illicite, c'est-à-dire celle qui serait contraire à la loi, aux bonnes mœurs ou à l'ordre public, vicierait tellement la convention qu'aucun laps de temps ne pourrait la rendre valable ; il n'y a pas eu de contrat. Si la convention n'avait pas d'objet il serait bien impossible qu'en aucun temps elle produisit une obligation ; ce ne serait pas non plus un contrat. » Il est vrai que, lorsqu'il énumère les conditions essentielles des obligations, Jaubert cite à côté du consentement, de l'objet certain et de la cause licite, la capacité de contracter et qu'il réunit ainsi, comme le Code le fait lui-même dans l'art. 1108, les conditions essentielles à l'existence et les conditions simplement nécessaires à la validité ; mais, qu'on le remarque bien, ce n'est là que l'effet d'une analyse insuffisante ; l'inexactitude n'est que dans la forme, elle ne se trouve pas au fond de la pensée de l'orateur car après nous avoir dit que la convention sur cause illicite ne peut être validée par aucun laps de temps, *qu'il n'y a pas de contrat ; que ce ne serait pas non plus un contrat* si la convention n'avait pas d'objet, il ajoute que pour les engagements contractés par les incapables «ils ont la faculté de les faire *annuler*,» s'ils renoncent à l'exercer où s'ils ne le font pas dans les formes et dans les délais voulus par la loi, l'engagement doit être exécuté. Puis s'occupant des vices du consentement, de l'erreur, de la violence et du dol il nous dit : « Celui qui prétend avoir été trompé ou surpris doit le prouver : c'est donc une exception dont il peut user et s'il n'en use pas, aux termes de la loi, *l'engagement reste dans toute sa force.* » Résumant enfin toute sa pensée, il déclare nettement que l'action en nullité ou en rescision ne s'applique qu'aux cas où la convention peut produire une action, qui néanmoins est susceptible d'être repoussée par une exception, c'est-à-dire : 1° en cas d'incapacité, 2° en cas de vices du consentement. C'est alors que l'orateur nous rappelle que la distinction établie par le projet « entre les actes faussement qualifiés de contrats et qui ne produisent jamais d'action et les contrats qui ont contenu une obligation et conséquemment le principe d'une action, laquelle action peut être seulement repoussée par une exception » est traditionnelle, qu'elle s'impose *et qu'il était impossible de ne pas la conserver.* Lorsqu'il s'agit d'un engagement contracté sans objet ou sans cause ou pour cause illicite, il est tout simple, ajoute-t-il, que celui qui a souscrit l'engagement n'ait pas besoin de recourir à la justice pour se faire dégager ou que du moins à quelque époque qu'il soit poursuivi il soit toujours admis à répondre qu'il n'y a pas d'obligation; mais lorsqu'il s'agit d'un mineur, d'une femme mariée, ne serait-il pas bien extraordinaire que le temps de la restitution ne fût pas limité ? Les formes civiles n'avaient pas été observées, mais l'obligation en soi pouvait être légitime. « Il en résulte qu'on ne devait pas, dans ce cas, déclarer d'une manière absolue *qu'il n'y avait pas d'obligation*, qu'on devait se borner à dire que celui qui avait souscrit l'engagement pourrait s'y soustraire. Qu'on ne vienne donc pas dire, en présence de déclara-rations aussi formelles, que les rédacteurs du Code ont ignoré la distinction des actes inexistants et des actes annulables et qu'on ne prétende pas surtout en présence de la dernière citation, que nous venons de faire, qu'ils ont entendu mettre sur la même ligne ces deux espèces d'actes au point de vue des moyens à employer pour en para-lyser les effets; dans un cas, nous dit Jaubert, il n'y a pas de contrat, il n'y a pas d'obligation et par conséquent pas d'action, dans l'autre au contraire l'engagement peut seu-lement être *annulé*.

167. La pensée des rédacteurs du Code est donc cer-taine, seules les expressions auxquelles ils recourent sont parfois vicieuses, mais ils pèchent par une absence com-plète de généralisation. La distinction de l'inexistence et de l'annulabilité n'est pas propre en effet aux conventions, nous l'avons suffisamment établi dans notre première par-tie, elle embrasse tous les actes juridiques ; ce point de vue général a échappé au législateur de 1804, mais qu'im-porte si toutes les fois que la distinction devait par lui être consacrée il s'est souvenu du principe; son œuvre n'est pas une œuvre de doctrine ; qu'il nous suffise donc de cons-tater qu'il a consacré le principe, nous serons par là auto-risé à le mettre en pleine lumière sous sa forme scienti-fique et à en tirer toutes les conséquences pratiques qu'il comporte.

Il faut bien se garder de croire en effet que les termes

si nets du rapport de Jaubert ne sont que l'expression d'une opinion purement personnelle. Les discours prononcés par Mouricault, orateur du Tribunat, devant le Corps Législatif, le 17 pluviôse an XII, en fait foi (1) ; Mouricault ne fait que reproduire l'opinion même de l'assemblée dont il est l'organe ; or, voici avec quelle clarté il expose la théorie de l'inexistence ; c'est à l'occasion des actes récognitifs et confirmatifs qu'il la présente : « A l'égard de la confirmation ou ratification, *elle ne peut*, dit-il, *jamais valider les conventions dont la loi* ne reconnaît pas *l'existence,* et qui en conséquence ne lient personne : telles sont (ainsi qu'il est aisé de le conclure des diverses dispositions combinées du projet) les conventions qui ont pour objet une chose hors du commerce, celles qui n'ont point de cause ou qui n'en ont qu'une fausse, ou qui n'en ont qu'une illicite. Quant aux actes qu'on a seulement la faculté d'attaquer par voie de nullité ou rescision et qui du moins obligent l'une des parties, ils peuvent être utilement ratifiés ou confirmés par un nouvel acte valable, comme par leur exécution volontaire : telles sont les conventions auxquelles on peut reprocher l'erreur, le dol ou la violence, telles sont celles souscrites par des incapables, telles sont enfin, dans les cas indiqués par la loi, celles qui font éprouver de la lésion à l'un des contractants (2). » Il est difficile, croyons-nous, de résumer avec plus de netteté l'opinion admise par le Tribunat et sur laquelle d'ailleurs les débats auxquels donna lieu l'art. 227 du projet ne laissent subsister aucun doute.

Cet article, dans sa première rédaction, s'exprimait

(1) Locré, T. XII, p. 545 et s.
(2) Locré, T. XII, p. 585.

ainsi (1) : Dans la confirmation ou ratification d'un acte *radicalement nul*, on doit, pour qu'elle soit valable, trouver la substance de l'acte nul, la mention de la nullité et l'intention de la réparer. — Une semblable rédaction, si elle eut été maintenue, aurait, au moins dans ses termes, condamné de la façon la plus formelle la théorie de l'inexistence ; mais elle souleva, dès son apparition, les plus vives critiques et voici l'observation qu'elle motiva de la part de la Section de législation du Tribunat. La Section fait remarquer que rien n'est plus vague que les mots *radicalement nul*. Il faut, dit-elle, une disposition conçue de manière que la ligne de démarcation soit bien nettement tracée entre les nullités irréparables et celles qu'on peut réparer ; quand un acte est entaché d'une nullité irréparable « *cet acte est considéré par la loi comme n'ayant jamais existé* » il est entaché d'un vice intrinsèque qui ne permet pas que jamais il puisse être validé (2) et comme conclusion la Section propose une nouvelle rédaction donnant une énumération des principaux actes dépourvus de toute existence juridique (3). L'observation était fort juste, mais le Tribunat ne montra pas moins de sagesse en repoussant la nouvelle rédaction proposée par la section de législation ; l'énumération qu'elle donnait était fort incomplète en effet et ne pouvait dès lors qu'induire en erreur ; n'y avait-il pas d'ailleurs quelque inutilité à consacrer expressément un texte du Code pour déclarer qu'on ne peut confirmer ce qui n'existe pas ? Comment

(1) Locré, T. XII, p. 126.
(2) Locré, T. XII, p. 284.
(3) Locré, T. XII, p. 285 *in fine*.

valider en effet ce qui n'est que le néant ? Tout le monde n'était-il pas d'ailleurs d'accord sur cette question de simple bon sens? Jaubert l'exprime bien clairement dans son rapport (1). Il signale toutes les difficultés qui se sont élevées sur la détermination des cas dans lesquels la confirmation est possible. A cette occasion, dit-il, il fallait disserter sur les nullités, distinguer ce qui était nul radicalement ou ce qui était simplement nul, ce qui était nul absolument ou ce qui ne l'était que relativement, c'est-à-dire ce qui ne produisait pas d'action, ou ce qui simplement donnait une exception : « Une idée vraie et simple, ajoute-il, c'est qu'on ne peut confirmer et ratifier que ce qui a réellement existé quoique manquant de force par quelque vice. De là il résulte qu'on ne peut, en aucune manière, confirmer ni ratifier de prétendues conventions dont la loi n'a jamais reconnu l'existence. La loi a déclaré qu'il ne pouvait y avoir de convention sans objet ou sans cause licite, dans ce cas il ne peut y avoir lieu à ratification.»

168. Qui oserait nier en présence de l'observation du Tribunat, du rapport de Jaubert et du discours de Mouricault que la distinction des actes absolument dépourvus d'existence juridique et des actes simplement annulables se trouve à la base même de la théorie du Code sur les nullités? Chaque fois que la question se présente, cette théorie est toujours exposée avec netteté. En veut-on de nouveaux exemples ? Parcourons le rapport fait par Chabot au Tribunat dans la séance du 21 pluviôse an XII (2) sur le cautionnement ; nous y voyons encore notre doctrine con-

(1) Locré, T. XII, p. 523.
(2) Locré, T. XV, p. 332 et s.

sacrée dans les termes les plus formels. Le cautionnement ayant pour objet d'assurer l'exécution d'une obligation, il en résulte d'abord qu'il ne peut exister qu'au profit d'une obligation régulièrement formée. Ainsi les engagements contraires aux lois et aux bonnes mœurs ne peuvent être cautionnés parce qu'ils sont nuls et ne produisent jamais d'effet.

Lahary, l'orateur du Tribunat, insiste avec plus de force encore sur cette solution (1) : si l'obligation est prohibée par la loi, dit-il, ou contraire aux bonnes mœurs ou à l'ordre public, le *cautionnement ne peut pas plus subsister que l'obligation elle-même,* parce qu'étant nulle de plein droit elle entraîne nécessairement la nullité du cautionnement. J'ai dit, ajoute le Tribun, qu'une telle obligation est nulle de plein droit, et c'est ce qu'il faut bien distinguer, car si l'obligation, *valable en elle-même,* n'était susceptible d'être rescindée que par une exception personnelle au débiteur, comme dans le cas de minorité, le cautionnement n'en devrait pas moins avoir tout son effet.

169. Nous bornerons là notre examen des travaux préparatoires, ils consacrent à maintes reprises la distinction de l'annulabilité et de l'inexistence ; avec une telle clarté qu'il y aurait, croyons-nous, quelque témérité à soutenir le contraire. Cette distinction d'ailleurs, les rédacteurs du Code la trouvaient écrite dans nos anciens sauteurs, la pratique en faisait chaque jour l'application, la raison elle-même la leur commandait, comment pourrait-on admettre qu'ils l'eussent ignorée ou méconnue ? Mais qu'on y prenne garde lorsque nous affirmons

(1) Locré, T. XV, p. 367 et s.

que les rédacteurs du Code civil ont consacré dans leur
œuvre la doctrine de l'inexistence, nous ne leur reconnaissons pas cependant le mérite d'avoir présenté sur ce
point une théorie d'ensemble ; ils ont plutôt en effet subi
l'influence des principes qui s'imposaient à eux qu'ils n'en
ont nettement compris toute l'étendue. C'est seulement au
sujet des conventions que le législateur s'en occupe,
comme si les actes unilatéraux n'étaient pas eux aussi
soumis aux mêmes règles ! Les exemples qu'il choisit
sont toujours ces hypothèses classiques de l'absence de
cause ou d'objet qu'il copie dans les auteurs ; mais essaie-
t-il de nous montrer comment le consentement ou plus
généralement la volonté peut-elle aussi faire défaut ? Nous
indique-t-il, d'une façon suffisamment claire, que cette
volonté n'est plus qu'un pur néant quand, devant se manifester dans les formes légales, elle n'a pas observé les
solennités prescrites ? Nous fait-il comprendre que le
rapport de droit que les parties ont voulu établir peut également empêcher l'acte d'arriver à l'existence juridique,
quand ce rapport de droit est défendu par la loi ou les
bonnes mœurs ; songe-t-il encore à nous montrer que
l'inexistence d'un acte juridique peut se présenter sous
deux aspects différents ; qu'elle peut résulter des règles
inviolables de la raison ou simplement de l'arbitraire de
la loi positive et par conséquent que les actes inexistants
peuvent être tels, soit rationnellement, soit légalement ?
Ce sont là autant d'idées générales qui semblent avoir
échappé aux rédacteurs du Code, comme elles ont
échappé à leurs commentateurs. Mais ce que nous tenons
uniquement à constater dès maintenant, c'est qu'au moins
le principe qui sert de base à la doctrine de l'inexistence

a été connu du législateur de 1804, qu'il en a même fait
par fois les applications les plus judicieuses, cela nous
suffit pour nous autoriser à dégager ce principe, à le revêtir de sa forme scientifique, en déduire toutes les conséquences qu'il comporte en théorie pure comme en pratique.

II

TEXTE DU CODE

170. La tradition historique nous a montré la doctrine de l'inexistence assez nettement entrevue par nos
anciens auteurs et logiquement appliquée par eux à certaines hypothèses spéciales ; les travaux préparatoires
nous ont permis d'autre part d'établir avec une entière
certitude que sur ce point les rédacteurs ont entendu respecter la tradition ; mais le Code civil tel qu'il a été définitivement admis reproduit-il cette distinction des actes
non existants et des actes simplement annulables ? Il est
au moins deux choses absolument certaines, c'est que nulle
part dans les textes nous ne rencontrons une expression
propre pour caractériser les actes que nous avons appelés
inexistants ; c'est ensuite que nulle part le Code ne pose
sur ce point de règles générales; donc pas de terminologie
propre, pas de théorie générale! Mais hâtons-nous de le
dire, si le Code ne s'est pas servi du mot *inexistant*, cou-
ramment reçu aujourd'hui, bien que l'Académie française
ne lui ait pas encore ouvert l'accès de son Dictionnaire, il
a su du moins recourir à des expressions équivalentes et
aussi énergiques, nous nous en convaincrons bientôt. Si

nous ne trouvons pas d'autre part, dans le Code, de règles générales sur l'inexistence des actes juridiques, il ne faut pas s'en étonner, car le législateur est rarement en avance sur la doctrine ; il se borne d'ordinaire à consacrer législativement les règles sur lesquelles les auteurs et la jurisprudence sont d'accord et en cela il répond pleinement d'ailleurs à ce qu'on est en droit d'attendre de lui ; quand il veut introduire de lui-même des innovations, elles sont le plus souvent malheureuses ; s'il surgit en effet dans la société quelque besoin nouveau à satisfaire, ce besoin saura bien se manifester clairement, le législateur n'a pas à devancer l'opinion publique, il doit se contenter de la suivre. Le Code civil de 1804 en outre n'est pas une œuvre de doctrine, c'est comme toute œuvre législative, une œuvre de pratique, il n'avait donc pas à présenter une théorie générale de l'inexistence des actes juridiques, c'était là le rôle de la doctrine pure. Rien n'est plus difficile, on le sait, que de généraliser ; généraliser et définir sont, on peut le dire, les deux écueils du législateur, qu'il évite donc de les aborder de front ; mieux vaut pour lui les tourner et il les tourne en se bornant à faire comprendre nettement sa pensée, sans la formuler dans des termes qui pourraient en limiter le sens d'une manière excessive ou lui donner une portée qu'elle ne saurait avoir.

171. Mais, nous dira-t-on, si les rédacteurs du Code avaient, comme vous le prétendez, voulu consacrer la doctrine de l'inexistence, ils n'auraient pas manqué de nous dire au moins qu'il y a des actes dépourvus de toute existence juridique et d'autres simplement annulables, comme le faisaient nos anciens auteurs, cela ne leur eut pas

imposé l'obligation de nous donner la liste complète des
éléments de chacune des deux catégories et aucun doute
n'eût pu naître sur leur volonté. — A cette objection nous
répondrons qu'une indication de ce genre dans le texte de
la loi serait l'expression d'une vérité quelque peu évidente
et par conséquent inutile à formuler, c'est du moins ainsi
que l'ont entendu les rédacteurs, car de tous les orateurs
qui ont établi avec le plus de précision et de force la distinction des actes non existants et des actes annulables, il
n'en est pas un seul qui ait jugé nécessaire de demander
qu'on introduisît dans le projet une modification en ce sens.
Dans quelle partie du Code l'expression générale de la distinction aurait-elle pu d'ailleurs trouver place ? C'était
naturellement dans la section qu'il consacre à l'action en
nullité, or, la place même de cette section n'indiquait-
elle pas de la façon la plus péremptoire qu'il ne pouvait
s'agir là que d'actes doués d'une vie juridique mais atteints
d'un vice ? N'est-ce pas en effet parmi *les modes d'extinction des obligations* que la loi range l'action en nullité ?
Or, on ne peut éteindre que les obligations qui existent
régulièrement !

Pourquoi d'ailleurs le Code aurait-il présenté sous une
forme générale, la théorie de l'inexistence ? A-t-il à parler
de ce qui n'existe pas ? Le néant n'a pas de règles ; c'est
à la doctrine seule de s'occuper du côté négatif du droit ;
un Code ne peut se placer utilement qu'à son point de vue
positif, c'est-à-dire au point de vue pratique ; or, à ce
point de vue, le devoir qui s'imposait à lui était de nous
faire connaître quels sont les éléments constitutifs des
divers actes juridiques ; il y aurait eu quelque naïveté
de sa part, a déclarer, en outre, solennellement que

l'absence d'un de ces éléments constitutifs empêchait l'acte de naître à la vie juridique. Il est vrai qu'il est parfois difficile de discerner quels sont les éléments essentiels des actes qu'il décrit, mais une œuvre humaine peutelle atteindre à la perfection ? La science juridique a, depuis la rédaction du Code, réalisé d'incontestables progrès, c'est à elle qu'il appartient de préciser les règles qu'il a laissées quelque peu dans le vague et de préparer ainsi la voie pour l'avenir à d'heureuses modifications dans les textes.

Mais quel législateur, disons mieux, quelle société de jurisconsultes ou de praticiens oserait se charger de la tâche impossible d'énumérer dans un texte législatif tous les éléments essentiels à l'existence des actes juridiques dans leur infinie variété ? A peine pourrait-on de nos jours dégager les éléments qui leur sont communs à tous. Ce que l'état actuel de la science ne permet pas de faire aujourd'hui encore, comment reprocher aux rédacteurs de 1804 de ne l'avoir pas fait ? Ils ont montré, au contraire, beaucoup de sagesse en laissant la porte ouverte aux investigations de la doctrine et de la jurisprudence et en se bornant à les guider par des exemples, par l'application de principes dont il eut été fort dangereux d'essayer de donner législativement une définition.

172. Le Code montre-t-il au moins avec certitude qu'il veut consacrer la théorie de l'inexistence dont nous poursuivons nous-même la généralisation ? En fait-il des applications suffisamment précises pour qu'on puisse sans danger remonter de ces applications au principe, des effets à la cause et le principe une fois admis pour en tirer toutes les conséquences juridiques ? Nous en avons la conviction, mais il importe de ne rien affirmer sans preuves. Notre tâche est double dans la revue que nous allons faire des textes du Code civil relatifs à notre question ; nous ne devons pas seulement nous prévaloir des articles favorables à notre doctrine, il nous faut encore signaler ceux qui peuvent fournir des armes contre elle et leur donner une explication rationnelle et juridique.

173. La marche la plus naturelle que nous puissions suivre dans cet examen des textes est de prendre pour base de notre étude l'analyse même de l'acte juridique telle que nous l'avons donnée dans notre première partie et de voir, sur chacun des éléments constitutifs des actes juridiques en général, comment le Code a su consacrer la distinction de l'inexistence et de la simple annulabilité.

174. Tout acte juridique, avons-nous dit, suppose nécessairement la réunion de six éléments constitutifs généraux, trois d'entre eux se réfèrent au sujet même de l'acte, les trois autres à l'objet, ce sont :

1° La volonté de l'homme ;

2° La manifestation extérieure de cette volonté et le respect des formes solennelles ;

3° L'aptitude légale à produire un effet de droit ;

4° Un effet de droit permis par la loi positive ;

5° Une personne concourant passivement à la formation du rapport de droit, que l'acte a pour objet de créer, de conserver, de modifier ou d'éteindre ;

6° Un élément matériel.

Si l'un de ces éléments fait complètement défaut, il n'y a plus d'acte juridique et l'opération, qu'on présente sous ce

nom, n'est qu'un pur fait, un pur néant, c'est *un acte
inexistant.* Lorsque tous ces éléments sont réunis l'acte
existe, mais si l'un de ces éléments est vicié, le vice qui l'a
atteint peut amener son annulation. Nous avons déjà
examiné dans quels cas on pouvait concevoir rationnellement l'absence d'un de ces éléments constitutifs, dans
quels cas au contraire ils pouvaient être simplement viciés ;
nous avons constaté l'accord du droit romain avec les principes de la raison pure, voyons maintenant, en groupant
dans un paragraphe distinct les textes qui se réfèrent à
chacun de ces six éléments constitutifs généraux, dans
quelle mesure le Code civil a, à son tour, consacré cette
distinction.

§ I

De la volonté de l'homme dans les actes juridiques.

175. Le premier élément nécessaire à l'existence d'un
acte juridique, c'est, avons-nous dit, la volonté de l'homme ;
nous avons défini l'*acte juridique : Tout fait volontaire
de l'homme qui tend à produire un effet de droit* et nous
l'avons opposé au simple *fait juridique* qui, lui aussi, produit des effets de droit, mais en dehors de toute intervention de la volonté humaine. La loi en effet crée des *états
juridiques,* c'est-à-dire fixe des rapports de droit ; mais
ces états juridiques peuvent être modifiés par des événements du monde extérieur ; or il est facile de voir que
tous ces événements peuvent se ranger en deux grandes

catégories, les uns sont étrangers à la volonté de l'homme, nous leur avons donné le nom de *faits juridiques,* les autres sont dus à la volonté de l'homme, à son activité, nous leur avons réservé la dénomination spéciale d'*actes juridiques* (1), Donc pour nous l'acte juridique est, par définition, un fait *volontaire* de l'homme et la volonté est par suite le premier de ses éléments constitutifs ; le Code civil le proclame lui-même dès son début et en fait l'application au mariage. « Il n'y a pas de mariage, nous dit l'art. 146, lorsqu'il n'y a pas de consentement. » Le mariage est un acte juridique qui ne suppose pas seulement une volonté unique, mais un concours de volontés, or, si ce concours de volontés ne se produit pas, le mariage lui-même est sans existence juridique, *il n'y a pas de mariage ;* ainsi le mariage contracté par un individu privé de raison sera absolument inexistant (2).

Mais ce n'est pas seulement pour les contrats que le Code considère la volonté de l'homme comme un élément essentiel à l'existence ; le même principe est par lui reproduit dans l'art. 901 en ce qui concerne le testament, acte qui ne suppose qu'une volonté unique et qu'il met sur la même ligne que la donation dans cette disposition spéciale : « Pour faire une donation entre vifs ou un testament, il faut être sain d'esprit (3). »

L'art. 932 consacre formellement notre solution et

(1) Voyez sur ce point notre chapitre préliminaire. *Supra,* p. 6 et s.

(2) Voyez en ce sens : Marcadé, *Observations préliminaires sur le chapitre IV du titre de mariage,* n° 2 *in fine.*— Valette sur Proudhon,1 p. 391, note *a.*— Demolombe, *Cours du Code civil,* T. 3, 242.— Aubry et Rau, T. IV, p. 9 et § 451 et les notes.

(3) V. Duranton, T. VIII, 153.—Aubry et Rau, T. V, p. 421, § 648. — Coin-Delisle, sur l'art. 901, n° 3 — Troplong, T. 2, 506.

la périphrase qu'il emploie pour nous indiquer que l'acte dans ce cas n'a pas d'existence juridique, est fort énergique et ne laisse place à aucun doute : « La donation entre vifs, nous dit-il, n'engagera le donateur et *ne produira aucun effet* que du jour qu'elle aura été acceptée en termes exprès. » Jusqu'à cette acceptation elle sera donc tenue pour non avenue.

Ne trouvons-nous pas d'ailleurs dans la matière des obligations des textes dont la portée générale ne saurait être contestée? C'est d'abord l'art. 1117 qui nous dit : « La convention contractée par erreur, violence ou dol *n'est point nulle de plein droit ; elle donne seulement lieu à une action en nullité ou en rescision.* » Peut-on plus clairement laisser entendre qu'il y a des hypothèses où la convention est dépourvue de toute efficacité, réduite à un pur fait, quand le consentement n'est pas seulement atteint d'un des vices qu'il énumère, mais quand il fait absolument défaut ; quand il est donné par un enfant privé de tout discernement, par un homme dans un état d'aliénation mentale, ou encore sous l'empire d'une de ces erreurs graves qui ne laissent plus aucune place pour la libre volonté.

176. L'art. 1131 est plus formel encore dans le sens de la théorie de l'inexistence : « L'obligation sans cause ou sur une fausse cause ou sur une cause illicite ne peut avoir aucun effet. » L'obligation sur une fausse cause ne peut avoir aucun effet ; ce sont là les seuls termes de l'article que nous retenions pour le moment. Qu'est-ce, nous le demandons, qu'une obligation sur fausse cause sinon une obligation dont le débiteur croyait à l'existence d'une cause qui n'existait pas, se trouvait par conséquent dans l'erreur ; peut-on reconnaître d'une façon plus explicite que l'erreur peut parfois *anéantir complètement le consentement* ou plus généralement la volonté et que la conséquence du défaut de volonté est de réduire l'acte à un pur néant, à un simple fait qui ne peut avoir en droit aucun effet ?

Cette matière de la cause présente de si sérieuses difficultés que peut-être devons-nous sur ce point donner quelque développement à notre pensée ; d'autant plus que nous nous écartons ici de la doctrine généralement admise. Qu'entend-on par fausse cause ? Et d'abord qu'entend-on par cause ? Il ne paraît guère douteux que le Code ait entendu par là le but immédiat que la partie qui s'oblige se propose en contractant ; or ce but varie suivant qu'on est en présence d'un contrat à titre gratuit ou d'un contrat à titre onéreux, nous avons déjà exposé ces règles dans notre première partie, bornons-nous à les résumer très rapidement. Le contrat est-il à titre gratuit, la cause consiste uniquement dans *l'intention libérale* du donateur; le contrat est-il à titre onéreux, une sous-distinction devient nécessaire suivant que ce contrat est synallagmatique ou unilatéral. Si le contrat est unilatéral, comme le prêt de consommation, la cause consiste dans la prestation même fournie par le prêteur ; s'il est synallagmatique on peut dire que la cause de chacune des obligations se trouve dans l'obligation de l'autre. Cette notion de la cause très rapidement rappelée, et sans revenir sur la critique que nous en avons faite, il y aura fausse cause toutes les fois qu'on croira à l'existence d'une cause qui en réalité fera défaut, prenons un exemple : héritier de Paul je suis obligé en vertu d'un testament, qui gratifie Pierre, à lui payer une

somme de 10,000 francs et je m'engage vis-à-vis de lui,
pour m'acquitter de mon obligation, à lui transférer la
propriété d'un de mes immeubles ; puis je découvre que
le legs de Pierre a été révoqué par une nouvelle disposition de dernière volonté de Paul, disposition dont j'igno-
rais l'existence ; il est évident que je n'aurais pas contracté
vis-à-vis de lui l'obligation de lui transférer la propriété
de mon immeuble si je n'avais pensé ainsi exécuter une
obligation dont je me croyais tenu vis-à-vis de lui, on ne
peut dire que j'ai voulu l'acte que j'ai accompli ; dans
l'obligation que je contractais ainsi il y avait sous entendue
cette condition : si je suis réellement obligé en vertu du
testament qui gratifie Pierre. La fausse cause n'est donc
qu'une hypothèse de défaut absolu de consentement, c'est
là du moins notre manière de voir et nous croyons l'avoir
justifiée Qui ne voit dès lors que le Code fait ici l'application d'un principe supérieur et que par conséquent d'autres erreurs encore doivent produire le même effet bien
que la loi ne l'ai pas dit expressément ? et il en sera ainsi
notamment de l'erreur sur l'objet même du contrat et de
l'erreur sur la nature de la convention ; pour nous en
effet, ces solutions résultent de l'art. 1131 par argument *a*
fortiori ; l'erreur sur le but qu'on s'est proposé en contractant n'est-elle pas moins absolue en effet que l'erreur
qui porte sur l'objet même ou sur la nature du contrat ?
Dans le premier cas en effet les deux volontés ont bien
concouru au moins en apparence, à ne considérer que le
côté extérieur des choses et il faut un certain effort d'intelligence pour constater qu'en réalité ce concours ne s'est
pas produit ; quand il y a erreur sur l'objet ou sur la nature
du contrat au contraire il n'est besoin d'aucun raisonne-

ment pour établir que jamais les volontés ne se sont re-
montrées, cela se présente de soi à l'esprit et n'échappe à
personne ; je voulais acheter le cheval blanc, vous vouliez
me vendre le cheval noir, aucun point de contact n'a jamais existé entre nos deux volontés, ce sont deux lignes
parallèles qui ne se rencontreront jamais. Aussi n'hésitons-
nous pas, quant à nous, à décider qu'en ce qui concerne
la volonté, les textes du Code sont pleinement suffisants
pour justifier la doctrine de l'inexistence ; on peut en effet
avec les seules données de la loi établir sur ce point d'une
façon scientifique et sûre une théorie générale.

177. Si de ces textes relatifs à l'inexistence nous
rapprochons les articles fort nombreux que le Code consacre à la simple annulabilité, il nous est permis d'affirmer
qu'il a su distinguer nettement, sur ce point, les actes
dans lesquels le consentement fait absolument défaut et
ceux au contraire où il existe mais vicié. Les conséquences
qu'il attache à chacune de ces deux catégories d'actes sont
nettement indiquées dans la loi ; les premiers sont
dépourvus de tout effet juridique, ils n'existent pas au
point de vue du droit, les autres existent au contraire
mais peuvent être attaqués devant l'autorité investie du
pouvoir de les annuler. Ainsi sera inexistant pour défaut de
volonté tout acte juridique accompli par un être privé de
raison, par un enfant ; sera de même considéré comme un
pur fait l'acte dans lequel la volonté aura fait défaut par
suite d'une erreur si grave que certainement cette volonté
ne se fût pas produite sans elle, telle sera par exemple l'erreur sur l'élément matériel de l'acte juridique, l'erreur sur
la nature de l'acte accompli, l'erreur sur le but immédiat
que se proposait l'auteur de l'acte ; ce ne sont là d'ailleurs

que des exemples, nous n'entendons, quant à nous, que poser le principe général, il est simple : l'acte est inexistant quand la volonté a fait absolument défaut, il est annulable quand cette volonté est simplement viciée.

§ II

De la manifestation de la volonté dans les formes légales

178. A peine est-il besoin de dire qu'une volonté non manifestée extérieurement est en droit sans effet, mais toute manière de faire comprendre clairement ce que l'on veut est en principe suffisante, pourvu qu'il n'existe aucun doute sur la volonté elle-même et nous ne reviendrons pas à ce sujet sur les détails que nous avons donnés dans la première partie de cette étude.

Dans certains cas la loi n'accorde à la volonté la puissance de produire un effet de droit, c'est-à-dire d'accomplir un acte juridique, qu'à la condition de se manifester sous certaines formes solennelles; lorsque la loi aura ainsi imposé des solennités qui n'auront pas été observées, l'acte accompli en violation sera-t-il absolument *inexistant* ou simplement *annulable?* telle est la question que nous avons maintenant à résoudre. Nous n'avons pas hésité, dans l'analyse que nous avons donnée de l'acte juridique, à ranger l'accomplissement des solennités parmi les éléments constitutifs de l'acte, parmi ceux par conséquent dont l'absence réduit cet acte à un pur fait; c'était la solution romaine et nous l'avons vu reproduite dans nos anciens auteurs, il importe maintenant de nous assurer que telle est bien aussi celle du Code civil.

179. Le nombre des actes solennels est fort restreint dans notre droit; citons la reconnaissance d'un enfant naturel (art. 334 C. C.); le mariage (art. 63 et s. — art. 165 et s. C. C.); l'adoption (art. 343 et s. C. C.); le testament (art. 967 s.); la donation (art. 931); le contrat de mariage (art. 1394); le contrat constitutif d'hypothèque (art. 2127 C. C.); la subrogation conventionnelle (art. 1250, n° 2); la loi, en effet, a laissé dans notre droit, à l'activité humaine la liberté la plus grande; aussi ne l'a-t-elle astreinte à des formes que dans des hypothèses d'une gravité exceptionnelle; la sanction qu'elle y attache n'en doit être dès lors que plus énergique; cette sanction, avons-nous dit, c'est en principe l'inexistence. Peut-on, en effet, employer un langage plus impératif que ne le fait l'art. 334 : « La reconnaissance d'un enfant naturel *sera* faite par un acte authentique... » La reconnaissance *sera* ainsi faite ou elle ne sera pas, telle est bien évidemment la pensée de la loi. L'art. 931 n'est pas moins formel en ce qui concerne les donations : « Tous actes portant donation entre vifs *seront passés* devant notaires dans la forme ordinaire des contrats ; et il en restera minute *sous peine de nullité.* »

Qu'on ne dise pas que le mot nullité est ici amphibologique et qu'il peut aussi bien désigner un acte nul dans son essence qu'un acte simplement annulable, car il suffit pour bien se convaincre que la loi a entendu parler d'une nullité radicale, absolue, d'une inexistence, de rapprocher de cet art. l'art. 1339. « Le donateur ne peut réparer par aucun acte confirmatif les vices d'une donation entre vifs ; nulle en la forme, il faut qu'elle soit refaite en la forme légale. »

Peut-on exprimer avec plus d'énergie le caractère de nécessité absolue des formes solennelles ? (1)

L'art. 359 ne nous dit-il pas lui aussi, en ce qui concerne l'adoption, *qu'elle restera sans effet* si elle n'est pas inscrite dans les trois mois sur les registres de l'état civil ? Voilà bien encore un cas dans lequel l'omission d'une formalité réduit l'acte à une impuissance absolue. Citons encore l'art. 1001. « Les formalités auxquelles les divers testaments sont assujettis par les dispositions de la présente section et de la précédente doivent être observés *à peine de nullité.* » Chacun admet en effet qu'un testament dans lequel les formes n'ont pas été respectées ne peut produire aucun effet. L'art. 1394 exige un acte notarié antérieur au mariage pour contenir les conventions matrimoniales, or personne ne doute que si les formes prescrites par la loi n'ont pas été suivies, l'acte est considéré comme dépourvu de tout effet juridique et que les parties sont réputées mariées sous le régime de communauté légale. L'art. 2127 qui prescrit l'authenticité pour le contrat d'hypothèque ne peut de même laisser aucun doute sur la sanction qui y est attachée : « L'hypothèque conventionnelle ne peut être consentie *que* par un acte passé en forme authentique devant deux notaires ou devant un notaire et deux témoins. » Donc pas de doute encore sur ce point en présence des termes dont se sert le législateur, l'accomplissement des formalités constitue dans les actes solennels un élément essentiel à leur existence et l'acte qui y est sou-

---

(1) Ces solennités ne sont pas moins rigoureusement prescrites en ce qui concerne l'acceptation des donations : « La donation entre vifs n'engagera le donateur *et ne produira effet* que du jour qu'elle aura été acceptée *en termes exprès.* » Art. 932 C. C.

mis est sans effet aux yeux de la loi s'il ne le renferme pas ; il n'est pas nécessaire de l'attaquer, d'en poursuivre l'annulation, car on ne demande pas la nullité du néant, enfin comme le dit fort bien l'art. 1339, un tel acte ne sera jamais susceptible de ratification. Une restriction toutefois nous paraît ici nécessaire, si les volontés prescrites par la loi ne l'étaient pas dans un but d'intérêt public, mais n'étaient édictées qu'en faveur de certaines personnes, la confirmation serait possible de leur part, car en ce qui les concerne, l'acte ne serait pas inexistant, mais simplement annulable et c'est en effet la solution consacrée par l'art. 1340 du Code civil.

C'est donc à tort qu'on a prétendu que les actes soumis à formalités, accomplis par le mineur seul étaient frappés d'inexistence (1); ces actes sont simplement annulables pour vice de forme ; les formalités prescrites par la loi étant uniquement dans l'intérêt du mineur, lui seul a qualité pour se prévaloir de leur omission ; l'art. 1311, C. civ. ne peut d'ailleurs laisser sur ce point aucun doute; cet article suppose en effet qu'un acte *nul en sa forme*, peut être *ratifié*; or, la ratification ne saurait se comprendre en matière d'inexistence.

On a soutenu aussi que les actes accomplis par le tuteur, sans suivre les formalités prescrites par la loi (délibération du conseil de famille, homologation du tribunal, avis de trois jurisconsultes), n'étaient pas seulement *annulables*, mais *inexistants*; voici les principaux arguments invoqués à l'appui de cette solution. On a dit d'abord que le tuteur était, aux termes de l'art. 450, C.

(1) Voir en ce sens un arrêt de la Cour de Nancy : *Sirey*, 75, 2, 52.

14

civ., un administrateur pour le compte du mineur, et, qui dit administrateur de la chose d'autrui, dit mandataire et ici mandataire légal ; or, les formalités que la loi lui impose pour l'accomplissement de certains actes juridiques sont autant de conditions sous lesquelles le mandat est déféré au tuteur, s'il ne les remplit pas, il cesse d'être mandataire, son acte n'a plus, comme tel, d'existence légale (art. 1989, C. civ.). Cet argument de principes est corroboré, ajoute-t-on, par l'ancien droit, et l'on cite Bourjon (1), et Pothier (2), qui décident en cas d'aliénation d'un immeuble d'un mineur, sans suivre les formes spéciales, que le mineur en reste propriétaire et qu'il a trente ans pour le revendiquer (3).

Tout en reconnaissant la force incontestable des arguments invoqués à l'appui de cette solution, nous ne croyons pas devoir l'admettre : la règle du mandat dont on veut ici faire l'application est vraie pour le mandat conventionnel, mais nous sommes ici en présence d'un mandat légal qui trouve sa base dans l'art. 450 du C. civ., et qui ne suppose aucune espèce de conditions; peu importe que les formes prescrites par la loi aient été suivies ou non, le tuteur n'en représente pas moins le mineur, *Factum tutoris, factum pupilli ;* les formalités ne sont que des garanties spéciales *prises dans l'intérêt du mineur* qui seul peut se prévaloir de la nullité résultant de leur omission, nullité toute relative par conséquent.

---

(1) *Droit commun de la France*, distinction 2ᵉ, nᵒ 16.

(2) *Traité des personnes*, 1ʳᵉ partie, Titre VI, section 3, art. 3, § 2.

(3) V. un arrêt de la Cour de Douai du 20 mai 1870, *Sirey*, 72, 2, 1. Voyez également sous cet arrêt une note de M. Labbé. En ce sens, Duranton, T. III, nᵒ 598; Rodière, *Rev. de Légist.* T. V, nᵒ 76.

On nous oppose l'ancien droit. Nous ne saurions nier sans doute l'exactitude des citations faites ; mais, c'était là une solution particulière aux aliénations d'immeubles, un ancien souvenir du rescrit de Septime Sévère sur l'aliénation des *Prœdia urbana* ; or, chacun sait que les rédacteurs ont entendu atténuer, dans l'intérêt même des pupilles, la rigueur de la sanction admise par le droit romain, et l'on ne saurait valablement en argumenter (1).

§ III

Aptitude légale à accomplir des actes juridiques.

180. Une volonté manifestée dans les formes légales ne suffit point encore pour produire un effet de droit, il faut en effet que la loi ne l'en ait pas déclarée incapable. L'incapacité dont nous parlons ici n'est pas, qu'on le remarque bien, l'incapacité toute relative des mineurs, des interdits, des femmes mariées, c'est une inaptitude absolue à produire un effet de droit quelconque ou du moins certains effets spécialement déterminés. Ces cas étaient, nous l'avons vu, assez communs à Rome. Y a-t-il chez nous de semblables incapacités ? Elles sont, nous devons le reconnaître, fort peu

---

(1) Voyez en ce sens un arrêt de cassation du 7 mars 1876. *Sirey*, 76, 1, p. 291. — V. également Aubry et Rau, T. IV, § 339. — Marcadé, T. IV sur l'article 1304.— Larombière, *Obligations*, T. IV, sur l'article 1304, n° 46. — Solon, *Nullités*, T. II, n° 468.

nombreuses, le droit moderne ayant rangé parmi les causes d'annulabilité les principales hypothèses qui, à Rome, entraînaient l'inexistence même de l'acte, mais nous pouvons au moins en citer quelques exemples ; le plus remarquable d'entre eux se trouve dans la loi du 31 mai 1854, portant abolition de la mort civile (1) ; cette loi décide dans son article 3, que le condamné à une peine afflictive perpétuelle ne peut disposer de ses biens en tout ou en partie, soit par donation entre vifs, soit par testament, ni recevoir à ce titre ; et quelle est la sanction de cette défense ? La formule prohibitive la fait déjà suffisamment deviner, mais la loi nous l'indique elle-même indirectement en ajoutant : « Tout testament par lui fait antérieurement à sa condamnation contradictoire est *nul*. » La sanction est cette nullité d'ordre public, radicale, absolue, qui fait considérer l'acte comme non avenu.

Citons encore comme exemple d'incapacité absolue d'accomplir certains actes juridiques l'art. 1597 du Code civil qui prohibe aux juges, avocats, officiers ministériels de devenir cessionnaires des procès ou droits litigieux de la compétence de leur tribunal. Nous croyons en effet que c'est une disposition d'ordre public dont la violation entraine l'inefficacité absolue des actes accomplis ; toute personne peut se prévaloir de leur inexistence, le cédant, le cédé et le cessionnaire (2).

----

(1) V. Demolombe : *Cours de Code civil*, T. XVIII, 458 à 461. — Aubry et Rau, T. VII, p. 19, § 648.

(2) Cette solution est aujourd'hui admise par la majorité des auteurs. V. en ce sens : Duvergier T. J, n° 200. — Marcadé, *Explication du Code civil*, sur l'art. 1597. — Laurent, T. XXIV, n° 63. — Mourlon (11° édi-

La doctrine de l'inexistence trouve donc bien encore sur ce point sa consécration dans le Code, et les lois postérieures, les exemples cités suffisent pour l'établir.

§ IV

Effet de droit conforme à la loi

181. Tout acte juridique a pour *objet*, avons-nous dit, de produire un *effet de droit,* c'est-à-dire de créer, conserver, modifier ou éteindre un *rapport de droit.* Toutes ces expressions ont été par nous définies, nous n'y reviendrons pas. En principe, la loi reconnait et sanctionne, dans notre droit moderne, tous les rapports juridiques créés par la volonté des parties ; mais il y a à cette règle d'assez nombreuses exceptions et la question qui se pose à nous est de savoir si l'acte qui tend à produire un effet de droit prohibé par la loi est absolument inexistant ou s'il a, au contraire, quelque existence juridique et peut seulement être annulé. Nous n'avons certes pas l'intention de reproduire ici les longs débats auxquels a donné lieu la question de savoir quelle était en général la sanction des lois prohibitives (1) ; les premiers commentateurs du Code

tion), T. 3, p. 319. — V. cependant en sens contraire : Aubry et Rau : *Droit civil français,* T. 3, p. 329, § 359 quater. — Baudry Lacantinerie : *Précis de droit civil,* T. 3, n° 484, p. 294.

La disposition de l'art. 1596 reposant au contraire sur une question d'intérêt privé est sanctionnée par *l'annulabilité.* V. en ce sens Duranton, XVI, 139. — Zachariæ, § 351. — Troplong, 1, 194. — Aubry et Rau, T. IV, p. 349 et s., § 351.

(1) V. sur cette question : *Voet ad Pandectas,* p. 18, § 27. — *Diction-*

ont longuement discuté ce point, qui avait déjà préoccupé
nos anciens auteurs, sans parvenir à y apporter grande
lumière et cela, croyons-nous, faute d'avoir su distinguer
nettement les hypothèses où l'acte se trouve privé de
toute existence juridique de celles où il est simplement
vicié. Il ne suffit pas, comme le prétendait Dumoulin, que
la loi dise que tel acte ne peut être accompli pour que cet
acte soit considéré *ipso facto* comme impuissant à produire un effet de droit quelconque, mais il n'est pas davantage nécessaire que la loi ait expressément prononcé la
nullité de cet acte ; ces deux systèmes extrêmes dont l'un
veut voir des nullités partout et dont l'autre n'en veut au
contraire voir nulle part, ont eu leurs partisans ; nous les
croyons également faux et les principes mêmes de la théorie de l'inexistence nous paraissent seuls capables de
donner sur ce point une solution satisfaisante. Parmi les
prohibitions édictées il est facile de distinguer deux catégories ; ou bien en effet ces prohibitions se rattachent à
un principe d'ordre supérieur, d'intérêt social ou public,
ou bien elles ne sont établies que dans un but d'intérêt
privé. Qu'était-il besoin à la loi dans le premier cas de prononcer pour chaque hypothèse la peine de nullité; les actes
contraires aux bonnes mœurs ou à l'intérêt de la Société
ou de l'Etat n'ont-ils pas toujours été dans tous les temps
réduits à l'impuissance juridique ; il n'était pas nécessaire
dès lors de déclarer expressément qu'ils ne pourraient

naire du Digeste, vº Lois, p. 608. — Dalloz, *Répert.* vº nullité, p. 779,
nº 4. — Toullier, T. VII, p. 567, et T.1, p. 90. — Merlin, *Répert.* vº nullité, § 1. — Merlin, *Questions de droit*, vº nullité, p. 658. — Favart, vº
nullité, p. 744. — Aubry et Rau, T. I, p. 114, §. 35. — Biret, *Traité
des nullités*, T. I, chap. 1 et 2.

produire aucun effet; l'inexistence même dont ils sont atteints ne découle pas en effet seulement de la loi, elle est écrite dans la raison même et de tels actes sont, suivant l'expression par nous consacrée, *rationnellement inexistants* (1). Quant aux prohibitions qui ne trouvent pas leur base dans ces principes supérieurs de l'ordre social, mais qui sont dues aux décisions arbitraires du législateur elles ne pourront au contraire réduire l'acte, accompli en violation de leur défense, à un pur fait, qu'à la condition que la loi y ait nettement attaché cet effet, il ne peut plus s'agir ici d'*inexistence rationnelle* mais d'*inexistence légale*; or, l'inexistence légale est celle qui est établie par la loi et si la loi est muette ou obscure, c'est en faveur du maintien de l'acte juridique qu'il faut se déclarer, car il est de principe dans notre droit que la volonté de l'homme peut librement et efficacement se mouvoir si la loi n'apporte pas un obstacle à son activité. Les nullités ne sauraient en effet se suppléer sans les plus grands dangers.

182. On comprend ici sans peine toute l'importance pratique de la distinction par nous établie entre les actes rationnellement inexistants et les actes légalement inexistants : l'inexistence des premiers peut toujours être reconnue par les tribunaux, que la loi s'en exprime en termes formels ou qu'elle garde le silence ; l'inefficacité des seconds ne peut au contraire être déclarée par les tribunaux que sur le fondement d'un texte qui prononce

---

(1) On range d'ordinaire parmi les dispositions qui intéressent l'ordre public : les lois constitutionnelles, les lois administratives, les lois de police, les lois criminelles, les règles concernant l'état des personnes, l'autorité paternelle et la puissance maritale.

expressément que l'acte sera dépourvu de tout effet. Cette solution en ce qui concerne l'inexistence rationnelle n'est-elle pas d'ailleurs formellement écrite dans la loi, et l'art. 6 du Code civil, qui décide qu'on ne peut déroger par des conventions particulières aux lois qui intéressent l'ordre public et les bonnes mœurs, se donne-t-il la peine d'ajouter, que si de semblables conventions se produisaient, elles seraient considérées par la loi comme absolument inexistantes ? Et cependant personne ne consentira jamais à leur reconnaître quelque effet juridique, ce qui viole la loi, ce qui viole le droit ne peut s'autoriser du droit, un tel acte est hors la loi, pour elle il n'existe pas ! Il y a mieux, l'art. 6 ne nous parle que des actes contraires aux *lois* d'ordre public, faut-il en conclure que les actes qui portent atteinte à l'organisation sociale sans se heurter à aucun texte législatif ont, aux yeux du Code, une existence juridique ? Personne n'osera jamais le soutenir ; n'est-ce pas prouver jusqu'à l'évidence que l'inexistence rationnelle n'a pas besoin d'être écrite dans la loi pour que le juge puisse la prononcer ? Les rédacteurs l'ont si bien entendu aussi que dans l'article qui nous occupe ils ne nous parlent que de la violation des règles du droit positif sans nous rien dire de la violation des règles supérieures qui touchent à l'organisation sociale.

183. Cette distinction nettement établie entre l'inexistence rationnelle et l'inexistence légale, et la preuve fournie que l'inexistence rationnelle domine le droit positif tout entier, il nous faut maintenant établir que l'inexistence légale est bien reconnue dans notre droit, qu'en d'autres termes les actes accomplis en violation des

règles prescrites par le Code à peine de nullité sont bien
dans certains cas considérés par la loi comme ne pouvant
produire aucun effet, comme n'existant pas. Qu'on y
prenne garde cependant, nous n'entendons pas soutenir
que chaque fois que la loi a employé le mot nullité pour
désigner la sanction qu'elle attachait à un acte, elle a
entendu le ranger dans la catégorie des actes inexistants ;
le langage du Code est loin d'être parfait et il lui arrive
parfois de déclarer *nuls* des actes que la majorité des
auteurs s'accordent à considérer comme simplement
annulables ; tout ce que nous entendons établir c'est qu'au
moins dans un certain nombre d'hypothèses, la loi déclare
dépourvus de tout effet juridique ou, d'après notre terminologie moderne, inexistants, les actes accomplis en violation de ses principes. Nous bornerons nos exemples aux
cas sur lesquels le doute ne nous paraît pas possible.
C'est d'abord l'art. 965 qui nous dit : « Toute clause ou
convention par laquelle le donateur aurait renoncé à la
révocation de la donation pour survenance d'enfant sera
regardée comme *nulle et ne pourra produire* AUCUN
EFFET. » Citons encore les art. 1527 et 2146 et surtout
l'art. 1131 qui décide de la façon la plus nette que l'obligation sur cause illicite ne *peut avoir aucun effet*.

184. Dans un très grand nombre d'hypothèses la loi se
borne à déclarer *nul* l'acte contraire à sa prohibition (art.
896, 943, 944, 945, 1078, 1099, 1172, 1174); dans quel
sens devra-t-on prendre cette expression ? la loi veut-elle,
comme dans les articles que nous venons de rappeler dire
que ces actes sont dépourvus de tout effet, veut-elle au
contraire les déclarer simplement annulables ? La discussion complète de cette question embrasserait le compren-

taire d'une grande partie du Code civil, aussi ne songeons-
nous nullement à la présenter. Nous n'entendons pas en
effet faire ici une étude analytique ; nous tentons, on le sait,
un travail de généralisation, or, voici la règle d'interprétation à laquelle les développements qui précèdent nous
permettent, croyons-nous, de nous arrêter : s'agit-il d'une
disposition d'ordre supérieur, d'intérêt public, c'est l'inexistence même que la loi a désignée sous le nom de nullité et
c'est en ce sens que ce mot est pris dans l'art. 1172 ; s'agit-
il au contraire d'une simple disposition d'intérêt privé, la
nullité que la loi prononce n'est plus qu'une annulabilité,
car établie au profit seulement de certaines personnes, les
personnes au profit desquelles elle est établie exclusivement sont toujours en droit d'y renoncer et par conséquent
de laisser l'acte produire son plein et entier effet. Dans le
doute il faudra se prononcer dans le sens de la nullité la
moins radicale, c'est-à-dire dans le sens de l'annulabilité,
à moins qu'il ne s'agisse d'un cas où l'acte juridique est
rationnellement inexistant, cas auquel, nous le répétons,
le juge a toujours le droit, en l'absence de tout texte, de
proclamer l'inexistence de l'acte.

§ V

Des personnes qui concourent passivement à la formation des actes juridiques.

185. Tout droit quel qu'il soit suppose nécessairement un avantage existant au profit d'une personne contre
une autre ; il doit donc se trouver nécessairement, selon

nous, à la base de tout acte juridique, au moins deux individus, l'un sujet actif de l'acte, l'autre sur la tête duquel vient se former le rapport de droit et qui est en quelque sorte le sujet passif de l'acte et cela sans qu'il y ait à distinguer entre les différentes espèces de droits, ainsi que nous croyons l'avoir démontré. Il en résulte que si la personne, avec laquelle on entend s'unir par un rapport de droit, ne peut figurer dans ce rapport, l'acte ne prend pas naissance il manque en effet d'un de ses éléments constitutifs, il est inexistant ; un exemple fera sans peine comprendre toute notre pensée : je veux gratifier une personne incapable de recevoir à titre gratuit, il est certain que ma volonté restera impuissante puisqu'elle se heurtera à une impossibilité absolue. La Code a-t-il consacré cette solution de bon sens, a-t-il dans ce cas considéré l'acte comme absolument inexistant, n'a-t-il vu là au contraire qu'une cause d'annulabilité ? Il est certain que des distinctions sont ici encore nécessaires ; s'il s'agit en effet d'une disposition simplement prohibitive, il faudra appliquer les règles d'interprétation que nous avons indiquées ; mais il est des cas où le Code semble bien s'être expressément prononcé dans le sens de l'inexistence ; lisons l'art 903 : « Les docteurs en médecine ou en chirurgie, les officiers de santé et les pharmaciens qui auront traité une personne pendant la maladie dont elle meurt, *ne pourront profiter des dispositions* entre vifs ou testamentaires qu'elle aurait faites en leur faveur pendant le cours de cette maladie. » N'est-ce pas dire que ces dispositions ne produiront *aucun effet* et qu'à toute époque il sera temps de se prévaloir de leur inexistence ?

Une loi postérieure au Code, que nous avons déjà citée,

la loi du 31 mai 1854, nous fournit un nouvel exemple, elle
défend en effet au condamné à une peine afflictive perpétuelle de recevoir à titre gratuit (1) ; c'est là une disposition d'ordre public, aussi ne doit-on pas hésiter à admettre
que la disposition libérale faite au profit du condamné est
sans aucune valeur, qu'elle est inexistante.

§ VI

De l'élément matériel des actes juridiques.

186. Il y a à la base de tout acte juridique un objet
du monde extérieur à l'occasion duquel se forme le rapport de droit que l'acte juridique a pour but unique de
produire, de conserver, de modifier ou d'éteindre ; cet
élément matériel peut être soit une personne, soit une
chose ; ainsi l'émancipation, l'adoption, la reconnaissance
d'un enfant naturel, le mariage établissent, modifient ou
éteignent les droits d'une personne sur une autre ; la vente,
le louage, l'hypothèque, les conventions portent au contraire sur des choses ou sur de simples faits, ces derniers
actes ne peuvent plus, dans notre droit moderne, avoir
pour objet des personnes. Quel que soit donc l'acte que
l'on envisage, il est impossible de le concevoir sans cet
élément matériel, dont l'absence le réduirait, nous l'avons

(1) Art. 3. « Le condamné à une peine afflictive perpétuelle ne peut
disposer de ses biens, en tout ou en partie, soit par donation entre
vifs, soit par testament, ni recevoir à ce titre si ce n'est pour cause
d'aliments. »

nous-même prouvé, à une pure abstraction ; quel effet pourrait produire un droit considéré *in abstracto,* un droit en l'air pour ainsi dire, qui ne retrouverait aucun objet sur lequel il pût reposer.

La raison nous commande donc de voir dans cet élément matériel une des conditions essentielles de tout acte juridique et de considérer en conséquence comme absolument inexistant l'acte dans lequel il fait défaut. Il nous sera facile ici encore de démontrer que le Code a consacré pleinement la doctrine de l'inexistence ; la matière de la vente nous en fournit plusieurs preuves : c'est d'abord l'art. 1592 qui nous dit : Le prix peut cependant être laissé à l'arbitrage d'un tiers : si le tiers ne veut ou ne peut faire l'estimation, *il n'y a point de vente.*— Et pourquoi n'y a-t-il pas de vente ? parce que le prix, l'un des deux éléments matériels nécessaires à tout contrat de vente, fait absolument défaut. C'est encore l'art. 1587 qui déclare que pour les ventes d'objets, que l'on est dans l'usage de goûter, *il n'y a pas de vente* tant que l'acheteur ne les a pas goûtés et agréés, jusque là en effet il n'y a pas d'élément matériel. Mais il est impossible de s'expliquer en termes plus formels que ne le fait l'art. 1601. « Si au moment de la vente la chose vendue était périe en totalité, la vente serait nulle, » et la fin même de l'article prouve clairement que par vente nulle la loi entend ici parler d'une vente dépourvue de tout effet juridique.

187. Nous nous sommes proposé uniquement, on s'en souvient, de prouver que si le Code n'avait pas présenté sous une forme générale la distinction des actes inexistants et des actes annulables, il l'avait du moins consacrée dans de nombreux textes par des applications fort logiques ; nous croyons avoir atteint le but que nous poursuivions, on ne saurait sérieusement soutenir en effet en présence de textes qui nous disent si nettement que tel acte *ne pourra produire effet,* qu'il est considéré comme *non avenu,* que dans les hypothèses par eux prévues, le Code n'a entendu établir que de simples causes d'annulabilité.

188. Nous devons reconnaître toutefois que s'il existe dans le Code civil de nombreux textes à l'appui de la solution que nous soutenons, il en est d'autres qui permettent dans une certaine mesure d'élever contre notre doctrine des objections qu'il est de notre devoir d'examiner maintenant.

Et d'abord, pourrait-on-dire, il est un grand principe qui domine toute notre législation, c'est que nul ne peut se faire justice à soi-même. Ce principe dans son incontestable vérité n'est-il pas la condamnation la plus certaine de notre doctrine. Ne semble-t-il pas que dès qu'il faut nécessairement recourir à la justice, il n'y a plus que subtilité à établir une distinction entre de prétendus actes inexistants et des actes simplement annulables ; l'action, qui dans un cas comme dans l'autre sera nécessaire, ne peut être, dira-t-on, qu'une action en nullité ; or peut-il y avoir plusieurs espèces d'actions de ce genre? Je me suis engagé sur une fausse cause à vous transférer la propriété d'un de mes immeubles et j'ai en effet exécuté mon obligation, puis je m'aperçois de mon erreur, je reconnais que c'est à tort que je me suis obligé, que par conséquent mon obligation était dépourvue de tout effet, je demande à être remis en possession de mon immeuble ; ou bien j'ai aliéné cet immeuble en temps d'incapacité et je veux, comme c'est mon droit, faire rentrer cet immeuble dans mon patrimoine, quelle différence, dira-t-on, peut-il y avoir entre les deux actions que j'intente? et cependant dans le premier cas il y a, selon nous, un acte inexistant et dans le second un acte simplement annulable; est-ce que dans les deux hypothèses je ne demande pas au tribunal de déclarer que l'acte ne peut produire aucun effet? quelle différence dès lors peut-on faire entre deux actions qui tendent au même but? Cette objection, élevée le plus souvent par des praticiens, ne résiste pas au moindre examen. On nous demande d'établir entre les deux cas une différence pratique, de montrer qu'il ne s'agit pas dans le premier d'une action en nullité; rien ne nous est plus facile : dans le premier cas l'acte, avons-nous dit, est absolument dépourvu d'effet juridique, par conséquent il n'a pu faire passer la propriété du bien aliéné sur la tête de l'*accipiens;* celui qui l'a livré en est donc demeuré propriétaire et l'action qu'il intente pour en recouvrer la possession n'est donc autre que *l'action en revendication* elle-même, action qui par conséquent ne se prescrira que par trente ans. Dans la deuxième hypothèse, l'acte accompli en état d'incapacité existe, il produira donc tous ses effets jusqu'au jour où les tribunaux *en prononceront l'annulation* et notamment la propriété se fixera sur la tête de l'*accipiens*, ce n'est donc plus une action en revendication qui est intentée, mais bien cette fois *une action en nullité*, soumise elle non plus à la prescription trentenaire, mais anéantie par l'expiration d'un laps de dix ans.

Ne nous laissons pas d'ailleurs tromper par la forme sous laquelle se présente l'objection qui nous est faite; l'importance pratique de notre distinction apparaîtra plus

pleinement encore si nous supposons que chacun des
deux actes juridiques entre lesquels nous établissons un
parallèle est resté sans exécution. Dans ce cas, en effet,
bien différente sera la situation de celui à la charge
duquel il n'existe qu'une apparence d'obligation et celle
de l'individu tenu en vertu d'un acte seulement annulable.
Le premier, en effet, n'aura pour se défendre qu'à imposer
à celui, qui poursuivra contre lui l'exécution de l'acte, la
preuve de la formation entre eux d'un lien de droit et par
conséquent la charge d'établir que l'obligation dont il se
prévaut, a une cause réelle ; son rôle, par conséquent,
sera purement passif et on comprend sans peine en pratique l'avantage d'une semblable situation ; l'incapable
au contraire, dans l'exemple que nous avons choisi,
devra, pour arrêter les poursuites dirigées contre lui,
devenir à son tour demandeur dans l'instance et justifier
sous forme d'exception de son état d'incapacité au
moment de l'accomplissement de l'acte, il jouera donc
aux débats un rôle actif, *reus excipiendo fit actor*. On
comprend déjà à ce seul point de vue, la différence qui
existe entre sa situation et celle de l'auteur d'un acte
inexistant ; mais un abîme se creuse vraiment entre les
deux espèces d'actes si l'on admet avec la majorité des
auteurs que l'exception de nullité, à laquelle nous venons
de faire allusion ne peut être invoquée que pendant dix
ans, car on sera toujours en droit au contraire, à quelque
époque que ce soit, d'opposer l'inexistence de l'acte.

Donc, qu'on se place au point de vue de l'action comme
au point de vue de l'exception, peu importe, une différence profonde sépare l'inexistence de la simple annulabilité, et le reproche de se livrer à des spéculations

théoriques pures adressées parfois aux partisans de notre doctrine par quelques praticiens est bien peu justifié.

189. La deuxième objection qu'on peut formuler contre notre théorie n'est plus empruntée, comme la première, aux principes généraux qui dominent notre législation, mais au texte même du Code civil, à l'art.1304. Cet article est conçu, dit-on, dans les termes les plus généraux et soumet indistinctement toutes les actions en nullité à une règle unique, que la nullité soit relative, ou ait lieu de plein droit, peu importe ; c'est donc qu'aux yeux de la loi il n'y a aucune distinction à faire entre les nullités ; d'ailleurs, vous êtes amené, nous dit-on, dans votre théorie à reconnaître que ce mot est pris par la loi, dans certains articles, comme synonyme d'inexistence; or, si par ce même mot la loi a désigné toutes ces nullités dif-férentes, n'est-ce pas évidemment que pour elle elles sont toutes soumises aux mêmes règles, qu'il est inutile par conséquent de les distinguer dans la terminologie elle-même, autrement n'eut-il pas été bien facile au législa-teur de trouver des expressions qui puissent nettement établir la distinction proposée. — Deux réponses peu-vent être faites à cette objection; l'une est tirée des travaux préparatoires, l'autre de la place même occupée par l'article 1304.

Pour ce qui concerne les travaux préparatoires, nous les avons examinés d'une façon suffisamment complète pour qu'il nous soit permis de nous borner à rappeler que les rapports présentés et les discours faits sur l'art. 1304 ne laissent aucun doute sur la pensée du législateur. N'avons-nous pas vu en effet les orateurs insister à maintes reprises sur la distinction à faire entre les actes qui n'ont que l'apparence d'actes juridiques et les actes qui peuvent être annulés et déclarer expressément que les articles de la Section VII se réfèrent uniquement aux actes annulables et rescindables, mais n'ont trait en aucune façon aux actes dépourvus de toute existence juridique; nous ne pouvons d'ailleurs que renvoyer sur ce point aux développements que nous avons précédemment donnés.

La pensée de la loi n'est-elle pas d'ailleurs clairement indiquée par les textes mêmes ? ne voyons-nous pas en effet l'art. 1234 ranger l'action en nullité parmi les modes d'*extinction* des obligations? n'est-ce pas nous dire de la façon la plus certaine que l'action en nullité est réservée aux seules obligations qui ont une existence juridique? car on n'éteint pas une obligation qui n'existe pas, on n'annule pas le néant ! Qu'on ne prétende donc pas que l'art. 1304, par la généralité de ses termes, embrasse toutes les actions en nullité, et que la nullité soit de celles que nous qualifions d'inexistence ou qu'elle rentre dans la simple annulabilité, les travaux préparatoires et les textes mêmes sont en opposition trop formelle avec cette solution ; aussi cette prétendue objection n'est entre nos mains qu'un argument nouveau en faveur de notre théorie.

190. Une troisième objection, en apparence plus spécieuse, a été formulée contre la doctrine de l'inexistence(1); elle est déduite de l'art. 502 du Code civil : « L'interdiction ou la nomination d'un conseil aura son effet du jour du jugement. Tous actes passés postérieurement par l'interdit, ou sans l'assistance du conseil, seront nuls de droit. »

---

(1) Elle a été développée dans un arrêt de la Cour de Cassation de Belgique du 12 juillet 1855. — *Pasicrisie*. 1855, I, 336.

Il est rare, nous dit-on, de trouver dans le Code civil une nullité proclamée avec plus de force et si l'inexistance est reconnue quelque part dans la loi, c'est bien certainement dans cet article. Or, si nous rapprochons de l'art. 502 l'art. 1304, nous voyons que les actes de l'interdit sont considérés comme simplement annulables; n'est-ce pas par conséquent la preuve que les actes que nous avons qualifiés d'inexistants ne sont en définitive qu'annulables et soumis comme tels aux règles des art. 1304 et suivants. L'erreur de cette argumentation est manifeste; elle se trouve à la base même du raisonnement; pourquoi en effet veut-on prendre l'expression *acte nul de plein droit* comme synonyme d'acte inexistant? Est-il besoin en effet de faire remarquer que par là la loi n'entend dire qu'une chose, c'est que lorsqu'un acte a été accompli postérieurement à l'interdiction il suffira, à celui qui voudra le faire tomber, de rapprocher sa date de celle du jugement prononçant l'interdiction; si ce rapprochement montre que l'acte est postérieur au jugement, il triomphera *sans avoir d'autre preuve à fournir:* voilà quel est le sens de cette expression: l'acte sera *nul de plein droit* et personne parmi les partisans de notre doctrine ne considèrera jamais comme inexistant l'acte accompli par un interdit par cela seul qu'il a été accompli en état d'interdiction. L'acte d'un interdit, en effet, ne sera absolument *privé d'existence juridique* que lorsqu'il aura été accompli dans un moment de folie, parce qu'alors seulement la volonté fera absolument défaut chez son auteur et toutes les fois qu'on pourra fournir cette preuve, ce n'est plus seulement l'*annulation* de l'acte qu'on pourra obtenir, mais on sera en droit de faire constater son *inexistence* et il en résultera notamment cette importante conséquence pratique que tout le monde pourra opposer cette inexistence, tandis que seul l'incapable aura qualité pour se prévaloir de l'annulabilité qui résulte du seul fait de l'interdiction.

Il est facile d'ailleurs d'apercevoir à quelle nécessité pratique est venu répondre l'art. 502 C. civ.; la preuve de la folie au moment de l'accomplissement de l'acte eut été le plus souvent fort difficile à faire, aussi le législateur a-t-il décidé que l'homme habituellement en état de démence pourrait, par jugement, être déclaré incapable et que les actes accomplis par lui depuis ce moment pourraient être annulés sans qu'on ait à prouver la folie; la preuve à fournir était dès lors facile, mais l'effet obtenu était moindre; le Code a eu recours à une sorte de forfait; mais cette disposition, toute dans l'intérêt de l'incapable, n'empêche en aucune façon les intéressés de prouver que l'acte a réellement été accompli en état de démence et qu'il est à ce titre inexistant. On le voit encore, cette prétendue objection n'est pour nous qu'un moyen nouveau de mettre nettement en lumière, pour une hypothèse spéciale, la différence profonde qui sépare l'inexistence de l'annulabilité.

191. Comment d'ailleurs dans le système qui ne veut voir partout que de simples cas d'annulabilité, peut-on rendre compte de tous les textes que nous venons de citer et qui établissent d'une façon si certaine qu'il est des actes dépourvus de tout effet juridique? Ils ne peuvent certes pas être *annulés* ceux-là, puisque, par la force même de la loi, ils sont impuissants à produire un effet de droit quelconque; or, qu'est-ce, nous le demandons, qu'un acte qui ne produit aucun effet, si non un acte qui aux yeux de la loi n'existe pas, un acte inexistant?

Comment admettre en outre que le Code ait rejeté une distinction qui certainement était faite dans nos anciens auteurs, une distinction qui a été si nettement exposée à plusieurs reprises dans les travaux préparatoires et que la raison impose avec une aussi grande autorité ? Car enfin qui consentira jamais à mettre sur la même ligne l'acte accompli par l'enfant qui agit sans discernement ou par le fou et l'acte que l'homme sain d'esprit fait sous l'empire du dol par exemple; l'acte accompli par un homme frappé par la loi d'une inaptitude absolue et l'acte fait par un simple incapable ; l'acte défendu comme contraire à l'ordre public et l'acte contraire à l'intérêt privé, l'acte sans objet et l'acte dont l'objet est seulement atteint d'un vice redhibitoire ?

Dans la théorie qui prétend que l'action en nullité s'applique aussi bien aux actes inexistants qu'aux actes annulables, on ne peut, si l'on veut être logique avec soi-même, échapper à certaines conséquences qui condamnent le système tout entier. Cette action en nullité se prescrira le plus souvent par dix ans, de sorte que le temps seul pourra faire de rien quelque chose et qui plus est quelque chose de monstrueux, de contraire au droit : que dix ans se soient écoulés et nous verrons des actes contraires à l'ordre public devenir inattaquables, des engagements contractés en état de démence considérés comme parfaits. Il y a mieux, cette prescription de dix ans nous ne pourrons logiquement l'appliquer, sans en reconnaître en même temps le principe, or, on sait qu'elle repose sur une *confirmation tacite ;* eh bien ! n'en faut-il pas naturellement conclure que si la confirmation tacite est possible, la *confirmation expresse* l'est aussi et on arrive ainsi à reconnaître à la volonté humaine le pouvoir de faire produire effet au néant. Où peut-on s'arrêter d'ailleurs dans les conséquences de ce système ? N'aboutirait-on pas logiquement à reconnaître qu'une confirmation expresse peut rendre inattaquable un acte contraire à la loi ? car si cet acte est simplement annulable, pourquoi ne pourrait-on le confirmer comme tout autre quand le vice qui l'infecte a disparu ? On a peine à croire qu'on puisse admettre des principes qui conduisent à de telles conséquences !

192. Quant à nous, nous n'hésitons pas à déclarer, en présence de la tradition, des travaux préparatoires et du texte même de la loi, que le Code civil a connu et appliqué la distinction des actes sans existence juridique et des actes annulables, les uns dépourvus de tout effet, les autres au contraire susceptibles de produire toutes leurs conséquences habituelles tant que leur annulation n'est pas demandée à l'autorité compétente.

CHAPITRE IV

Distinction des actes inexistants et des actes annulables
dans la doctrine et la jurisprudence

I

DOCTRINE DES AUTEURS

193. La distinction de l'inexistence et de l'annulabilité des actes juridiques, pressentie par nos anciens
auteurs, appliquée par le Code civil, ne s'est nettement
dégagée dans la science du droit que dans le siècle même
auquel nous appartenons et si nous étudions les auteurs
contemporains les plus justement célèbres, nous sommes
bien encore obligés de reconnaître que si leur doctrine
présente une incontestable supériorité sur l'ancien droit,
du moins il n'est pas encore un seul d'entre eux qui ait
tenté d'exposer cette théorie sous une forme générale
et vraiment scientifique. La plupart se contentent d'en
faire l'application à la matière des conventions et de
nous indiquer quels sont, dans un contrat, les éléments
essentiels à son existence, quels sont ceux au contraire simplement requis pour sa validité ; mais pourquoi

se placer à un point de vue aussi restreint ? pourquoi ne pas s'élever de l'espèce au genre? Le *contrat* n'est en effet qu'une espèce d'*acte juridique*, pourquoi ne pas essayer dès lors de nous faire connaître les éléments constitutifs de cet acte juridique ? nous montrer dans quels cas il n'a, en droit, aucune existence, dans quels cas au contraire il est simplement annulable. L'analyse de l'acte juridique n'est sans doute pas chose facile et nous ne prétendons nullement l'avoir présentée sous sa forme véritable, mais qu'au moins la science du droit aborde franchement le problème! elle en a résolu de bien plus difficiles sans doute et il n'en est pas, selon nous, dont la solution soit appelée à jeter sur le droit tout entier une plus vive lumière, à permettre même à l'intelligence de mieux embrasser, dans une vue d'ensemble, toute la législation.

194. Mais si nous ne trouvons nulle part dans les auteurs modernes une théorie générale de l'inexistence des actes juridiques, du moins la voyons-nous parfois admise avec netteté dans l'étude de tel ou tel acte juridique déterminé et notamment en ce qui concerne le mariage et les conventions en général; c'est une supériorité incontestable qu'ont les ouvrages les plus récents sur les commentaires des premiers auteurs qui ont écrit sur le Code civil et qui eux laissaient complètement dans l'oubli cette distinction fondamentale.

195. Zachariæ est, croyons-nous, le premier qui ait nettement formulé la distinction des actes inexistants et des actes annulables et MM. Aubry et Rau ont su la mettre pleinement en lumière en adoptant franchement une terminologie capable de ne laisser, sur le sens même de la distinction, aucune espèce de doute ; l'expression de *nul-lité absolue*, que les anciens auteurs employaient, nous l'avons vu, pour désigner parfois les actes que la loi considère comme de purs faits, était amphibologique et inexacte, la nullité absolue ne se confondant en aucune façon avec l'inexistence même ; la nullité absolue en effet c'est si l'on veut ce que nous avons appelé l'*inexistence légale*, elle doit être écrite dans un texte. Il y a donc eu un mérite réel de la part de ces auteurs de nous donner enfin des expressions qui permissent d'éviter toute confusion.

Il est difficile d'ailleurs de nous faire mieux comprendre ce que c'est que l'inexistence et l'annulabilité qu'ils ne le font eux-mêmes. « L'acte qui ne réunit pas les éléments de fait que suppose sa nature ou son objet, et en l'absence desquels il est logiquement impossible d'en concevoir l'existence, doit être considéré non pas simplement comme nul, mais comme non avenu. Il en est de même de l'acte qui n'a pas été accompagné des conditions et des solennités indispensables à son existence, d'après la lettre ou l'esprit du droit positif. L'inefficacité de pareils actes est indépendante de toute déclaration judiciaire. Elle ne se couvre ni par la confirmation, ni par la prescription. Il appartient à tout juge de la reconnaître même d'office (1). » On ne peut en présence de principes si nettement exposés qu'exprimer le regret de voir les savants auteurs laisser leur pensée dans le vague et ne pas nous indiquer, par une analyse approfondie, quels sont au moins les éléments constitutifs nécessaires à l'exis-

(1) Aubry et Rau, Droit civil français, 4ᵉ édition, T. I, p. 119, § 37.

tence de l'acte juridique en général, sauf à nous faire connaître ensuite, au début de l'étude de chacun des actes pris isolément, quels sont en outre pour cet acte pris isolément les éléments constitutifs qui lui sont propres.

A plusieurs reprises, dans le cours de leur ouvrage, MM. Aubry et Rau insistent sur l'importance de la distinction des actes inexistants et des actes annulables; c'est ainsi que dans le paragraphe qu'ils consacrent aux obligations susceptibles de confirmation (1), ils trouvent à faire une nouvelle application de leur principe et décident en effet qu'on ne peut confirmer les obligations qui sont à considérer comme non avenues et ils citent pour exemple les obligations sans cause, sur une fausse cause ou sur une cause illicite, l'obligation de fournir des intérêts usuraires et les engagements résultant de traité secret en matière de cession d'offices. Ce n'est là d'ailleurs que la consécration de la théorie expressément admise par les travaux préparatoires et reconnue par la plupart des premiers commentateurs du Code (2).

Mais c'est surtout sur l'art. 1304 que Zachariæ et MM. Aubry et Rau à sa suite, exposent clairement leur doctrine. Voici en effet comment débute le paragraphe qu'ils consacrent aux actions soumises à la prescription décennale : « Pour la saine application de cet article, disent-ils, il faut, avant tout, distinguer les actes simplement sujets à annulation ou à rescision, de ceux qui sont considérés comme non avenus. La prescription de dix ans

----

(1) Aubry et Rau, Droit civil français, § 337, 1° — T. IV, p. 262.
(2) Voyez notamment Duranton, XIII, 271. — Merlin, *Répertoire* V°
Ratification, n° 9.

ne s'applique qu'aux actes de la première espèce, elle est complètement étrangère à ceux de la seconde, dont l'inefficacité absolue peut être proposée en tout temps par ceux auxquels on les oppose (1). »

196. M. Demolombe a donné, sur la distinction qui nous occupe, d'importants développements dans diverses parties de ses œuvres ; c'est ainsi que dans le Tome III de son Cours de Code civil, il consacre un paragraphe aux mariages nuls ou non existants et se déclare, dès les premières lignes, partisan de la distinction (2) : « J'admets d'abord, dit-il, la distinction entre le mariage nul ou non existant et le mariage existant, mais seulement annulable. » Puis il examine si cette distinction est exacte, quels en sont les effets et à quels cas elle s'applique; il n'hésite pas à répondre affirmativement à la première question et déclare que l'art. 146 du Code civil la consacre expressément ; quant aux effets attachés à chacune de ces deux espèces d'actes, ils sont fort différents, nous dit l'auteur, et il déduit très nettement les principales conséquences de l'inexistence du mariage (3). Mais après avoir posé les vrais principes avec une très grande sûreté, il semble redouter les innovations qu'entraîne comme conséquences la théorie admise ; voici en effet comment il termine ce paragraphe premier : « Il faut appliquer ces principes avec mesure, avec discernement, sans les pousser toujours jusqu'à leurs conséquences extrêmes, de manière enfin à ne pas introduire dans le Code civil une théorie absolue qui n'a certai-

---

(1) Aubry et Rau, T. IV, § 339, 1° page 271.
(2) Demolombe, *Cours de Code civil*, T. III, n° 240, p. 378.
(3) Demolombe, T. III, p. 381, n° 241.

nement pas été la sienne et qui y produirait des résultats
tellement contraires à son intention qu'il les aurait, je n'en
doute pas, expressément désavoués s'il avait pu prévoir
qu'on les lui attribuerait. » Tant de netteté dans les principes et d'apparente incertitude dans les applications peut
surprendre dans une œuvre comme celle dont nous discu-
tons la solution ; mais la réserve et la timidité même, que
montre l'auteur, n'ont rien de surprenant, si l'on se souvient qu'à l'époque où il écrivait, notre doctrine n'avait pas
encore reçu les développements qu'elle a atteints depuis.
D'ailleurs pris en lui-même, le conseil de Demolombe est
toujours sage ; il n'y aurait pas une moins dangereuse
erreur à voir partout des cas d'inexistence, qu'à ne voir
dans toutes les hypothèses que des causes d'annulabilité et le
commentateur, dans le doute sur la question de savoir s'il
est en présence d'un élément essentiel à l'existence d'un acte
juridique ou d'un élément simplement nécessaire à sa validité ne doit pas hésiter à se prononcer en faveur de l'existence, car il faut toujours, c'est une règle d'interprétation
que nous empruntons au Code lui-même et que nous ne faisons que généraliser, adopter la solution qui permet à
l'acte de produire quelque effet.

Ce n'est pas là d'ailleurs la seule partie de ses œuvres
dans laquelle le savant professeur pose les règles de notre
distinction ; il la rappelle très justement en effet au début
de l'étude des vices du consentement où il nous dit qu'il
importe avant tout de distinguer deux hypothèses différentes : 1° celle où aucun consentement n'a été donné ;
2° celle où le consentement, qui a été donné, se trouve entaché d'un vice quelconque, ces hypotèses sont, ajoute l'auteur, très différentes, dans la première, en effet, le contrat

est nul c'est-à-dire n'a pu se former : « il est même plus que nul, il est inexistant, c'est un pur fait (1). »

197. Marcadé consacre la même solution (2). Il y a une grande différence, nous dit-il, entre un acte nul et un acte annulable : « l'acte nul est celui qui n'a aucune existence aux yeux de la loi, en sorte qu'il ne peut jamais être ratifié ni validé par quelque moyen que ce soit : on ne peut pas en effet confirmer, fortifier ce qui n'existe pas. » Les développements que l'auteur donne à sa pensée sont dignes d'attention, malheureusement il n'attache pas à la question de terminologie une importance suffisante et se borne à désigner l'inexistence par l'expression *nullité proprement dite* qu'il oppose aux termes *annulation* et *rescision*.

198. Le même langage défectueux et fertile en confusions se rencontre dans le Cours de Code civil de M. Colmet de Santerre ; comme les précédents auteurs, le savant professeur distingue avec soin les actes dépourvus de toute efficacité et les actes simplement annulables. Quoiqu'il en soit d'ailleurs de la forme employée par lui pour exprimer sa pensée, il n'est pas douteux qu'il consacre notre théorie ; après avoir clairement fait comprendre que l'action en nullité ou en rescision de l'art. 1304 est propre aux obligations qui ont une existence juridique, il ajoute : Il ne faut pas confondre cette action avec la faculté ouverte à toute partie intéressée d'invoquer *une nullité proprement dite,* en d'autres termes une nullité de plein droit (3). » Il importe donc de distinguer une convention nulle ou plus

---

(1) Demolombe, *Cours de Code civil*, T. XXIV.

(2) Marcadé, *Explication du Code civil*, T. II, p. 6, Note sur l'art. 146.

(3) *Cours analytique de Code civil*, par Demante, continué par Colmet de Santerre, tome V, nº 261, *in fine*, p. 492.

généralement un acte nul de la convention ou de l'acte quelconque qui donne seulement lieu à une action en nullité ou en rescision. L'acte nul est un simple fait qui n'a point d'existence légale et que ne peut dès lors confirmer ni le laps de temps, ni aucun fait approbatif, car le néant n'est pas susceptible de confirmation. L'auteur ajoute que le plus souvent, même dans cette hypothèse, il faudra recourir à la justice, mais ce ne sera pas pour poursuivre l'annulation de l'acte, puisque cet acte n'existe pas et qu'aucun effet n'est à craindre de sa part, mais « pour y agir et procéder précisément comme si l'acte n'existait pas (1). » L'acte contre lequel la loi admet seulement l'action en nullité ou en rescision est valable au contraire jusqu'à l'attaque et susceptible d'être confirmé par approbation ou exécution volontaire ; bien plus, le temps seul suffit pour faire disparaître le vice qui l'infecte (2).

199. M. Laurent, dans ses Principes de droit civil, a fait de notre théorie de nombreuses applications, notamment à la matière du mariage (3), à la reconnaissance des enfants naturels (4), à l'adoption (5), aux délibérations des conseils de famille (6), aux donations (7), aux testaments (8) et aux contrats (9). Ces applications nombreuses auraient pu faire espérer une théorie d'ensemble sur cette impor-

(1) *Cours analytique*, tome V, n° 262, p. 472 et 493.
(2) Voyez également le n° 262 *bis*.
(3) *Principes de droit civil*, tome II, p. 341, 355, et p. 430 et 447.
(4) Laurent, *op. cit.*, tome IV, p. 95 et 109.
(5) *Op. cit.*, tome IV, p. 311 et 325.
(6) *Op. cit.*, tome IV, p. 590 et 605.
(7) *Op. cit.*, tome XII, p. 278.
(8) *Op. cit.*, tome XIII, p. 506.
(9) *Op. cit.*, tome XV, p. 509, n° 450 s.

tante matière, malheureusement M. Laurent a vu dans
l'art. 1108 le siège de la doctrine de l'inexistence et il se
borne, comme ses devanciers, à rechercher quels sont les
éléments essentiels à l'existence des conventions alors qu'il
aurait eu pleine autorité, semble-t-il, pour s'élever au-
dessus de ce point de vue restreint et déterminer les éléments constitutifs non pas seulement de cette espèce d'actes
juridiques qu'on appelle la convention, mais de l'acte
juridique lui-même, considéré *in genere*. Il n'y avait plus
qu'un pas à franchir pour donner enfin à la théorie de
l'inexistence sa véritable forme scientifique et générale,
mais ce pas, le professeur de Gand n'a pas essayé de le
faire et qu'il nous soit permis de le comprendre, quelque
progrès qu'il ait fait réaliser à notre doctrine, dans le reproche commun que nous adressons à tous les auteurs qui
ont jusqu'ici écrit sur le Code civil ; il a manqué sur ce
point de vue d'ensemble, ce n'est pas en effet, comme il
paraît le croire, l'art. 1108 qui est le siège de la matière,
c'est au début même d'un cours de Code civil que doit se
placer la distinction de l'inexistence et de l'annulabilité des
actes juridiques.

200. Nous avons dit que les auteurs les plus récents,
qui ont écrit sur le Code civil, n'échappent pas à ce reproche et nous citerons notamment la dernière édition que
nous a donnée M. Demangeat des *Répétitions écrites* de
Mourlon ; la distinction sans doute y est nettement faite
pour quelques hypothèses particulières ; sans doute l'auteur nous explique, notamment en ce qui concerne les
conventions, qu'il faut distinguer les éléments essentiels
à l'existence, d'autres simplement nécessaires à la validité ; mais pourquoi, nous le répétons, borner cette étude

à un point aussi restreint et pourquoi, au début même du commentaire ne pas rechercher, dans une analyse scientifique, ce que c'est exactement que *cet acte juridique* dont le nom revient si souvent sous la plume de l'auteur, sans que le sens en soit jamais précisé nulle part ? (1).

201. Le dernier commentaire du Code civil que nous ayons aujourd'hui est dû aux soins de M. Baudry-Lacantinerie ; il date d'un an à peine. Cet auteur n'a pas, lui non plus, réalisé le dernier progrès qui doit mettre le sceau, croyons-nous, à la théorie de l'inexistence et lui donner enfin une forme vraiment scientifique et simple (2).

L'œuvre n'est donc pas achevée ; un grand principe scientifique n'est nettement compris de tous, en effet, qu'autant qu'on se place, pour l'expliquer, à un point de vue suffisamment élevé pour que l'œil puisse en embrasser d'un seul coup toute l'étendue ; il n'y a d'idées véritablement fécondes et sûres que les idées générales et c'est cette idée générale qui manque encore à notre doctrine et cette idée générale, nous ne saurions trop le répéter, car le fond même de notre étude n'a pas d'autre but, d'autre prétention que de la mettre en lumière, elle sera acquise, croyons-nous, du jour où l'analyse de l'acte juridique aura été faite, du jour où les éléments constitutifs communs à tous les actes juridiques auront été nettement déterminés ; le principe alors se dégagera clairement et permettra de discerner sans peine pour chaque acte pris isolément quels sont, en dehors de ces éléments constitutifs généraux, les éléments constitutifs qui lui sont propres.

(1) V. Mourlon, *Répétitions écrites*, T. II, p. 814.
(2) V. *Précis de Droit civil*, par Baudry-Lacantinerie, T. II, p. 782.

202. La théorie de l'inexistence n'a pas encore été l'objet d'une monographie, mais la matière des nullités a donné, dans ce siècle même, naissance à trois ouvrages importants que nous ne saurions passer sous silence. Ne semble-t-il pas en effet que la distinction qui fait l'objet de notre étude dût s'imposer en première ligne aux auteurs qui ont écrit sur cette question ? Cependant ils n'ont pas su s'élever, ni les uns, ni les autres, au-dessus de cette théorie incomplète dont nous avons vu les auteurs des grands cours faire l'application imparfaite.

203. Le premier des traités auxquels nous venons de faire allusion fut publié en 1816 par M. Perrin (1); il doit être, en ce qui justement nous concerne, l'objet d'une sévère critique. M. Perrin n'a pas su en effet prendre pour base même de son étude, la distinction de l'inexistence et de l'annulabilité sans laquelle un traité des nullités, fût-il dû à l'esprit le plus juridique, ne sera jamais qu'une série de dispositions éparses sans suite et sans vue d'ensemble. Aussi l'œuvre de M. Perrin, où l'on trouve, nous devons le reconnaître des solutions de détail fort exactes et nettement présentées et qui révèle d'ailleurs chez son auteur une vaste érudition et une connaissance solide du droit romain et de notre ancien droit français, ne jette qu'une très faible lumière cependant, sur la théorie des nullités. N'est-ce pas en effet faute d'avoir bien compris les principes que nous développons que cet auteur arrive à poser comme règle que : à très peu d'exceptions près les nullités n'ont pas lieu de plein droit et que « en général un acte

---

(1) *Traité des nullités de droit en matière civile.* — Lons-le-Saunier, 1816.

est censé valable tant qu'il n'a pas été annulé par les tribunaux. » Sans doute M. Perrin sent que le principe ainsi posé est trop général, qu'il comporte des restrictions, de là des réticences dans les formules qu'il emploie et le vague qui se retrouve dans toute son œuvre. On ne peut cependant, semble-t-il, mieux débuter, au au point de vue spécial qui nous occupe, que ne le fait M. Perrin : « La nullité d'un acte, nous dit-il, est la *non existence* de cet acte aux yeux de la loi (1). » On croirait l'auteur en possession d'une doctrine certaine de l'inexistence, mais l'illusion tombe vite : « Les causes principales des nullités, ajoute-t-il, en effet, aussitôt, sont au nombre de trois : 1° la nature de la chose ou du fait qui est l'objet de la disposition ; 2° le défaut de volonté et *l'incapacité personnelle des individus qui y figurent ;* 3° l'irrégularité de l'acte dans sa forme. » Toutefois qu'on comprenne bien notre critique : nous ne saurions reprocher à M. Perrin qu'une chose c'est de n'avoir pas assez nettement mis sa pensée en lumière, ou même de l'avoir laissée dans une complète obscurité, car la lecture de son ouvrage nous a permis de nous convaincre qu'il n'a pas complètement méconnu la distinction des actes dépourvus d'existence et des actes annulables, comme le suppose la critique beaucoup trop amère que lui adresse M. Guy dans *Thémis* (2);

(1) *Traité des nullités*, chap. 1, p. 37.
(2) *Thémis*, T. 1, p. 411 : « Pour faire un bon Traité sur cette matière, il était indispensable d'avoir, avant tout, parfaitement reconnu à quoi tiennent les difficultés qu'elle présente, et c'est précisément ce que M. Perrin n'a que très imparfaitement senti. On retrouve dans son ouvrage la même confusion qui règne, à cet égard, dans le livre de la loi : — sous une apparence de vérité, il embrasse réellement un double objet, et c'est sans doute faute de s'en être rendu compte à lui-même, que l'auteur n'a jeté sur son sujet qu'une médiocre lumière ; — chaque partie de son plan atteste cette confusion. »

M. Perrin n'a voulu, croyons-nous, étendre son étude qu'aux seuls cas de *nullité absolue* de *nullité de droit* comme l'indique le titre même de son ouvrage, et non aux cas d'annulabilité et c'est ce que M. Guy ne semble pas avoir aperçu, il en est d'ailleurs excusable en présence de l'obscurité qui devait forcément résulter de l'absence complète de toute idée générale au début de la matière.

204. En 1821 un nouveau traité des nullités était livré au public par un juge de paix de la Rochelle, M. Biret; nous n'entendons nullement nier le mérite de cette œuvre, citée aujourd'hui encore avec déférence par nos meilleurs auteurs, mais nous ne pouvons nous empêcher de reconnaître qu'il y règne, en ce qui concerne la distinction des actes qui n'ont pas d'existence juridique et de ceux qui sont seulement annulables les plus regrettables confusions. M. Biret embrasse dans son traité un nombre beaucoup trop considérable de points de vue ; il s'occupe à la fois des nullités de fond et de forme et le discours préliminaire qu'il place en tête de son ouvrage semble réserver à ces dernières nullités une place prépondérante. L'auteur a toutefois l'incontestable mérite d'avoir essayé de dégager dès le début de son traité la distinction qui nous occupe ; il constate avec raison, quoique d'une manière trop vague, que les Romains reconnaissaient des actes sans existence juridique et que notre jurisprudence française les opposait aux actes simplement annulables; cette partie de son étude nous paraît trop importante pour n'être pas reproduite : « Ce peuple célèbre, nous dit-il, en parlant du peuple romain, avait établi des nullités d'un autre genre, qui n'étaient ni d'ordonnance, ni de coutume, elles résultaient au contraire de l'essence même des actes dont l'effet s'opérait *ipso jure*, sans jugement improbatif. Ainsi l'acte fait sans pouvoir ni attribution, l'acte essentiellement privé des formalités consacrées à son existence, le défaut de volonté, l'incapacité des personnes, et d'autres causes semblables, faisaient réputer les actes comme non écrits *ou non existants*, quoique la nullité n'en fût pas prononcée par la loi et aucune partie n'osait en réclamer l'exécution devant les magistrats. Nous reconnaissons aussi ces espèces de nullité. Les anciennes ordonnances les coutumes, la jurisprudence des Parlements, celle des Cours et les Codes nouveaux ont fortement tracé ces vices majeurs, qui frappent les titres fondamentaux des actions, qui s'appliquent aux absences de cause ou matière, aux défauts d'attributions, aux clauses qui blessent les bonnes mœurs ou dérogent aux lois et à une foule d'autres objets qui intéressent l'ordre public. » Malheureusement l'auteur perd bientôt de vue ces principes que ses connaissances historiques lui avaient un instant fait entrevoir avec clarté : « Parmi ces nullités, ajoute-t-il en effet, il en est d'absolues et de relatives. » Ici la confusion est complète et si tant est que l'auteur ait nettement compris la distinction que nous proposons, il faut avouer qu'il l'a bien vite perdue de vue ; la division des nullités en nullités absolues et nullités relatives n'est plus pour lui qu'une subdivision de ces nullités qui dans le droit romain faisaient réputer les actes non écrits *ou non existants*. Peut-on à deux pages d'intervalle présenter des idées plus contradictoires, l'absolu devient en effet le relatif; l'erreur est à son comble ! Il est vrai qu'une citation de Dunod le ramène plus loin à la véritable distinction (1)

(1) *Traité des nullités*, T. I, p. 32.

et il nous montre clairement que seule l'annulation doit être *prononcée* par le juge, que seul l'acte annulable peut être ratifié ; mais c'est à peine s'il consacre une page à ce point fondamental de la théorie des nullités ; il revient bien vite à l'examen des nullités de procédure sur lesquelles ses connaissances pratiques l'engagent toujours à s'arrêter.

Lorsqu'il arrive au chapitre III de son traité, M. Biret perd de vue encore une fois la distinction qu'il avait un instant entrevue ; ce chapitre est consacré aux nullités des conventions dérogatoires aux lois et contraires aux bonnes mœurs, or, voici quelle est sur ce point sa doctrine : dans la convention on ne peut rien stipuler d'illicite ou de contraire aux mœurs, sans qu'il en résulte des nullités de droit qui frappent sur l'essence même de la convention et et la détruisent sans retour. Jusque-là rien que de parfaitement correct en apparence, mais M. Biret précise ainsi sa pensée : « De telles nullités s'opéraient *ipso jure* chez les Romains, mais en France il a toujours été nécessaire de les faire *prononcer* par les tribunaux. Si le magistrat s'aperçoit que la convention illégale a porté préjudice à l'une des parties au bénéfice de l'autre, il peut, en l'*annulant*, ordonner la restitution du bénéfice indûment reçu (1). » Toutes les fois qu'une citation de l'ancien droit ramène l'auteur à une idée nette de la distinction, il l'aperçoit, la constate et l'applique, mais lorsqu'il perd de vue la doctrine ancienne il tombe de nouveau dans la confusion et l'erreur et arrive bientôt à considérer comme entachées de nullité absolue les conventions infectées de dol,

(1) *Traité des nullités*, T. I, p. 49.

d'erreur ou de violence, parce qu'*elles dérogent plus ou
moins à l'ordre public*. « Le dol *anéantit* le consentement
surpris et par suite la convention, *qui ne peut exister*
sans un consentement libre. » Peut-on répondre plus victorieusement à ceux qui prétendraient nier la valeur
scientifique et pratique de la doctrine que nous essayons
de dégager sous une forme générale, qu'en leur opposant
les solutions véritablement inacceptables auxquelles les
meilleurs esprits peuvent être conduits faute de l'établir
sûrement.

Aussi, lorsque M. Biret aborde le commentaire de
l'art. 1108, ne fait-il pas la distinction, aujourd'hui admise
par tous les commentateurs, entre les conditions essentielles
à l'existence des conventions et celles qui sont simplement
nécessaires pour leur validité (1), et il confond notamment les cas où l'erreur entraîne le défaut absolu de consentement et ceux au contraire où elle ne fait que le vicier ;
il tente à ce sujet avec le droit romain et l'ancien droit
français un rapprochement dont l'exactitude est fort douteuse (2). Plus loin, l'auteur consacre une courte section à
l'action en nullité des contrats (3), mais, c'est en vain
qu'on y cherche l'indication des actes qui peuvent être
attaqués par cette voie et de ceux qui échappent au contraire à l'action en nullité ; même silence lorsqu'il arrive à
la confirmation ; de sorte que les principes assez nettement posés au début même de l'ouvrage paraissent complètement oubliés par l'auteur quand il aborde les points

(1) T. I, p. 328.
(2) T. I, p. 332, *in fine*.
(3) T. I, p. 350.

où se plaçaient naturellement les développements qu'il devait leur donner ; mais que la date même à laquelle ce traité fit son apparition soit la principale excuse de son auteur ; à cette époque en effet, la science juridique ne fournissait encore, sur la question qui nous occupe, que des données bien imparfaites.

205. Le traité publié sur le même sujet en 1835, par M. Solon a réalisé sur ce point d'incontestables progrès (1). La distinction des actes dépourvus de toute existence juridique et des actes simplement annulables est connue de l'auteur, personne ne peut le nier, on en trouve la trace dans de fort nombreux passages de son ouvrage. Dès son chapitre premier où il nous présente la division des nullités, il sépare les nullités absolues et les nullités relatives et en cela il ne fait que reproduire dans ses termes mêmes la distinction de nos anciens auteurs et comme eux il insiste pour montrer que les nullités absolues « *réduisent l'acte à un pur fait ;* elles sont si graves, dit-il, qu'elles dégagent les parties de leurs promesses respectives. » L'inexactitude de ce dernier membre de phrase est toutefois évidente, car il n'y a pas à parler de dégager les parties de leurs promesses, puisqu'en réalité il n'y a ni promesses, ni engagements. M. Solon nous cite comme exemples de nullités absolues celles qui sont attachées à la violation des lois dont l'intérêt public est le principal motif, celles qui résultent de l'omission des formalités prescrites et celles qui dérivent de l'absence de cause, ce sont, on le voit, toujours les classiques exemples de l'ancien droit (2).

---

(1) *Théorie sur la nullité des conventions et des actes de tous genres en matière civile*, par M. V.-H. Solon — 2 vol. in-8, Paris 1835.

(2) *Loc. cit.*, T. I, n° 9, p. 5.

L'auteur ajoute même que cette distinction des nullités absolues et des nullités relatives est essentielle (1), mais il ne nous indique pas les motifs de son importance et se borne sur ce point à quelques considérations trop générales.

La division qu'il établit entre les nullités de plein droit et les nullités par voie d'action lui permet encore de faire allusion aux nullités qui sont la conséquence d'un vice apparent ou réel qui a *empêché l'acte ou le contrat de se former* et le réduit *ad non esse*; mais ce passage lui-même est sujet à critiques, l'auteur y fait quelques erreurs d'application.

206. On pourrait croire qu'après avoir établi la disdinction des nullités absolues et des nullités relatives, M. Solon a pris pour base de son traité cette division fondamentale; il n'en est rien et c'est ce qui peut autoriser ses lecteurs à craindre qu'il n'en ait pas aperçu toute la réelle importance, car il lui préfère, sans hésiter, une autre division sans intérêt véritable : la division en nullités qui donnent lieu à l'action en nullité proprement dite et nullités qui donnent lieu à l'action en rescision ; de sorte qu'il se trouve contraint de réunir dans une même section deux choses absolument différentes : les causes de nullité proprement dite et les causes de simple annulabilité et nous voyons ainsi étudiés, dans le même paragraphe, le défaut absolue de volonté et la simple incapacité du mineur, de la femme mariée et de l'interdit. Un semblable vice de méthode ne peut conduire qu'à la confusion et l'auteur parait tout le premier en être victime au début du chapitre

(1) *Loc. cit.*, T. I, n° 10, p. 6.

qu'il intitule : Par quelles voies doit-on faire déclarer les nullités (1), quand il nous dit : « Lorsqu'un acte ou une convention sont *nuls ou annulables*, la partie, à qui appartient le droit de proposer la nullité, *doit* agir par *voie d'action principale*. » Or, nous le savons, quand un acte est nul, et par là M. Solon entend l'acte inexistant, il n'y a pas d'action en nullité à intenter et si celui qui veut se prévaloir de l'inexistence joue dans l'instance, qui pourra s'introduire en cas de constestation devant les tribunaux, le rôle de demandeur, ce n'est pas comme demandeur en nullité qu'il agit, il se contente en effet de déduire les droits qui lui ont toujours appartenu en faisant par conséquent abstraction de l'acte même qu'on veut lui opposer et dont il n'a pas lui-même à se préoccuper, puisque c'est un pur néant.

207. M. Solon n'est-il pas encore victime de son vice de méthode et du vague qu'il laisse sur certains points flotter dans son esprit, quand il nous dit *qu'il n'y a pas de différence entre les conventions rescindées et les conventions nulles ;* que l'effet est absolument le même (2) ? et par conventions nulles l'auteur entend bien ici à la fois les conventions entachées d'une nullité radicale ou inexistantes et les conventions simplement annulables, puisqu'il les oppose aux conventions *rescindables*. Il semblerait donc que, dans un cas comme dans l'autre, il fallût une action en nullité et que l'annulation de l'acte dût être prononcée par le juge. Ce qui nous fait craindre en outre que l'auteur n'ait commis sur ce point une véritable erreur

(1) *Op. cit.*, T. I, p. 281, n° 416.
(2) *Op. cit.*, T. II, p. 62.

c'est que dans la suite de ce chapitre il nous cite des
hypothèses dans lesquelles l'*annulation* ne peut remettre
les parties dans leur situation primitive et prend pour
exemple le cas où la cause d'une obligation est illicite
de la part de tous les contractants, c'est-à-dire une hypothèse où l'acte est bien certainement inexistant. Ce que
nous critiquons ici d'ailleurs, ce n'est pas l'exactitude
même de la solution, mais la manière de la présenter
comme une exception au principe que l'*annulation* remet
les parties dans leur situation primitive, car il ne peut
s'agir dans ce cas d'annulation.

208. Lorsque l'auteur étudie dans son chapitre XV
quelles obligations peuvent être cautionnées, il revient
très franchement aux vrais principes en déclarant que les
obligations *valables* peuvent seules être cautionnées.
« Dans le langage ordinaire de la loi, l'obligation non
valable, ajoute-t-il, est celle *qui ne produit aucun lien,
aucune action, aucune exception* (1) ; qui, en un mot, est
dépourvue de toute existence légale. » De pareils engagements ne sont rien, ils ne peuvent être dès lors valablement cautionnés, rien de plus exact, malheureusement
l'auteur ajoute et *du moment que leur nullité est déclarée,
le cautionnement n'existe plus ;* ici, il y a, au moins dans
l'expression, et, nous le craignons bien, dans la pensée
même de l'auteur, une véritable erreur, car l'inexistence
du cautionnement d'une obligation, dépourvue elle-même
de toute existence légale, est absolument indépendante de
la prétendue déclaration de nullité dont il est parlé et
qui elle-même ne se produit pas. Le cautionnement n'ayant

(1) *Op. cit.*, T. II, p. 231, n° 267.

existé dans ce cas à aucune époque ne saurait *cesser d'exister*. Qu'il y a loin de ce langage incorrect à la solution si nette et si précise de la loi romaine. *Si sub impossibili conditione stipulatus sim, fidejussor adhiberi non potest.*

209. Mais les vrais principes reprennent encore une fois tout leur empire dans l'œuvre de M. Solon quand il se demande quels actes peuvent être confirmés ou ratifiés (1). Il nous dit alors clairement qu'on ne peut confirmer ou ratifier que ce qui a réellement existé, quoique manquant de force ; qu'on ne peut ratifier que les actes contre lesquels la loi admet l'action en nullité ou en rescision. « Un acte frappé d'une nullité de *non existence*, ajoute-t-il, une convention viciée dans une de ses conditions essentielles, un contrat solennel qui n'est pas fait en forme, *ne produisent point d'action, ne peuvent être ratifiés*, ils doivent être refaits. *Quod nullum est non potest confirmari.* » Il y a loin de ces principes nettement déduits aux inexactitudes que nous avons relevées dans d'autres parties de l'ouvrage, mais, nous ne saurions trop le répéter, pourquoi M. Solon, s'il a réellement été en possession des véritables principes, n'a-t-il pas essayé de se placer à un point de vue plus élevé ? Pourquoi se borne-t-il à poser la distinction sans la développer et pourquoi persiste-t-il à se restreindre à la matière même des conventions ? Son traité, si l'on en croit le titre, a une portée beaucoup plus générale ; c'est de l'acte juridique lui-même considéré en général qu'il fallait avant tout parler et M. Solon ne l'a pas fait. Sans doute, nous devons lui savoir gré

(1) *Op. cit.*, T. II, n° 334, p. 292.

d'avoir l'un des premiers montré clairement qu'il importait de distinguer les actes non existants des actes simplement imparfaits, mais cherche-t-il seulement à nous dire dans quel cas un acte sera inexistant ? Nous donne-t-il quelque part l'énumération des conditions essentielles à l'existence, pose-t-il seulement des règles qui nous permettent de les découvrir ? Son œuvre est certainement ce qui a été écrit de meilleur sur les nullités, mais elle est au-dessous des progrès aujourd'hui réalisés par la science du droit ; pour que la lumière se fasse enfin sur cette difficile matière, il faut abandonner la distinction surannée de la nullité et de la rescision, que M. Solon a prise bien à tort pour base de son travail, et lui substituer hardiment la distinction de l'inexistence et de l'annulabilité.

II

JURISPRUDENCE

210. La distinction des actes non existants et des actes annulables est écrite dans la raison même et domine toute chose ; aussi, devait-elle de bonne heure fournir aux tribunaux de nombreuses applications pratiques. La jurisprudence française l'a depuis longtemps formulée en termes précis et appliquée de la façon la plus judicieuse à un certain nombre d'hypothèses ; mais elle donne encore elle-même preuve d'incertitude et de timidité. C'est là la conséquence inévitable d'une théorie incomplète, d'un principe, dont on comprend sans doute l'importance, mais

qui ne se présente pas encore sous une forme suffisamment générale et absolue, pour lever tous les droits,
mettre fin à toutes les hésitations; en un mot sur ce point,
la jurisprudence a suivi pas à pas la doctrine, mais elle
n'a pas essayé de la devancer ; ce n'est pas d'elle d'ailleurs qu'il faut attendre une théorie générale de l'inexistence, car la nature même de ses décisions la contraint
à ne donner jamais que des solutions d'espèces. Quoiqu'il
en soit, elle n'en a pas moins le mérite d'avoir nettement
reconnu l'importance de cette doctrine et d'avoir par ses
décisions particulières ouvert la porte à de nouveaux progrès ; nous aurons même à constater sur ce point la supériorité de notre jurisprudence française sur la jurisprudence
belge qui refuse aujourd'hui encore d'appliquer ces principes dictés par la raison et qui trouvent dans le Code
même leur expression la plus certaine. Qu'on nous permette de faire un rapide examen des principales décisions
judiciaires qui ont trait à la matière qui nous occupe ;
cette étude offrira pour nous l'avantage de bien faire
saisir l'importance pratique de notre distinction et pré-
parera ainsi la voie à l'examen doctrinal que nous allons
faire de ce dernier point de notre sujet.

§ I

Jurisprudence de la Cour de Cassation.

211. La Cour suprême a été plusieurs fois appelée à
se prononcer sur la question qui nous occupe et toujours
elle l'a fait avec une grande netteté. Le premier arrêt que

nous citerons est du 8 novembre 1842(1); il refuse de considérer le pacte sur succession future comme simplement annulable, pour y voir une convention contraire à l'ordre public et aux bonnes mœurs et comme telle frappée d'inefficacité absolue. La Cour en tire cette conséquence pratique que la prescription décennale, établie par l'art. 1304 C. civ., ne saurait être opposée à celui qui se prévaut de l'inexistence de cet acte, car l'action ou l'exception auxquelles, il a, dans ce cas, recours, ne ressemblent en rien à l'action en nullité. M. l'avocat-général Laplagne-Barris, trompé par la solution de Toullier, soutenait que le pacte sur succession future se trouvait au contraire confirmé tacitement, conformément à l'art. 1304 du Code civil par l'expiration d'un laps de dix ans, c'était la négation absolue du système de l'inexistence; la Cour n'a pas hésité à rejeter ses conclusions et avec raison. « Attendu, dit-elle, qu'aux termes de l'art. 6 du Code civil, on ne peut déroger par des conventions particulières aux lois qui intéressent l'ordre public ou les bonnes mœurs; attendu que les art. 791, 1130 et 1600 C. civ., qui prohibent les stipulations sur successions futures, sont d'ordre public; — Attendu que l'art. 1304 C. civ., ne s'applique point au cas où il s'agit de nullités radicales et d'ordre public, que les actes d'aliénation de droits éventuels à la succession d'une personne vivante sont considérés par la loi *comme n'existant pas, comme ne pouvant avoir aucun effet légal...* rejette (2). »

(1) Sirey, 1843, 1, 33.—Voyez sous cet arrêt une note résumant l'état de la doctrine et de la jurisprudence à cette époque.

(2) Voyez l'espèce rapportée en entier dans Dalloz: *Jurisprudence générale*, V° Obligations, n° 2866 p. 640 et s.

212. Il est difficile d'appliquer avec plus de sûreté la théorie de l'inexistence que ne le fait la Cour d'Aix dans un arrêt du 2 juin 1840, confirmé par la Cour de Cassation. Un frère a vendu à son frère ses droits dans la succession paternelle ; le père mort, l'acheteur se met en possession de la succession ; plus de dix ans s'écoulent, puis celui, qui a ainsi aliéné ses droits, forme contre son frère une demande en partage, le défendeur y répond en opposant à la fois et la cession qui lui a été faite et la prescription décennale de l'art. 1304. La Cour d'Aix accueille la demande en partage en se fondant notamment sur ce que l'acte de cession produit par le défendeur est contraire aux dispositions des articles 791 et 1130 et comme tel entaché d'une nullité absolue et d'ordre public, comme violant une prohibition de la loi : « la conséquence en est, ajoute la Cour, que de tels actes *ne peuvent jamais acquérir l'existence que la loi leur refuse* et que nuls dans le principe, ils ne peuvent être validés ni par une nouvelle convention des parties, ni par l'effet du temps. » Le vice originaire dont est atteint l'acte, ne peut disparaître par suite d'aucun événement.

213. Un arrêt de la Cour de Cassation du 14 novembre 1843 statue dans le même sens (1), mais consacre encore à un autre point de vue la théorie de l'inexistence, en déclarant impuissant à produire un effet de droit quelconque un acte solennel dont les formalités ont été omises ou, ce qui revient au même, qui aurait été déguisé sous la forme d'un autre acte non solennel.

---

(1) Dalloz, *Jurisprudence générale*, V. Dispositions entre vifs et testamentaires, n° 1684, note 4, p. 532.

214. Citons encore en ce qui concerne les pactes sur succession future un arrêt du 11 novembre 1845 qui reconnaît également que la prescription de l'art. 1304 du Code civil ne saurait confirmer tacitement un tel pacte, car, dit la Cour suprème, une semblable stipulation est radicalement nulle et doit en conséquence être réputée n'avoir jamais été consentie ; elle ne peut devenir valable par la prescription décennale *établie pour des conventions qui ont un principe d'existence aux yeux de la loi* (1).

215. Le 1er mai 1855, la Cour faisait l'application de sa doctrine aux opérations d'une industrie nouvelle alors : les agences matrimoniales et déclarait non existante, comme ayant une cause illicite, l'obligation de payer à un tiers une certaine somme stipulée à forfait pour le cas où, à la suite de ses démarches, celui qui s'est obligé, aurait contracté mariage avec telle personne déterminée. « Attendu en droit, dit la Cour Suprème, que l'obligation fondée sur une cause illicite *ne peut avoir aucun effet* et que la cause est illicite quand elle est contraire aux bonnes mœurs ou à l'ordre public comme quand elle est prohibée par la loi (1131 à 1133 C. civ.) ..... » (2).

216. Un arrêt du 15 décembre 1873 déclare de même, avec une grande netteté, quoique incidemment, que l'obligation qui a une cause illicite ou immorale ne peut jamais servir de base à une demande en justice, puisqu'en droit elle n'a aucune existence et ne peut produire aucun effet.

(1) Sirey, 45, 1. 785. Il paraît bien résulter d'un récent arrêt du 13 mai 1884, que la Cour Suprème a entendu consacrer l'opinion qui n'autorise pas la ratification, après l'ouverture de la succession, des pactes sur succession future. (Sirey, 84, 1, 336).

(2) Sirey, 55, 1, 337. — Voyez sous cet arrêt une note et le rapport de M. le conseiller Laborie.

Cet arrêt toutefois admet comme une conséquence de ce fait, que si cette obligation dont la cause est illicite a été exécutée, le *tradens* ne peut demander devant les tribunaux le remboursement de ce qu'il a indûment payé. Ne semble-t-il pas que la Cour se met ainsi en contradiction avec elle-même? N'est-ce pas faire produire en effet à une obligation illicite ou immorale que de refuser à celui qui l'a exécutée, le droit de revenir sur son exécution. De deux choses l'une, en effet, ou bien l'obligation n'a pas d'existence juridique et elle ne peut alors produire aucun effet, quelle que soit la considération invoquée, car il ne peut rien résulter du néant, ou bien elle est susceptible de quelque efficacité et alors pourquoi ne pas permettre d'en poursuivre l'exécution, comme on maintient cette exécution une fois accomplie? Il y a, répond on, dans cette objection, une erreur évidente ; en refusant en effet à celui qui a exécuté une obligation immorale le droit de revenir sur cette exécution, la Cour de Cassation n'attribue pas à l'obligation elle-même la puissance de produire une conséquence juridique quelconque, elle se contente d'interdire l'accès du prétoire, et c'est son droit, à un individu qui devrait pour justifier sa demande invoquer l'immoralité de l'obligation par lui souscrite et exécutée et c'est ce que la justice a toujours le devoir de refuser d'entendre. « *Ubi autem et dantis et accipientis turpitudo versatur non posse repeti dicimus* (1). » Cette solution bien que traditionnelle et consacrée par les meilleurs auteurs, laisse cependant quelque doute dans notre esprit ; celui qui agit en répétition dans ce cas n'a pas à faire lui-même la preuve

(1) L. 3 Dig. *de condictione ob turpem vel inj. causam*, XII, 5.

17

de sa faute, il se borne à réclamer un paiement fait indûment, paiement que l'autre partie reconnait elle-même
avoir reçu, c'est notre hypothèse ; son adversaire seul
est amené à se prévaloir du contrat intervenu (art. 1376
C. civ.) et s'il s'en prévaut, ce n'est pas au demandeur à
prouver que la cause du contrat est immorale et illicite,
mais bien à son adversaire à établir que cette cause est
morale et licite comme il doit justifier de tous les autres
éléments constitutifs du contrat. D'ailleurs quoi qu'on en
puisse dire, cette solution donne plus complètement satisfaction à la raison et à l'équité et les partisans de l'autre
système le reconnaissent si bien eux-mêmes, que dans certaines hypothèses et notamment en ce qui concerne les
contre-lettres en matière de cession d'offices, ils admettent
la répétition si elles ont été exécutées et cela uniquement
parce que l'ordre public est en jeu, or il n'est pas plus
compromis dans ce cas que dans tout autre, il faudra donc
toujours admettre la répétition (1).

217. La Cour de Cassation a fait dans ces dernières
années l'application de la doctrine de l'inexistence aux
donations faites à des congrégations religieuses non autorisées ; elle reconnait qu'une telle donation ne saurait
avoir d'existence juridique puisqu'elle ne repose sur la
tête de personne, une congrégation non autorisée n'existant pas au point de vue de la loi (2). Cet arrêt est accompagné,dans le recueil de Sirey,d'une note fort remarquable
sur l'application de la théorie de l'inexistence à la matière

(1) La Cour de cassation semble aujourd'hui se ranger à cet avis.
V. notamment un arrêt du 11 février 1884.— Sirey, 84, 1, 263.
(2) Sirey, 79, 1, 313.

spéciale sur laquelle statue la Cour. L'arrêt de 1879 présente d'ailleurs un autre intérêt, nous aurons plus tard à revenir sur ce point ; il déclare en effet que la prescription trentenaire de l'art. 2262 doit être appliquée à toute action tendant à se prévaloir de l'inexistence, mais cela, nous dit la Cour : « *Sans que la prescription ainsi établie ait pour effet de donner à la convention prohibée une existence légale* (1).

218. Le 15 juillet 1878 la Cour reconnaissait de nouveau l'inexistence d'un contrat basé sur une cause illicite ou immorale (2). Un homme avait été attiré chez une femme mariée par des manœuvres concertées entre cette femme et son mari; surpris par le mari, il avait été menacé, séquestré et obligé de faire une donation de ses biens aux époux qui lui avaient tendu ce piège ; l'acte de donation avait été reçu par un notaire dans le lieu même de la séquestration; la Cour de Bordeaux d'abord et la Cour de Cassation ensuite, considérèrent avec raison cet acte, non seulement comme annulable pour cause de violence, mais comme inexistant à raison de sa cause illicite (art. 1131 Code civ.). La solution est exacte, mais on peut contester que ce soit vraiment cet art. 1131 qui doive ici recevoir son application ; n'est-ce pas en effet, dans l'espèce, confondre le motif même de la donation et sa cause, qui consiste uniquement on le sait, dans l'intention libérale, abstraction faite des motifs qui l'ont déterminée ? L'art. qui devait dans ce cas, croyons-nous, recevoir son application est l'art. 6 du Code civil qui prohibe d'une façon gé-

(1) Sirey, 79, 1, 318, 3ᵉ colonne.
(2) Sirey, 79, 1, 393 et la note.

nérale toutes les conventions qui dérogent à l'ordre public.
Quoi qu'il en soit des motifs invoqués, la solution est
certaine, l'acte est inexistant et la Cour en tire dans l'espèce cette conséquence fort importante que l'exécution
volontaire de cette donation ne permet pas d'opposer une
fin de non-recevoir au demandeur, car rien ne peut couvrir l'inexistence de l'acte.

§ II

Jurisprudence des Cours d'appel

219. Les Cours d'appel ne consacrent pas d'une façon
moins formelle la distinction de l'inexistence et de l'annulabilité ; parcourons très rapidement quelques-uns des
arrêts les plus importants rendus sur cette matière.

Le 2 juin 1840 la Cour d'Aix était appelée à se prononcer sur la validité d'un pacte successoire ; un sieur
Bernard Veyan avait acheté de son frère Pierre ses droits
dans la succession non ouverte de leur mère ; le contrat
après le.décès de la mère avait reçu son exécution et plusieurs années après Pierre Veyan avait intenté une action
en partage contre son frère ; Bernard lui opposa le contrat
intervenu entre eux et en outre la prescription décennale
de l'art. 1304 ; la Cour rejeta l'un et l'autre moyen en se
fondant sur ce que un tel pacte est contraire aux dispositions des art. 791 èt 1130 et se trouve ainsi entaché d'une
nullité absolue et d'ordre public. « Qu'étant ainsi établi

que ces pactes violent une prohibition d'ordre public, la conséquence en est *qu'ils ne peuvent jamais acquérir l'existence que la loi leur refuse* et que nuls dans le principe, ils ne peuvent être validés *ni par une nouvelle convention des parties, ni par l'effet du temps* (1). »

220. Quelques années plus tard la Cour de Montpellier ayant à statuer sur une disposition à titre gratuit, faite au profit d'un établissement religieux, légalement existant, par personne interposée, la déclarait *radicalement nulle*; l'interposition de personne ayant pour but d'éluder la nécessité de l'autorisation gouvernementale sans laquelle de tels actes sont dépourvus de toute efficacité. « Considérant, dit la Cour, que l'acte dont il s'agit, quel que soit son caractère, faisant fraude à la loi dans une matière essentiellement d'ordre public, est par cela même frappé d'une nullité radicale et ne *saurait produire aucun effet* (2). »

221. Puis c'est la Cour d'Alger qui déclare l'inexistence d'une donation qui n'a été acceptée qu'après le décès du donateur et permet en conséquence au donataire lui-même de se prévaloir de l'inexistence de l'acte (3).

222. Le 2 mai 1860 la Cour de Besançon se prononçait sur une question analogue et donnait une solution identique en déclarant *sans effet* une donation acceptée par acte séparé, et dont l'acceptation n'avait pas été notifiée du vivant du donateur (4).

223. La Cour d'Angers, par un arrêt du 24 août 1865 a fait une intéressante application de la théorie de l'inexis-

(1) Dalloz, V° *Succession*, n° 621, note 3.
(2) Dalloz 1855, 2, 114.
(3) Dalloz 1856, 2, 40.
(4) Dalloz 60, 2, 195, v. également Dalloz, 61, 2, 196.

tence aux engagements provenant de marchés fictifs ou jeux de bourse, en déclarant que ces engagements étant contraires à l'ordre public ne pouvaient être ratifiés. On ne peut en effet ratifier que les actes simplement *annulables* et les engagements dont il s'agit sont entachés d'une nullité radicale, ils n'existent pas aux yeux de la loi (1).

224. A une époque bien plus récente la Cour de Rennes a rendu un arrêt fort important par lequel elle déclare que l'acte accompli sous l'empire de l'ivresse complète *ne se forme pas faute de consentement.* « Considérant, dit la Cour, que dans ces circonstances la raison du demandeur était trop oblitérée pour lui permettre de donner un consentement quelconque et que l'acte par lui souscrit est non seulement entaché de dol et de fraude, mais vicié dans son *essence même...* (2) »

225. Enfin le 25 juin 1884, la Cour de Paris déclarait dépourvue de tout effet juridique la vente de la clientèle d'un médecin, *pour défaut absolu d'objet*, cette clientèle étant le produit du choix libre et de la confiance des intéressés et n'étant pas dans le commerce ; la Cour reconnaît en conséquence les billets souscrits par l'acquéreur exclusifs de toute convention licite et comme tels dépourvus de toute efficacité (3).

(1) Dalloz, 66, 2, 212.
(2) Arrêt du 6 juin 1881 — Sirey, 1882, 2, 23.
(3) Sirey, 84, 2, 176.

§ III

Jurisprudence des tribunaux étrangers

226. Dans la plupart des pays soumis aux lois civiles qui nous régissent en France, les tribunaux ont également consacré la distinction de l'inexistence et de l'annulabilité, et notamment dans la Prusse Rhénane (1), le grand duché de Luxembourg (2) et l'Italie.

C'est ainsi qu'un arrêt de la Cour de Turin du 19 mars 1810 déclare que le testament, dont les formes ont été omises, est absolument sans existence légale : « *il ne peut jamais figurer devant la loi comme un acte de dernière volonté* (3). »

227. Un arrêt tout récent de la même Cour fait de notre solution une curieuse application aux agences matrimoniales et déclare nulle, comme ayant une cause illicite l'obligation contractée par une personne de payer à un tiers une certaine somme d'argent pour le cas où ce tiers réunissait à lui procurer un mariage à sa convenance (4).

228. La jurisprudence belge a cependant plusieurs fois méconnu la distinction des actes inexistants et des actes annulables ; c'est ainsi que dans un arrêt de rejet du

(1) Cologne, 23 octobre 1852, *Journal du Palais* 1853, p. 126.

(2) Luxembourg, 22 février 1844, *Belgique judiciaire*, 1845, p. 11.

(3) Merlin, Répertoire, Vᵒ *Testament*, Section 2, § 1, art. IV, nᵒ 3, p. 289

(4) Sirey 1884, 4ᵉ partie, p. 20—V. dans le même sens : Paris 11 janvier 1884, Sirey 84, 2, 132, et Nîmes 18 mars 1884, Sirey 84, 2, 100.

12 juillet 1855 la Cour de Cassation de Belgique a décidé
que la prescription de dix ans était applicable à l'action en
nullité qui résulte du pacte successoire (1). La Cour de
Gand, à une époque beaucoup plus récente, a consacré la
même solution (2). Remarquons cependant que dans des
hypothèses différentes, la jurisprudence belge se trouve,
comme malgré elle, obligée de reconnaître qu'on ne peut
assimiler les actes annulables et les actes inexistants ; c'est
ainsi qu'elle a plusieurs fois refusé toute action aux engagements sur cause illicite en disant que la justice n'avait pas
à s'occuper de pareils traités (3). Disons enfin que la Cour
de Bruxelles a nettement appliqué la doctrine de l'inexistence aux libéralités faites aux congrégations religieuses
non autorisées, en refusant d'accueillir la fin de non-recevoir tirée de l'exécution même de ces libéralités, aucun
événement ne pouvant donner la vie juridique à de tels
actes (4).

APPENDICE

229. Il est une matière cependant à laquelle la jurisprudence française elle-même a jusqu'ici refusé d'appliquer la distinction des actes inexistants et des actes annu-

(1) *Pasicrisie*, 1855, 1. 336. — Voir la critique de cet arrêt dans Laurent, *Principes de droit civil français*, tome XVIII, p. 588, n° 577 et
tome XIX, p. 18.

(2) *Belgique judiciaire*, 1873, p. 1511.

(3) Arrêt de la Cour de Bruxelles du 14 février 1859. — Gand, 19 juin
1873, *Pasicrisie*, 1873, 2, 341. — Voyez l'examen doctrinal de ces deux
arrêts dans Laurent, *Principes de droit civil français*, tome XVI, p. 218
et tome XVIII, p. 282.

(4) *Pasicrisie*, 1872, 2, 187. — Voir Laurent, tome XI, p. 249.

lables, c'est la matière du mariage. Les décisions de la
Cour de Cassation remontent, il est vrai, sur ce point, à
une époque déjà éloignée, elle n'a pas été appelée en effet
à se prononcer sur cette question depuis 1814, mais elle ne
tardera pas sans doute à en être saisie de nouveau. Un
arrêt tout récent de la Cour de Bordeaux (1) proclame nettement qu'*il n'y a pas à distinguer entre les mariages
inexistants, dont l'inexistence pourrait être invoquée par
tous les intéressés et les mariages nuls pour lesquels l'action en nullité appartient seulement à ceux auxquels la
loi l'a conférée; toutes les causes d'inexistence et de nullité donnent lieu, suivant la Cour, à une même action qui
n'est recevable que de la part des personnes et dans les cas
déterminés par la loi.* On ne peut se mettre plus nettement en opposition sur ce point spécial avec la doctrine
des auteurs le plus justement célèbres (2).

Cette décision particulière de la jurisprudence mérite
d'attirer notre attention; l'étude rapide que nous allons
entreprendre de cet arrêt aura pour nous l'immense avantage de faire apercevoir clairement les lacunes qui existent
encore dans la théorie de l'inexistence.

Quel est en effet le point de départ de cet arrêt, on peut
l'indiquer en quelques mots : il n'y a pas chez nous de
nullité *de plein droit* et *les actes même infectés de nullité
absolue et d'ordre public conservent tous leurs effets tant*

(1) Du 25 juin 1884. — Cet arrêt est rapporté dans Sirey, 1884,
2, 201.
(2) Voir Zachariæ, Massé et Vergé, tome I, p. 165.— Marcadé, t. I,
p. 450 s. — Demante, *Cours de Code civil*, tome I, n° 207. — Aubry et
Rau, tome V, p. 6, § 451.—Demolombe, *Mariage*, tome I, n°ˢ 239 à 242.
— Laurent, *Principes de droit civil*, tome II, n°ˢ 295, 437, 440. — Fu-
zier Hermann, *Code civil annoté*, art. 180.

qu'ils n'ont pas été annulés ; le législateur a voulu débar-
rasser les tribunaux de la distinction entre les mariages
nuls et les mariages inexistants, aussi a-t-il confondu
dans la même action toutes les causes d'inexistence et d'an-
nulabilité ; et comme en matière de mariage surtout il n'y
a de nullités que dans les limites mêmes des textes, un
mariage ne peut être attaqué que lorsqu'il rentre dans un
des cas prévus par l'art. 180 et suivants.

230. Nous reconnaissons fort bien sans doute, avec
les auteurs de l'arrêt, qu'en matière de mariage les nullités
sont purement littérales et qu'un tribunal ne saurait en
prononcer en dehors du texte même de la loi ; mais ce
dont nous ne sommes pas moins certain, c'est qu'en dehors
de ces cas de nullité ou plus exactement de ces cas d'annulabilité, il y a des hypothèses où le mariage, vicié dans son
essence même, n'est, au point de vue du droit, qu'un fait
informe, inqualifiable dans la langue juridique, impuissant
à produire un effet quelconque ; ces hypothèses, le Code
n'avait pas à les prévoir, parce que réglementant des actes
régulièrement formés, il n'avait pas à nous présenter tout
un musée de curiosités juridiques dont il n'aurait pu d'ailleurs nous offrir toutes les infinies variétés. Quand les juges
se trouvent en présence d'un cas de ce genre, ils n'ont rien
à *annuler,* ils constatent seulement que ce qu'on leur présente comme un mariage n'en a pas le caractère, que c'est
peut-être un autre acte juridique ou le plus souvent que
ce n'est en droit qu'un pur néant.

Sans doute le juge n'a pas le droit d'*annuler* un acte sans
texte et cela se comprend fort bien, car il lui faut un pouvoir exprès pour faire rentrer dans le néant l'acte auquel la
loi a conféré l'existence et reconnu des effets ; mais lui est-

il besoin de texte spécial pour l'autoriser à reconnaître qu'un acte juridique ne réunit pas les conditions requises par la loi pour son existence, il ne fait ainsi en réalité qu'appliquer la loi elle-même.

231. Dans l'espèce sur laquelle la Cour de Bordeaux avait à statuer, le mariage était attaqué pour cause de démence, aussi n'a-t-elle pas aperçu peut-être, les conséquences vraiment inadmissibles auxquelles conduisait son système, parce qu'elle a trouvé pour un semblable vice une sanction apparente dans l'art. 180 du Code civil. Mais nous le demandons à la Cour, aurait-elle eu le courage de faire l'application de sa doctrine si le mariage avait été attaqué pour identité de sexe des deux époux ? A quel résultat aboutirait-elle en effet dans une semblable hypothèse ? Il n'y a de nullités de mariage, nous dit-elle, que celles que prononce la loi et l'on ne saurait admettre des cas d'inexistence en dehors des cas de nullité prévus par les textes ; conséquence : comme il n'existe aucun texte qui prononce la nullité du mariage contracté entre deux individus de même sexe, un tel mariage, quelle qu'en soit la monstruosité, sera inattaquable, au moins devant la Cour de Bordeaux ? Reconnait-on au contraire avec nous que les cas d'inexistence ne se confondent en aucune façon avec les cas de nullité, le bon sens alors reprend ses droits : pour qu'il y ait mariage il faut, avant tout, que les deux époux soient de sexe différent ; cette condition fait défaut, donc le mariage est inexistant, c'est un pur fait sans conséquences juridiques.

232. Mais nous dira-t-on, un acte de ce mariage a été dressé et tant qu'il subsistera, foi lui sera due et, cet acte en main, on pourra toujours poursuivre les effets du mariage comme si ce mariage avait une existence réelle, de sorte qu'au fond des choses il n'y a aucune différence entre les deux cas et la Cour de Bordeaux a eu raison de le constater. Peut-on ainsi se laisser tromper par les apparences ? Sans doute il existe un acte de célébration du mariage qui permettra d'en poursuivre les effets, mais n'en est-il pas de même pour tous les autres contrats pour lesquels cependant la jurisprudence elle-même admet bien notre distinction; qu'un pacte sur succession future soit fait par acte notarié et par suite revêtu de la formule exécutoire, tout inexistant que soit l'acte en lui-même, le *negotium juris*, tant que cet écrit authentique ne sera pas anéanti, il permettra de poursuivre les effets du contrat illicite qu'il renferme et cependant les tribunaux n'hésitent pas à considérer un tel pacte comme absolument dépourvu de toute existence juridique. C'est qu'en effet il importe de distinguer avec soin le fond même de l'opération juridique, le *negotium juris*, de l'acte qui sert à la prouver et permet parfois d'en poursuivre l'exécution, *l'instrumentum*. Quel que soit le vice qui entache le *negotium*, foi est due à *l'instrumentum* tant qu'il subsiste et il subsiste tant qu'un autre titre émané d'une autorité supérieure n'en contredit pas la teneur. Mais qu'on le remarque bien le sort de l'acte instrumentaire n'est pas la question principale du débat, quand un conflit s'engage en justice sur une opération de droit, il n'en est au contraire que l'accessoire. Le point sur lequel statue d'abord le tribunal, c'est sur l'opération elle-même dont on discute l'existence ou la validité et ce n'est que lorsque cette première question est tranchée, que le juge, comme conséquence de la décision par lui donnée, ordonne l'anéantissement de *l'instrumen-*

tum ou au contraire son maintien ; un exemple fera comprendre notre pensée, un pacte sur succession future est
intervenu et a été fait par acte notarié ; ce pacte est
inexistant, cependant le créancier a entre les mains uen
grosse du contrat qui lui permettra de poursuivre le débiteur apparent, quelque inexistante que soit l'opération ;
sur les poursuites dirigées contre lui, ce débiteur oppose
l'inexistence du contrat, les tribunaux la reconnaissent,
comme ils l'ont fait tant de fois, ils ordonnent alors que
l'acte notarié qui le constate restera sans effet ; ce n'est là
qu'une conséquence de la constatation de l'inexistence et
ce serait une grave erreur de croire, comme semble le faire
la Cour de Bordeaux, que c'est le résultat d'une action
en nullité spéciale dirigée contre l'écrit lui-même.

CHAPITRE V

*Intérêt pratique de la distinction des actes inexistants
et des actes annulables*

§ 1 Intérêt de la distinction des actes inexistants et des actes annulables au point de vue de leurs effets. — § 2 Intérêt de la distinction des actes inexistants et des actes annulables au point de vue des moyens à employer pour se prévaloir de l'inexistence ou de l'annulabilité. — § 3 Intérêt de la distinction des actes inexistants et des actes annulables au point de vue de l'influence du temps. — § 4 Intérêt de la distinction des actes inexistants et des actes annulables au point de vue de la confirmation.

233. Nous avons, au début de cette étude, fait connaître, par quelques idées générales, quelle importance pratique présente la distinction de l'inexistence et de l'annulabilité des actes juridiques; le moment est venu de fournir sur ce point quelques développements. Cette importance se présente à divers points de vue ; aussi étudierons-nous dans autant de paragraphes séparés l'intérêt de notre distinction en ce qui concerne les effets dont peuvent être susceptibles ces deux espèces d'actes ; les moyens auxquels on doit avoir recours pour se prévaloir soit de l'inexistence, soit de l'annulabilité ; l'influence du temps ; enfin la confirmation.

§ I

Intérêt de la distinction des actes inexistants et des actes annulables au point de vue de leurs effets

234. Rien n'est plus simple en apparence que la détermination de ce premier intérêt pratique. L'acte inexistant n'étant aux yeux de la loi qu'un pur fait, que le néant, ne doit produire aucun effet ; le néant est aussi impuissant à produire, qu'il est incapable d'exister ; l'acte annulable, ayant au contraire une existence juridique, doit sortir tous ses effets tant que ceux qui ont spéciale-ment le droit de se prévaloir du vice qui l'entache ne s'adressent pas aux tribunaux, par la voie de l'action en nullité, pour faire prononcer son anéantissement.

235. Si le principe est certain au point de vue doc-trinal, s'il est facile même de pressentir sous cette for-mule théorique de nombreuses conséquences pratiques, du moins ne s'aperçoivent-elles pas d'elles-mêmes et est-il bon de les montrer, en ayant soin de se mettre en garde contre une regrettable confusion souvent faite par des praticiens inhabiles.

Prenons donc deux actes juridiques dont l'un est inexistant et l'autre simplement annulable et envisageons-les au point de vue de leurs effets ; c'est, si l'on veut, un acte accompli par un interdit et un acte contraire à l'ordre

public, un pacte successoire par exemple. Quels effets vont
produire ces deux actes ? Si nous appliquons la règle de
bon sens, que nous venons de formuler, l'acte accompli
par l'interdit produira tous les effets qui s'y attachent, tant
que ceux qui y ont droit ne se prévaudront pas de l'incapacité ; le pacte sur succession future au contraire sera
impuissant à produire un effet quelconque. Théoriquement
rien n'est plus vrai, rien n'est plus vrai de même pratiquement ; comme on va le voir ; les faits cependant sem-
bleront parfois, à n'envisager que le côté extérieur des
choses, contredire ces principes de la façon la plus formelle et les praticiens y ont été souvent trompés. Supposons en effet que nos deux actes aient fait l'objet d'un
écrit dressé par-devant notaire ; cet écrit authentique permettra à celui qui voudra poursuivre l'exécution de
l'opération qu'il constate, de prouver son droit et même de
mettre en mouvement la force publique, grâce à la formule exécutoire. Quelle différence y aura-t-il dès lors
entre l'acte inexistant et l'acte simplement annulable ?
Dans un cas comme dans l'autre le créancier ne pourra-t-il
pas, en remettant la grosse dont il est porteur entre les mains
d'un huissier, en poursuivre l'exécution ? L'huissier aurait-
il le droit de refuser son ministère au porteur de la grosse
de l'acte inexistant? Non certes ! cette inexistence fut-elle
évidente ; en agissant autrement, il engagerait gravement
sa responsabilité. On voit l'objection que l'on peut tirer de
là contre notre solution. Vous prétendez, nous dira-t-on,
que l'acte inexistant ne peut produire aucun effet et que
c'est là surtout ce qui le sépare de l'acte annulable, mais,
dans l'hypothèse examinée, ces deux actes ne produisent-
ils pas au contraire leurs effets d'une façon tout à fait sem-

blable ? Qu'on ne se laisse pas tromper par les apparences, et qu'on ne confonde pas les effets de l'acte juridique lui-même, du *negotium juris* et les effets de *l'acte
instrumentaire ;* sans doute tant qu'il subsistera un acte
notarié, revêtu de la formule exécutoire, le créancier
pourra toujours mettre la force publique en mouvement
pour obtenir l'exécution de cet acte, qu'il soit simplement
annulable ou qu'il soit inexistant peu importe, mais ce
n'est pas là, qu'on le remarque bien, l'effet de ces actes
considérés en eux-mêmes ; c'est la conséquence de cette
règle de droit public que foi et obéissance est due à un
ordre de l'autorité dès qu'il revêt la forme extérieure de la
légalité, tant qu'il n'est pas paralysé dans ses effets par
un acte émané d'une autorité supérieure.

236. Lorsque nous disons que l'acte inexistant ne
peut produire aucun effet nous n'entendons pas déclarer
qu'il sera *hic et nunc* considéré par tous comme un pur
néant, et qu'il ne pourra jamais servir de base à des poursuites ; mais nous entendons affirmer qu'en droit il n'apporte dans les rapports juridiques des parties aucune
modification ; aucun droit, aucune obligation n'en résultent, et les parties restent toujours l'une vis-à-vis de
l'autre dans leur situation primitive ; expliquons-nous
par un exemple : comme prix de la cession que j'ai faite
de mes droits dans une succession non ouverte, je reçois
à titre de *datio in solutum* un immeuble du cessionnaire ;
si l'acte était valable, la convention aurait pour *effet* de
faire immédiatement passer sur ma tête la propriété de
la maison qu'on s'est engagé à me livrer ; mais l'acte est
dépourvu de toute existence juridique, il ne peut produire
aucun effet, par conséquent la propriété de l'immeuble

18

sera restée sur la tête du cessionnaire et je n'en serai pas devenu propriétaire. Si l'acte au contraire était simplement annulable, le transfert de la propriété se serait régulièrement produit, car l'acte annulable ayant une existence juridique produit tous les effets que la loi y attache tant que son annulation n'a pas été obtenue.

237. En vain les parties voudraient, d'un commun accord, faire produire à l'acte inexistant ses effets normaux ; tout intéressé aurait toujours le droit de se prévaloir de son inexistence et de considérer comme non avenues les conséquences qu'on aurait voulu tirer de cet acte. Ainsi l'aliénation d'un immeuble est-elle inexistante, la propriété restera sur la tête du vendeur et ne se fixera même pas un instant de raison sur celle de l'acheteur ; si plus tard vendeur et acheteur sont d'accord pour considérer le contrat comme valable, il ne leur sera pas possible de faire remonter à l'époque de la vente primitive la date du transfert de propriété et l'immeuble restera grevé des hypothèques légales et judiciaires provenant du chef du vendeur, sans supporter celles qui grèveront les biens de l'acheteur. Il est inutile d'insister d'ailleurs sur une différence qui se conçoit d'elle-même, et qui grâce à l'observation que nous avons développée au début de ce paragraphe, n'aura qu'une portée pratique assez restreinte.

§ II

**Intérêt de la distinction au point de vue des moyens à employer
pour se prévaloir de l'inexistence ou de l'annulabilité.**

238. C'est surtout au point de vue des procédés
auxquels il faudra avoir recours pour se prévaloir de
l'inexistence ou de l'annulabilité que se présente l'intérêt
de la distinction des actes annulables et des actes non
existants. Pour empêcher un acte simplement annulable
de produire ses effets ordinaires, il faudra demander
à la justice l'anéantissement de cet acte et l'action à
laquelle on devra avoir recours porte le nom *d'action en
nullité*.

Rien de pareil au contraire ne se produit quand l'acte est
privé de toute existence juridique ; on ne comprendrait pas
en effet qu'on demandât l'annulation de ce qui déjà n'existe
pas, d'un acte qui ne saurait être efficacement invoqué
devant les tribunaux ; on n'annule pas le néant! Aussi celui
qui se trouve obligé en apparence, en vertu d'un acte de ce
genre, n'a-t-il aucune action à intenter contre lui ; il attend
qu'on le lui oppose et n'a, dans ce cas, pour se défendre,
qu'à montrer aux juges que celui qui le poursuit ne justifie
pas de son droit, puisqu'il ne fournit pas la preuve de la
réunion dans l'acte, dont il se prévaut, de tous les éléments
essentiels à son existence.

239. Insistons sur ce point fort important à nos yeux

en ce qui concerne le jeu de la preuve. Il semble en effet à
première vue que ce moyen de défense auquel a recours
le débiteur apparent d'un acte non existant, se confond en
définitive avec l'exception de nullité qu'emploie celui qui
est obligé en vertu d'un acte annulable et que par conséquent il n'y a pas de ce chef d'intérêt pratique à distinguer
entre ces deux espèces d'actes. Ce serait, croyons-nous,
une grave erreur ; l'exception de nullité oblige en effet
celui qui l'invoque à faire la preuve du vice qui doit entraîner l'annulation de l'acte, erreur, dol, violence, lésion,
incapacité et suppose que la preuve de l'acte lui-même a
déjà été fournie, ou même en implique la reconnaissance
formelle ; le demandeur dès lors n'a plus rien à prouver et
le succès de sa demande est assuré si le défendeur ne par-
vient pas à établir que l'acte est entaché d'un vice qui
doit en entraîner l'annulation ; les rôles sont intervertis
reus excipiendo fit actor. Toute différente est la situation
du défendeur qui se prévaut de l'inexistence même de
l'acte, son rôle est purement passif : vous prétendez avoir
un droit contre moi, dit-il à son adversaire, eh bien prou-
vez-le ! Montrez au tribunal que l'acte juridique, dont vous
entendez vous prévaloir contre moi, renferme bien tous les
éléments nécessaires à son existence ; tant que vous n'au-
rez pas fait cette preuve, vous ne me pouvez rien ; vous
prétendez que je vous ai acheté vos droits dans une succession non ouverte et vous m'en réclamez le prix, prou-
vez au Tribunal que cette vente réunit bien les conditions
de volonté et d'objet que la loi exige et notamment que le
rapport de droit que nous avons voulu établir entre nous
est licite. Il n'a, en un mot, aucune preuve à faire par lui-
même, il n'a qu'à combattre celles qu'on veut produire

contre lui et il triomphera si le demandeur est incapable de fournir la preuve certaine que l'acte juridique qu'il invoque est pourvu de tous ses éléments essentiels.

240. Nous avons supposé jusqu'ici que le débiteur apparent, en vertu d'un acte non existant, jouait dans l'instance le rôle de *défendeur*, mais il peut fort bien arriver que ce soit comme *demandeur* qu'il agisse; l'action qu'il intentera dans cas ne va-t-elle pas se confondre avec l'action en nullité? En aucune façon. Il y aurait, en effet, contradiction dans les conclusions mêmes du demandeur s'il poursuivait l'annulation d'un acte en invoquant pour moyen que cet acte manque d'un élément essentiel à son existence ; on ne peut annuler que ce qui existe! Aussi, lorsque le débiteur apparent joue dans l'instance le rôle de demandeur ne conclut-il pas à l'annulation de l'acte qu'il redoute, mais considère-t-il *hic et nunc* cet acte comme s'il n'était jamais intervenu ; en un mot il déduit en justice les droits qu'il avait avant l'acte et qu'il n'a pas cessé d'avoir puisque cet acte a été impuissant à les lui enlever; et en cela il est conséquent avec lui-même, l'acte n'ayant pas d'existence juridique, ne doit, à aucun titre, être pris en considération. Tendait-il à une aliénation, et la livraison de l'objet a-t-elle été faite? le *tradens* pourra le revendiquer ; s'agissait-il d'un paiement effectué, le *solvens* agira immédiatement en répétition de l'indû. Il est vrai que dès le début de l'instance le défendeur ne manquera pas d'opposer l'acte intervenu, mais alors le demandeur sera en droit d'exiger de lui la preuve de l'existence de l'acte qu'il invoque et nous retombons ainsi dans la première hypothèse ; prenons un exemple : Paul a cédé à son frère Pierre ses droits dans la succession non ouverte de leur père ; le père mort, Paul pour se prévaloir de l'inexistence du pacte auquel il a souscrit n'a pas à intenter contre lui une action en nullité, il n'a qu'à former directement, et sans aucune demande préalable, une demande en partage contre son frère ; la vente qu'il a faite de ses droits successoraux n'existant pas aux yeux de la loi, il en est resté légitime propriétaire et peut s'en prévaloir comme si aucun pacte successoire ne fût intervenu. Pierre répondra, sans doute, à l'action en partage dirigée contre lui, que Paul n'a pas qualité pour l'intenter puisqu'il s'est dépouillé au profit de son frère de tous ses droits dans la succession ; mais c'est là justement ce que devra prouver le défendeur à la demande en partage ; Paul en effet, en justifiant de sa qualité d'héritier a prouvé son droit à demander le partage, on lui oppose qu'il a perdu sa qualité d'héritier, qu'on le prouve, et pour le prouver il faudrait établir que le pacte successoire a pu régulièrement se former, ce que la jurisprudence française refuse d'admettre. Pour qui sait combien il est important en pratique d'être déchargé, dans une instance, du fardeau de la preuve, l'intérêt de la distinction de l'action en nullité et des moyens tirés de l'inexistence apparaît avec une entière évidence.

241. Des praticiens ne manqueront pas ici de reproduire l'objection déjà formulée précédemment, mais qui semble se présenter avec plus de force encore ; il peut se faire, diront-ils, que ce *negotium juris,* que vous qualifiez d'inexistant, ait été constaté dans un acte authentique ; ne faudra-t-il pas alors, pour faire tomber cet acte, former contre lui une véritable action en nullité ? et s'il en est ainsi que devient cette prétendue différence que vous voulez établir entre l'annulabilité et l'inexistence ? — C'est toujours, on le voit, la même confusion entre le *negotium juris*, l'acte juridique proprement dit, et l'acte instrumentaire. Remarquons d'abord qu'en pratique on ne formera pas d'ordinaire une semblable demande et on attendra que le créancier apparent ose se prévaloir du titre qu'il a entre les mains et procède, en vertu de ce titre, à des voies d'exécution ; il suffira alors au débiteur apparent de conclure à l'irrégularité des poursuites et de les faire déclarer vexatoires par le tribunal ; mais admettons même que le débiteur apparent ne consente pas à laisser subsister un acte irrégulier qui le met sous le coup d'une menace continuelle et veuille prendre les devants ; l'action en nullité, si tant est qu'on puisse lui donner ce nom, qu'il formera contre l'*instrumentum* ne se confondra en aucune façon avec l'action en nullité qu'on dirige contre l'acte juridique lui-même ; on ne saurait en effet songer à la soumettre à la prescription décennale de l'art. 1304 C. civ. ; de même, nous allons bientôt le montrer, l'action en nullité des actes juridiques ne peut être intentée que par certaines personnes déterminées, toute personne intéressée pourra toujours au contraire se prévaloir de l'inexistence de l'acte et par conséquent demander aux tribunaux de déclarer nul et de nul effet l'acte authentique qui le renferme ; en un mot l'anéantissement de cet acte n'étant que l'*accessoire* de la constatation de l'inexistence par les tribunaux sera soumis aux mêmes règles.

En résumé pour se prévaloir de l'annulabilité d'un acte juridique, il faut nécessairement recourir à une action ou à une exception de nullité, tendant à établir la preuve du vice que l'on invoque ; pour opposer son inexistence il suffit au contraire de faire constater par le juge que celui qui se fonde sur cet acte est impuissant à établir, comme il le doit, que l'acte qu'il invoque réunit tous les éléments essentiels à son existence, éléments sans lesquels il ne saurait produire aucun effet.

242. L'intérêt de la distinction des actes inexistants et des actes annulables au point de vue des moyens à employer pour se prévaloir des vices qui les infectent n'est pas moins grand en ce qui concerne les personnes admises à y recourir. S'agit-il de poursuivre en justice l'annulation d'un acte existant mais vicié? ce droit n'appartiendra qu'à certaines personnes déterminées ; j'ai accompli un acte juridique sous l'empire de la crainte, j'ai été trompé, j'ai subi une lésion, moi seul et mes ayants-cause pourrons nous prévaloir de la violence, du dol ou de la lésion ; vis-à-vis de l'autre partie, en effet, l'acte n'étant entaché d'aucun de ces vices est parfaitement régulier. S'agit-il au contraire de se prévaloir de l'inexistence d'un acte juridique? toute personne intéressée aura qualité pour le faire, car ce qui n'a pas d'existence juridique n'en a vis-à-vis de personne. La différence des deux situations est trop évidente pour qu'il soit besoin d'insister, aussi nous bornerons-nous à signaler sur ce point une prétendue exception à notre règle.

243. La jurisprudence admet en effet, avec le droit romain et la majorité des auteurs, que si les deux parties qui ont concouru à la formation d'un acte illicite et par conséquent comme tel inexistant, sont l'une et l'autre de mauvaise foi, celle qui aura exécuté l'obligation ainsi contractée n'aura plus le droit de se prévaloir de l'inexistence de l'acte pour demander la répétition de ce qu'elle

aurait payé; c'est l'application littérale de l'adage romain :
In pari causa turpitudinis, melior est causa possidentis (1).

Des auteurs ont élevé contre cette solution plusieurs
objections, l'une d'elles nous intéresse tout spécialement,
elle est tirée des principes mêmes par nous admis en matière d'inexistence ; l'acte juridique inexistant, dit-on, ne
peut produire aucun effet; l'art. 1131 ne laisse aucun
doute sur ce point; or, refuser, à celui qui a exécuté une
obligation immorale ou illicite, le droit de répéter ce qu'il
a payé, n'est-ce pas arriver ainsi indirectement à faire produire effet à un acte juridique qui n'en saurait produire
aucun? A cette objection, rigoureusement déduite, voici ce
qu'on a tenté de répondre : si nous refusons dans ce cas,
a-t-on dit, la répétition de ce qui a été payé, ce n'est pas
parce que nous reconnaissons à l'acte quelque efficacité,
mais parce que nous y sommes amenés par le mécanisme
même de la procédure. Pour triompher dans son action en
répétition, le demandeur devrait en effet établir l'inexistence même de l'acte qu'il a exécuté, qui a été la cause du
paiement par lui effectué, or, cette preuve il ne peut la
faire qu'en avouant sa propre turpitude, puisqu'il a lui-
même trempé dans l'immoralité de l'acte et s'il en est ainsi,
il ne peut faire cette preuve en justice, car les tribunaux
lui opposeraient cette règle de décence publique : *Nemo
auditur propriam allegans turpitudinem ;* donc si le bénéfice de l'opération illicite reste acquis à l'autre partie, ce
n'est certes pas parce qu'on reconnaît à l'acte lui-même la

---

(1) Voyez la solution admise par les jurisconsultes romains, Loi 3.
Digeste, Livre XII, Titre 5.
Voyez également Pothier : *Traité des obligations*, nos 42 et suiv.

puissance de produire un effet quelconque, c'est uniquement parce que celui qui l'a exécuté n'a à sa disposition, pour répéter ce qu'il a payé, qu'un seul moyen et que ce moyen, à raison même de l'immoralité qui s'y attache, ne peut être par lui présenté en justice. Nous avons déjà exprimé nos doutes sur l'exactitude de cette solution (1). L'article 1376 du Code civil ne fait en effet aucune distinction : « Celui qui reçoit par erreur ou sciemment ce qui ne lui est pas dû, s'oblige à le restituer à celui de qui il l'a indûment reçu », et cela sans qu'on ait à apprécier la valeur morale des motifs sur lesquels se fonde la demande en répétition.

On se retranche derrière cette prétendue règle de procédure : *Nemo auditur propriam allegans turpitudinem* ; mais ne pourrait-on même soutenir que cette règle, en admettant qu'elle fût reconnue par notre droit, ne saurait ici recevoir son application? Le fait même d'avoir reçu un paiement indû constitue celui qui l'a reçu débiteur et l'oblige par conséquent à rendre en vertu du quasi-contrat qui s'est formé ; dès lors pour triompher dans sa demande en répétition le *solvens* n'a en aucune façon besoin de prouver l'inexistence et par suite l'immoralité de l'acte qu'il a exécuté ; il n'a à prouver qu'une chose c'est qu'il a payé (art. 1235, C. civ.) ; c'est à celui qui reconnaît avoir reçu ce paiement, à justifier de sa régularité et de prouver que ce paiement a eu pour cause tel acte juridique déterminé et c'est précisément par suite de l'impossibilité dans laquelle il se trouvera de faire la preuve que cet acte réunit toutes les conditions exigées par la loi pour son existence et notamment qu'il ne renferme rien de contraire aux lois

_____

(1) Voyez *Supra*, n° 216, p. 256 et s.

ou aux mœurs, que le succès du demandeur sera assuré. Ainsi présentée, cette objection nous paraît déterminante, nous reconnaissons volontiers toutefois que la question est des plus délicates et que l'une et l'autre opinion se fondent sur des arguments fort sérieux ; si nous donnons la préférence à la seconde, c'est surtout parce qu'elle nous paraît plus conforme à l'intérêt public bien entendu ; les auteurs de ces transactions honteuses ne devant jamais avoir l'espoir d'en tirer le moindre profit et nos adversaires comprennent si bien eux-mêmes toute la force de cette considération, que dans certaines autres hypothèses, ils adoptent d'eux-mêmes notre solution ; c'est notamment ce qu'ils font en ce qui concerne l'exécution des contre-lettres en matière de cession d'offices (1).

Il n'y a donc pour nous aucune exeption à la règle que toute personne intéressée peut se prévaloir de l'inexistence d'un acte juridique et il y a de ce chef un immense intérêt à séparer l'acte inexistant de l'acte simplement annulable, dont l'annulation ne peut au contraire être poursuivie que par les personnes que la loi a investies de ce droit.

§ III

Intérêt de la distinction des actes inexistants et des actes annulables au point de vue de l'influence du temps

244. La seule expiration du temps peut, on le sait, dans notre Code, avoir pour effet de créer ou d'anéantir

(1) V. Cassation, 15 décembre 1873, Sirey, 74, 1, 248. Comp. Cassation, 11 février 1884, Sirey, 84, 1, 265.

des droits ; quelle sera son influence sur les actes inexistants ; quelle sera son influence sur les actes simplement annulables ? La réponse ici encore est dictée par le bon sens. Le temps ne peut rien sur le néant, il ne peut pas le dépouiller de son efficacité puisque déjà il est privé de toute conséquence juridique ; il ne peut pas non plus lui faire produire effet, car il est impuissant à lui donner l'existence. L'acte aujourd'hui inexistant restera donc à jamais inexistant quel que soit le laps de temps qui s'écoule, car si le néant parvenait à l'existence par le seul fait du temps, la raison nous dit qu'il n'y aurait plus de néant.

Ces idées si vraies, au point de vue du droit philosophique, peuvent paraître quelque peu abstraites au point de vue pratique, le seul qui doit nous occuper pour le moment, mais on ne marche sûrement en pratique que si l'on conserve toujours devant les yeux les purs principes du droit rationnel. Nous avons démontré, en effet, qu'il n'y avait pas lieu pour les actes inexistants de recourir à l'action en nullité ; qu'il n'y avait même pas à invoquer une action ou une exception quelconque ayant spécialement l'acte pour objet, qu'il suffisait de se comporter comme si aucun acte n'était intervenu et de déduire, abstraction faite de cet acte, tous les droits que l'on croit avoir. Dès lors il n'y a pas de voie de droit spéciale ouverte contre de tels actes, le temps n'y peut donc apporter un terme et les moyens employés pour se prévaloir de leur inexistence, étant de droit commun, sont régis par le droit commun.

Tout au contraire les actes annulables ayant une existence réelle et étant simplement viciés, on comprend que le temps puisse faire disparaître ce vice ; pourquoi en effet

le temps, qui guérit tout, ne guérirait-il pas aussi les actes
juridiques ; d'ailleurs, si l'on ne s'est pas prévalu de ces
vices pendant de longues années, n'est-il pas à présumer
qu'en réalité ils n'existaient pas ou tout au moins n'étaient
pas suffisants pour motiver une annulation? Aussi le législateur a-t-il décidé fort sagement qu'à l'expiration d'un
certain laps de temps, de tels actes seraient considérés
comme confirmés et réputés inattaquables.

245. Ce laps de temps est de dix ans pour les conventions (art. 1304 C. civ.) Les termes mêmes de l'article
semblent exclure de cette règle les actes juridiques unilatéraux comme le testament, l'acceptation ou la renonciation d'une succession, etc.

En ce qui concerne le testament, les auteurs et la jurisprudence sont d'accord pour rejeter l'article 1304 et
appliquer la prescription de droit commun (art. 2262). On
en fait notamment l'application au partage d'ascendant
taché de lésion.

Pour l'acceptation et la renonciation des successions, au
contraire, la majorité des auteurs appliquent l'art. 1304,
en se fondant surtout sur la tradition et les règles de l'*in
integrum restitutio* qui, dans l'ancien droit, recevaient
ici leur application (1).

On peut donc dire que les actes conventionnels et les
actes unilatéraux, le testament excepté, sont soumis à la
prescription décennale.

Encore faut-il ajouter cette restriction que les actes
annulables qui touchent à l'état des personnes sont régis

(1) Voyez les Ordonnances de 1510, 1535, 1539. Comp. Lebrun, *Successions*, L. 3, chap. VIII, sect. 2, n° 56.

par la prescription trentenaire. Pour le mariage, les actions en nullité sont soumises à des règles spéciales, il suffit donc de se référer aux textes ; mais nous appliquerons ce principe à l'adoption et à la reconnaissance des enfants naturels pour lesquelles les textes sont muets; nous ne saurions en effet leur appliquer la disposition de l'art. 1304 qui,par sa place même,n'a trait qu'aux actes qui touchent au patrimoine.

Quelle que soit la durée de la prescription en ce qui concerne les actes annulables, il est évident qu'elle ne saurait s'appliquer aux actes inexistants, car c'est l'*action en nullité* que frappe cette prescription et les actes inexistants ne peuvent être l'objet, nous l'avons vu, d'une action de ce genre.

Il y a donc à distinguer les actes inexistants des actes annulables, cet intérêt considérable, que les premiers ne pourront jamais, quel que soit le temps qui s'écoule, produire aucun effet, tandis que les autres deviendront bientôt absolument inattaquables.

246. Nous venons de dire que, quel que soit le temps écoulé, l'acte inexistant ne pouvait produire aucun effet et que l'on était toujours à même, à quelque époque que ce fût,de se prévaloir de son inexistence; ce principe est absolu, mais une observation doit ici être faite : si l'acte a été exécuté, s'il s'agit 'par exemple d'une vente illicite et que l'immeuble vendu ait été livré à l'acquéreur, il est certain que si le vendeur laisse écouler trente ans, il pourra voir opposer à sa revendication une prescription légitimement acquise, mais qu'on le remarque bien ce n'est pas là une conséquence, un effet de l'acte inexistant lui-même; si l'*accipiens* devient au bout de trente ans propriétaire de l'immeuble, c'est en vertu de ce fait que tout possesseur acquiert la propriété de la chose possédée si sa possession s'est prolongée pendant trente ans ; s'il peut résister victorieusement à la demande en revendication ce n'est donc pas parce qu'il invoque l'acte intervenu lui-même, mais parce qu'il se fonde sur la prescription ; et cela est tellement vrai que s'il renonçait à l'invoquer cette prescription, le demandeur triompherait.

Voulons-nous prendre encore pour exemple le pacte sur succession future ; pour opposer son inexistence on n'a, avons-nous dit, qu'à le considérer comme non avenu et à intenter directement contre le cohéritier cessionnaire une action en partage ; or, cette action comme toutes les autres se couvre par la prescription ; il faudra donc qu'elle soit intentée dans les délais voulus, sous peine pour le cédant de voir ses droits complètement perdus ; est-ce là un effet du pacte successoire ? Evidemment non, car en admettant même qu'aucun contrat de ce genre ne fût intervenu, la solution serait absolument la même.

247. Nous devons reconnaître toutefois, que la jurisprudence admet en matière d'inexistence la prescription trentenaire et voici comment elle raisonne : l'art. 1304 du Code civil ne peut, cela est de toute évidence, s'appliquer aux actes non existants, mais il faut, nous dit-elle, les soumettre à la prescription trentenaire de l'art. 2262 du Code civil, qui, par la généralité même de ses termes, soumet toutes les actions sans distinction à cette prescription et cela, ajoute la Cour, que l'acte inexistant ait été exécuté ou non. Nous avons peine à attribuer à la Cour suprême une pareille doctrine, malheureu-

sement les arrêts intervenus sur cette question sont
trop formels pour laisser subsister le moindre doute
sur la solution par elle admise ; et cependant il est
facile de démontrer qu'elle choque le plus vulgaire bon
sens : s'il s'agit en effet d'un acte juridique inexistant
comme dépourvu d'un de ses éléments de fait, comment
le temps pourrait-il le valider ? Que la prescription trentenaire s'applique lorsque l'acte inexistant a été exécuté
et qu'elle fasse disparaître l'action qui appartient au
débiteur apparent pour revenir sur son exécution, rien
de mieux et c'est ce que nous avons nous-même admis
(n° 246), mais qu'on voie là une règle capable de faire disparaître le vice même de l'inexistence, c'est ce qui cesse
d'être intelligible ; peut-être la Cour a-t-elle été trompée
par ses propres décisions antérieures qu'elle a cru reproduire purement et simplement alors qu'elle en faussait
complètement le principe.

Le premier arrêt rendu en effet sur ce point, et qui est
du 11 novembre 1845 (1), statuait sur une hypothèse dans
laquelle l'acte inexistant avait reçu son exécution, or, rien
n'est plus naturel dans ce cas que l'application de la prescription trentenaire, car elle n'est qu'une conséquence du
droit commun et ne touche en rien à l'inexistence de l'acte,
la décision de la Cour était donc au fond très correcte,
malheureusement le point de vue auquel elle se plaça pour
la motiver est absolument inexact ; elle admet, dit-elle,
« que la seule prescription qu'il soit possible d'invoquer
est celle de l'art. 2262 du C. civ., *non parce qu'elle donne
à la stipulation une existence légale*, mais parce qu'elle a

(1) Sirey, 45, 1, 785.

pour effet d'anéantir toutes les actions quelles qu'elles soient, tant réelles que personnelles » La Cour a été, croyons-nous, trompée par la manière fort irrégulière dont avait été introduite la procédure ; ceux qui attaquaient le pacte successoire avait en effet présenté leur demande sous forme d'action en nullité, tandis qu'ils n'avaient qu'à former contre leur cohéritier concessionnaire qu'une demande en partage en faisant abstraction complète de l'acte lui-même. Comme on parlait d'*action en nullité*, la Cour, bien qu'elle y vît très nettement et avec raison un cas d'inexistence, crut que cette *action* comme toutes les autres devait se prescrire par trente ans ; c'est là la source d'une erreur qu'elle commet sans trop y prendre garde, car n'ayant pas à faire l'application de ce principe à l'espèce dont elle était saisie, elle se borne à l'énoncer.

Le 5 mai 1879, la Cour, appelée de nouveau à statuer sur cette question, considéra comme un point acquis en jurisprudence la solution de l'arrêt de 1845 : « La disposition de l'art. 2262, nous dit-elle, portant que toutes les actions réelles et personnelles sont prescrites par trente ans, est générale et s'applique particulièrement au cas où il s'agit de *nullité radicale et d'ordre public*. Dans ce cas, la prescription n'a pas pour effet de donner à la convention prohibée une existence légale, mais elle anéantit toutes les actions tendant à en faire prononcer l'annulation. » Ces termes assez peu exacts d'ailleurs au point de vue scientifique, pourraient encore laisser quelques doutes sur l'hypothèse même envisagée par la Cour, mais l'application qu'elle fait de sa solution n'en laisse aucun.

Il s'agit dans cet arrêt d'une action ayant pour but de faire déclarer la nullité d'un contrat de vente comme contenant une donation déguisée et sous le nom de personne interposée au profit d'une congrégation religieuse sans existence légale. Or, la Cour décide que cette action est éteinte par la prescription trentenaire bien qu'on ne puisse considérer ici les biens acquis par le fait même de la possession prolongée, puisque la congrégation ne constituant pas une personne morale n'a pu posséder.

248. La solution de la jurisprudence a d'ailleurs en doctrine quelques partisans notamment M. Laurent (1) et M. Ortz (2). M. Laurent logique jusqu'au bout décide dans l'hypothèse spéciale qui nous occupe, que les biens possédés par la Communauté sont en réalité *sans maître* et qu'en conséquence ils appartiennent à l'Etat.

249. Nous ne saurions, quant-à-nous, admettre une semblable doctrine ; il n'y a pas en effet, pour se prévaloir de l'inexistence d'un acte juridique, à diriger contre cet acte une action en nullité, mais simplement à en faire abstraction de la façon la plus complète ; or, s'il n'y a pas d'action en nullité, comment pourrait-on décider que cette action s'éteint par trente ans ? Oui sans doute si cette action était nécessaire nous serions le premier à lui faire l'application du principe général de l'art. 2262, mais non seulement cette action n'est pas nécessaire, mais elle ne saurait même se comprendre, ni rationnellement ni pratiquement.

Nous admettrons donc, et cette solution nous est dictée par les principes que nous avons posés et que nous venons

---

(1) *Principes de droit civil français*, T. VI, nᵒ 166.— T. XXVI, nᵒ 207.
(2) Ortz : *De l'incapacité civile des congrégations religieuses non autorisées.*

encore de rappeler, que la prescription trentenaire ne saurait s'appliquer ici (1); il en résulte, à distinguer entre les actes inexistants et les actes annulables, cet immense intérêt que les premiers sont soumis à la prescription et que les seconds y échappent.

§ IV

Intérêt de la distinction des actes inexistants et des actes annulables au point de vue de la confirmation.

250. L'acte atteint d'un vice qui permet d'en poursuivre l'annulation, est, avons-nous dit, un acte malade, mais un acte malade susceptible de guérison; que ceux en effet qui seuls, nous le savons, peuvent se prévaloir de son irrégularité consentent à l'exécuter comme s'il ne renfermait aucun vice, ou déclarent renoncer à se prévaloir de la nullité qui l'entache, l'acte sera à jamais validé et l'on n'aura plus à craindre dès lors de voir poursuivre l'anéantissement des effets qu'il aura régulièrement produits; en d'autres termes l'acte annulable, ayant une existence juridique, peut sortir tous ses effets tant qu'une demande en nullité n'est pas dirigée contre lui, c'est là pour lui la menace continuelle; un mot suffira le plus souvent à celui à qui on l'oppose pour le faire rentrer dans le néant, mais si cette menace disparait, si ce mot n'est pas prononcé, mais qu'au contraire celui là qui seul peut invoquer la nullité s'engage à ne le faire jamais, l'acte alors continue à

(1) V. en ce sens, MM. Aubry et Rau, T. VIII, p. 429, § 772 et la note.

produire ses effets, sans craindre cette fois de les voir disparaître ; la renonciation au droit que l'on a de se prévaloir
de l'annulabilité d'un acte s'appelle la *confirmation*.
L'art. 1338 déclare que les conventions annulables sont
susceptibles d'être confirmées et le principe qu'il pose
doit, sans difficulté, être étendu à tous les actes juridiques.

251. La même règle s'applique-t-elle aux actes inexistants ? Peuvent-ils eux aussi être confirmés ? Le bon sens
et la notion seule que nous venons de rappeler de la confirmation suffisent pour répondre négativement et c'est là
un nouvel intérêt et un intérêt des plus graves à distinguer
entre les actes annulables et les actes non existants. Confirmer, c'est renoncer à former contre un acte juridique
une demande en nullité et l'art. 1338 du Code civil l'exprime lui-même fort clairement quand il nous dit : l'acte
de confirmation ou ratification d'une obligation *contre
laquelle la loi admet l'action en nullité ou en rescision,*
n'est valable... etc. ; comment en effet pourrait-on parler
de confirmer ce qui n'existe pas ? On confirme ce qui est
seulement vicié, mais on ne saurait confirmer le néant ;
pour lui faire produire quelque conséquence de droit, il
faut lui donner l'existence ; or, donner la vie juridique à un
acte ce n'est pas le confirmer, c'est le créer. En un mot
tout ce que l'on peut, quand on est en présence d'un
acte juridique inexistant, c'est le refaire ; l'art. 1339
lui-même nous le dit, mais on ne saurait le confirmer et
il y a entre les deux choses des différences qui n'échappent
à personne ; s'agit-il par exemple d'une convention, la
volonté de la partie qui seule a été victime de l'erreur, du
dol, de la violence ou de la lésion, ou qui a contracté en

temps d'incapacité suffira pour soustraire l'acte à l'annulation éventuelle dont il est menacé et il acquerra à jamais une efficacité absolue, quelle que soit d'ailleurs la volonté de l'autre partie. S'agit-il au contraire de refaire une convention absolument inexistante, il faudra, au moment même où le nouvel acte interviendra, la réunion des volontés de toutes les parties et chacune d'elles pourra par conséquent refuser sa participation à la formation définitive d'un lien qui jusqu'alors n'avait existé entre elles qu'en apparence et sera en droit de dire aux autres : j'ai consenti autrefois à faire ce que nous ne pouvions pas faire, je ne consens plus aujourd'hui à faire ce qui nous est permis.

252. La confirmation se sépare bien nettement encore de la réfection de l'acte, en ce qui concerne la date même à laquelle l'acte confirmé ou refait commencera à produire effet. L'acte annulable qui est confirmé a pour date le moment même où il est intervenu, car c'est de ce jour qu'il a pris rang dans la vie juridique, l'acte inexistant au contraire a pour date et par conséquent pour point de départ de ses effets le jour même où il est régulièrement refait, car c'est de ce jour seulement qu'il cesse d'avoir l'apparence de l'existence pour en avoir enfin la réalité.

253. Nous avons nié d'une façon très formelle que les actes inexistants fussent susceptibles de confirmation et nous avons en première ligne invoqué un argument de bon sens : confirmer, avons-nous dit, c'est rendre plus ferme, plus stable, c'est là le sens étymologique du mot, or, on ne rend *plus* ferme, *plus* stable que ce qui déjà est ferme et stable et qui par conséquent déjà *est* ; aussi y a-t-il, selon nous, autant d'erreur à parler de la confirmation d'un acte non existant que de parler de son annulation ; on ne confirme pas ce qui n'existe pas, on n'annule pas le néant.

254. Mais, pourra-t-on nous dire, ce ne sont là que des abstractions théoriques contre lesquelles il faut avoir soin de se mettre en garde ; sans doute le mot confirmer a bien, au point de vue étymologique, le sens dans lequel vous le prenez, mais le langage ordinaire l'emploie aussi dans d'autres acceptions et notamment dans le sens de donner la force à un acte qui n'en avait aucune et par conséquent l'existence juridique à un acte non existant. Une convention est intervenue entre Pierre et Paul, elle avait un objet illicite, c'était, par exemple, un pacte sur succession non ouverte, la succession s'ouvre, pourquoi refuserions-nous à Pierre et à Paul le droit de confirmer leur opération, aujourd'hui que son caractère illicite a disparu et de considérer cet acte comme ayant toujours eu une existence juridique et ayant par conséquent produit tous ses effets aussi régulièrement que s'il s'était réellement formé à la date même à laquelle il est intervenu ? (1).

_____

(1) Nous avons déjà cité un récent arrêt de la Cour de Cassation du 13 mai 1884 duquel il paraît bien résulter que la Cour suprême a entendu consacrer l'opinion qui n'autorise pas la ratification, après l'ouverture de la succession, du pacte sur succession future. La Cour pour dénier tout effet à la reconnaissance passée avec l'héritier avantagé après le décès du testateur, a pris soin de constater que cet héritier n'avait pas voulu se lier par un contrat *nouveau et actuel*, et que la reconnaissance n'était qu'une *simple référence* au pacte sur succession future, atteint d'une nullité d'ordre public.

Les motifs de l'arrêt méritent d'être rapportés : « Attendu, dit la Cour, qu'il est établi, d'autre part, en fait, qu'après le décès du baron d'Arnouville, Octave Chopin d'Arnouville, fils, institué légataire de certaines valeurs mobilières par un testament de son père, en date du 8 février 1876, a été interpellé par son beau-frère, le

Voici notre réponse : la confirmation, avons-nous dit, se
distingue de la réfection de l'acte à un double point de
vue, au point de vue du concours des volontés et au point
de vue de la rétroactivité des effets ; or, dans l'obligation
qu'on nous oppose, on admet, par hypothèse que les deux
volontés sont d'accord pour considérer l'acte non existant
comme parfaitement valable ; mais qu'on suppose maintenant que l'une de ces volontés fasse défaut, admettra-t-on
encore que le pacte pourra être validé ? Si c'est là cependant
une véritable confirmation, il faut en appliquer toutes les
conséquences logiques et permettre à celle des parties, à
l'égard de laquelle seule se trouve la cause d'inexistence,
de confirmer l'acte ; si l'on n'admet pas cette conséquence,
il faut bien qu'on reconnaisse alors que l'on donne le nom
de confirmation à une opération qui consiste en définitive
à refaire l'acte non existant.

Mais c'est surtout au point de vue de la rétroactivité des
effets qu'il est important de savoir si l'acte inexistant peut
être confirmé ou s'il doit être refait; or, on prétend que cet
acte, si les parties le veulent, doit être déclaré avoir régu-

comte de Cosnac, sur ses intentions concernant la suite à donner au
pacte de famille du 9 juin 1875, et qu'il a écrit une lettre ainsi conçue :
« J'ai voulu revoir notre convention ; M. de Cosnac est dans son droit,
et je n'ai jamais eu l'intention de dénier ma signature. Le testament
de mon père est donc complètement nul en ce qui me concerne » ; —
Attendu qu'il résulte de l'ensemble des motifs de l'arrêt attaqué, qu'en
formulant cette déclaration, le défendeur éventuel n'a point voulu se
lier par un contrat nouveau et actuel qui, intervenant postérieurement
à l'ouverture de la succession, aurait été valable ; qu'il a entendu se
référer expressément et exclusivement à l'acte du 9 juin 1875, pris
dans ses éléments propres et considéré par lui comme un simple engagement d'honneur, auquel il avait à ce moment la pensée de se
conformer ; mais qu'il a été en droit de se rétracter alors qu'il se
trouvait mieux renseigné sur les faits qui venaient de se révéler en
famille, et qui ôtaient toute raison à la convention dont il s'agit.

lièrement sorti tous ses effets du jour même où il a eu l'apparence de la vie juridique, jusqu'au jour où il en a eu la réalité par suite de l'acte de confirmation. La volonté des parties n'est-elle pas toute puissante en effet et pourquoi ne reconnaîtrait-on pas à une semblable opération la même efficacité qu'à toute autre? Qu'on n'objecte pas, pourrait-on ajouter, que tout le monde pouvant se prévaloir de l'inexistence, la confirmation de l'acte inexistant ne serait pas opposable aux tiers, car il en est de même de la confirmation de l'acte annulable, l'art. 1338 *in fine* nous le dit expressément; dès lors, si la confirmation de l'acte inexistant fait la loi des parties comme la confirmation de l'acte annulable et si en ce qui concerne les tiers elles sont mises sur le même pied, où voit-on, de ce chef, une différence entre les actes annulables et les actes non existants.

Si les auteurs, qui nous opposent ce raisonnement, veulent simplement nous dire que les parties sont toujours libres de mettre à exécution les actes, quelque immoraux qu'ils soient, qu'elles ont formés, nous sommes avec eux parfaitement d'accord et toute leur argumentation est inutile car le principe est évident et ne saurait être contesté; mais qu'on y prenne garde, ce n'est pas dans cette hypothèse qu'il faut se placer pour se demander si un acte inexistant peut ou non être confirmé, il faut nécessairement supposer que cet acte de confirmation étant intervenu, l'une des parties refuse de l'exécuter; c'est dans ce cas seulement que l'examen de sa régularité peut être livré aux tribunaux, or, dans cette hypothèse nous n'hésitons pas, quant à nous, à déclarer que si l'une des parties oppose à l'autre l'irrégularité de l'acte confirmatif elle

devra triompher, cet acte manquant de base. Prenons un
un exemple : Pierre a cédé à Paul, son frère, ses droits
dans la succession non ouverte de leur père, le père mort,
un acte intervient entre Pierre et Paul pour déclarer que
le pacte successoire produira tous ses effets dans le passé
comme dans l'avenir; puis Pierre refuse d'exécuter cette
convention ; il en a, croyons-nous le droit, car en déclarant dans le deuxième acte que le pacte successoire sortirait tous ses effets, les parties n'ont rien fait, car ce pacte
n'en pouvant produire aucun, la volonté des parties s'est
manifestée inutilement. Mais bien entendu, si, au lieu
de se borner à une confirmation pure et simple de la
première convention, les parties, dans leur nouvel acte
réglaient expressément leurs droits respectifs, le pacte se
trouverait ainsi régulièrement *refait,* mais il ne serait pas
confirmé.

255. La doctrine et la juriprudence française la plus
récente ont adopté l'opinion à laquelle nous nous sommes
rallié, mais le système contraire a eu dans Toullier et Merlin (1) et a encore aujourd'hui dans la jurisprudence belge
des défenseurs convaincus.

Merlin, dans des conclusions par lui prises le 27 août
1812 (2), avait soutenu qu'un contrat, qui n'existe pas aux
yeux de la loi, n'est pas susceptible d'être confirmé, parce
que, disait-il, l'art. 1338, qui parle de la confirmation, ne
l'applique qu'aux obligations contre lesquelles la loi admet
l'action en nullité ou en rescision ; et il invoquait à l'appui

---

(1) Delvincourt et Duvergier ont adopté la même opinion.
(2) Merlin, *Répertoire*, Vº Ratification.

de sa thèse les travaux préparatoires du Code civil, comme nous le ferons nous-même bientôt.

Cette solution fut de la part de Toullier l'objet d'une très vive critique (1) : Cette proposition nous paraît manifestement erronée, dit l'auteur. Qu'entend-on par une convention qui n'existe pas aux yeux de la loi ? Celle sans doute dont la nullité est telle qu'elle n'a pas besoin d'être proposée par voie d'action, ni par voie d'exception ; en un mot une convention qui n'existe pas. Par exemple, Gaïus se disant agir pour moi, vend ma maison pour trente mille francs sans mandat, sans ordre de ma part ; il est évident que cette convention est nulle ; elle n'existe pas aux yeux de la loi. Si le prétendu acquéreur agit contre moi pour me contraindre à recevoir le prix et à lui livrer ma maison, je n'ai pas besoin de me présenter pour opposer la nullité du contrat... cependant il est certain que ce contrat peut être ratifié (art. 1998 Code civil). Cette ratification a même un effet rétroactif à mon égard : *mandato æquiparatur.* » L'erreur de Toullier se découvre sans peine, il se place en effet dans l'hypothèse d'un acte juridique tout différent par sa nature de ceux qui nous occupent ; ce n'est pas en effet de confirmer un acte inexistant qu'il s'agit-là, mais de donner une ratification équivalente à mandat ; ce que Toullier devait faire, c'était de nous montrer comment par exemple un acte illicite pouvait, selon lui, être confirmé, c'était sur une hypothèse de ce genre qu'il fallait raisonner ; mais l'auteur s'est bien gardé de le faire.

Quoiqu'il en soit, la mercuriale de Toullier eut pour effet de gagner Merlin à sa cause (2) et le savant magistrat

(1) Toullier, *Droit civil*, 5ᵉ édition, Tome VIII, p. 721, nᵉ 518.
(2) Merlin, *Questions de droit*, Vᵒ Ratification.

se croit obligé, pour se justifier, de qualifier fort sévère-
ment l'opinion des tribuns Jaubert et Mouricault qu'il
avait, dit-il, reproduite sans examen et sur leur seule
parole.

256. Il ne nous paraît pas possible cependant
d'hésiter entre la solution admise par Toullier et la
doctrine si nettement indiquée par les rédacteurs mêmes
de la loi : « Une idée vraie et simple, a dit le Tribun
Jaubert dans son rapport au Tribunat (1), c'est qu'on ne
peut confirmer *que ce qui a réellement existé* quoique
manquant de force par quelque vice. » Et comme application de ce principe, il déclare qu'on ne peut confirmer,
ni ratifier de prétendues conventions dont la loi n'a jamais
reconnu l'existence. Mouricault n'est pas moins affirma-
tif dans son discours devant le Corps législatif (2). « A
l'égard de la confirmation ou ratification, dit-il, elle ne
peut jamais valider les conventions dont la loi ne reconnaît pas l'existence et qui, en conséquence, ne lient personne. » Et il cite pour exemple, les conventions qui ont
pour objet une chose hors du commerce, celles qui
n'ont point de cause ou qui reposent sur une cause fausse
ou sur une cause illicite. L'argument de texte que nous
fournit l'article 1338 du Code civil ainsi corroboré par
les travaux préparatoires ne permet pas d'hésiter à
admettre une solution qu'imposait déjà la pure raison.

257. Une autre objection peut cependant nous être
faite. Elle trouve sa base dans les articles 1339 et 1340

(1) Locré, T. XII, p. 524, n° 24. Comp. *Observations du Tribunat :*
Locré, T. XII, p. 284, n° 73.
(2) Locré, T. XII, p. 585, n° 52.

du Code civil. Le législateur en effet, après avoir posé comme principe dans l'article 1339 que le donateur ne peut réparer par aucun acte confirmatif les vices d'une donation entre vifs, *que cette donation nulle en la forme doit être refaite en la forme légale,* permet au contraire dans l'article suivant, aux héritiers ou ayants-cause du donateur de confirmer ou ratifier cette donation après son décès; voilà donc, nous dit-on, un acte que vous qualifiez vous-même d'inexistant et qui pourtant va pouvoir être confirmé.

Ceux qui savent de quelle obscurité profonde fut entourée la rédaction de cet article, presque inexplicable, ne verront pas sans doute dans cet argument une objection très sérieuse contre notre doctrine. Bien des explications diverses de cet art. ont été proposées (1) : des auteurs reconnaissent que l'art. 1340 est inexact dans ses termes mêmes, que seule l'expression exécution volontaire doit être maintenue; la jurisprudence au contraire respecte le texte, mais admet que l'inexistence dont est atteinte la dotion privée des solennités légales se transforme par le décès du donateur en une simple annulabilité. Quant à nous, nous verrons là purement et simplement une réglementation particulière d'un cas d'inexistence isolé, mais non la conséquence d'un principe général. Qu'on le remarque en effet, nous sommes ici en présence d'un cas *d'inexistence légale*, c'est-à-dire d'une hypothèse dans laquelle l'inexistence ne résulte pas des principes ration-

(1) Voyez l'exposé et la réfutation des diverses explications proposées sur l'art. 1340 dans Marcadé: *Explication du Code civil,* T. V, 3ᵉ édition, p. 102, commentaire de l'art. 1340, nᵒˢ I et II.

nels eux-mêmes, mais d'une décision arbitraire de la loi;
or, la loi est toute puissante dans ce cas et rien ne l'empêche de décider que l'acte qu'elle frappe d'inexistence
absolue vis-à-vis d'une catégorie de personnes, ne soit
plus que simplement annulable vis-à-vis d'un autre.
Pourquoi le législateur a-t-il en effet exigé pour les donations des formes solennelles, c'est uniquement dans l'intérêt des héritiers eux-mêmes, Pothier nous le dit : on a
voulu entraver les donations parce qu'elles font sortir les
biens des familles ; aussi comprend-on fort bien que la
situation du donateur diffère complètement de celle de ses
héritiers ; les formes ayant été établies contre la prodi-
galité du donateur, on comprend dès lors qu'il ne puisse
s'y soustraire et qu'il n'ait aucun autre moyen de donner
à l'acte libéral qu'il veut faire, une existence légale ; ces
solennités étant toutes au contraire dans l'intérêt des héritiers, rien de plus naturel que de leur permettre de
renoncer à la protection de la loi (1).

Cet article consacrât-il d'ailleurs une exception formelle
à notre règle, faudrait-il donc en conclure que le principe
lui-même n'existe pas ? Il est trop nettement écrit dans
les travaux préparatoires et dans l'art. 1338 pour qu'il soit
permis de le méconnaître ?

258. Ne pourront donc être confirmés, selon nous,
les actes juridiques contraires aux lois ou aux bonnes
mœurs, les actes sans objet, les actes dans lesquels la

---

(1) Marcadé, T. V. p. 104, 3ᵉ édition, et Demante, T. II, 825, expliquent l'art. 1340 par l'idée d'une *obligation naturelle.*
Zachariæ, T. II, p. 453, voit dans l'art. 1339, le principe, et dans
l'art. 1340, une exception.

volonté fait absolument défaut et tous ceux en un mot dont nous avons reconnu l'inexistence.

Pourront au contraire être confirmés les actes entachés d'erreur, de dol, de lésion, d'incapacité, les actes annulables en un mot.

259. Nous croyons avoir suffisamment établi, au point de vue pratique, l'intérêt de la distinction des actes inexistants et des actes annulables, que la raison proclame avec tant de force et que le droit moderne consacre au moins implicitement. Nous ne prétendons certes pas avoir présenté la liste complète des hypothèses dans lesquelles cet intérêt existe, nous avons au contraire signalé celles qui se présentent le plus naturellement à l'esprit, persuadé que l'étude approfondie de la doctrine de l'inexistence en fera apparaître bien d'autres ; notre but unique en effet a été de mettre en lumière le principe même qui sert de base à cette théorie, de montrer surtout qu'elle n'est pas propre à certains actes juridiques, comme on a trop souvent jusqu'ici paru le croire, mais qu'elle est générale et embrasse le droit tout entier.

POSITIONS

I. — On peut définir l'acte juridique : Tout fait volontaire de l'homme qui tend à produire un effet de droit.

II. — L'acte juridique suppose pour son existence la réunion de six éléments constitutifs généraux :

    1° La volonté de l'homme ;

    2° La manifestation extérieure de cette volonté dans les formes prescrites par la loi ;

    3° L'aptitude légale à produire un effet de droit ;

    4° Un effet de droit permis par la loi positive ;

    5° Une personne concourant passivement à la formation du rapport de droit que l'acte a pour objet de créer, de conserver, de modifier ou d'éteindre ;

    6° Un élément matériel.

DROIT ROMAIN

I. — Les actes inexistants étaient plus nombreux et plus nettement caractérisés dans la législation romaine que dans le droit français moderne.

II. — Les *actus legitimi* ne constituent pas une catégorie particulière d'actes juridiques, mais embrassent tous les actes prévus et régis par le droit romain.

III. — La violence, même dans les contrats de bonne foi, n'entraine pas l'inexistence de l'acte qu'elle infecte, mais seulement son annulabilité.

VI. — Le dol *dans causam contractui* n'empêche pas le contrat de se former.

V. — A l'époque classique, comme sous l'empire des constitutions de 407 et de 426, l'âge de sept ans était le terme de l'*infantia* et le point de départ de l'*infantiæ proximitas*.

VI. — Les lois prohibitives étaient en principe, à Rome, sanctionnées par l'inexistence des actes accomplis en violation de leurs dispositions, sans qu'elles eussent à s'en expliquer formellement.

VII. — Le droit romain n'a jamais considéré la CAUSE comme un élément constitutif distinct des actes juridiques.

VIII. — L'inexistence des actes juridiques donnait lieu à la *denegatio actionis*.

IX. — A l'époque classique la propriété ne peut être conférée sans condition résolutoire.

X. — Sous Justinien la règle : *Jussio domini similis est nominationi* est absolue et reçoit son application, que l'esclave ait stipulé sans désigner aucun de ses maîtres, ou en ait désigné un autre que celui de qui il a reçu l'ordre de stipuler.

DROIT CIVIL

I. — « *Il ne faut pas mêler ensemble les cas où il n'y a pas de mariage et les cas où un mariage peut être cassé.* » Il importe en conséquence de distinguer entre les mariages inexistants, dont l'inexistence peut être invoquée par tous les intéressés et les mariages nuls pour lesquels l'action en nullité appartient seulement à ceux auxquels la loi l'aconférée.

II. — La CAUSE ne doit pas être considérée comme un élément constitutif distinct des actes juridiques.

III. — La cession de droits litigieux faite en violation de l'art. 1597 C. civ., est frappée d'inexistence ; tous les intéressés ont qualité pour se prévaloir de cette inexistence.

IV. — L'article 502 du Code civil ne contredit pas la doctrine de l'inexistence des actes juridiques.

V. — Un acte inexistant peut être refait, il ne peut être confirmé ; notamment le pacte successoire ne peut être validé après l'ouverture de la succession.

VI. — Tout intéressé peut se prévaloir de l'inexistence d'un acte illicite ; la maxime *In pari causa turpitudinis, melior est causa possidentis* ne doit pas recevoir son application dans notre droit.

VII. — Celui qui veut se prévaloir de l'inexistence d'un acte juridique n'a pas à former une demande en nullité ; il doit se borner à déduire ses droits en justice en faisant complètement abstraction de cet acte.

VIII. — Aucun laps de temps ne peut couvrir l'inexistence des actes juridiques. Les actes inexistants échappent à la fois à la prescription décennale et à la prescription trentenaire de l'art. 2262 du Code civil.

IX. — L'action en responsabilité contre l'architecte ou l'entrepreneur, à raison des vices de construction, est soumise, une fois née, à la prescription trentenaire.

X. — La clause par laquelle deux époux mariés sous le

régime de communauté, en dotant conjointement leurs enfants, stipulent que la dot est constituée en avancement d'hoirie et imputable sur la succession du premier mourant, affecte la constitution de dot d'une *condition résolutoire*, tant à l'égard des enfants dotés que dans les rapports des époux donateurs entre eux, et non d'une *condition suspensive*.

XI. — Le pacte commissoire exprès qui se borne à reproduire la formule de l'art. 1184, § 1, C. civ. ou toute autre équivalente, ne modifie en rien la situation des parties, cette situation reste la même que si elles n'avaient fait aucune stipulation relativement à la résolution.

XII. — Les constructions élevées par le locataire ou le fermier sur les lieux loués doivent être régies par les règles mêmes du bail et non par les principes de l'accession.

HISTOIRE DU DROIT

I. — La théorie de l'annulabilité des actes juridiques était inconnue dans les premiers temps du droit romain; la législation primitive de Rome n'admettant que les deux termes extrêmes de l'existence légale ou de l'inexistence absolue.

II. — La distinction des nullités absolues et radicales et des nullités relatives, consacrée par nos anciens auteurs, correspond à la distinction moderne de l'inexistence et de l'annulabilité.

ÉCONOMIE POLITIQUE - LÉGISLATION FINANCIÈRE

Il ne suffit pas qu'un billet soit payable au porteur et à vue pour être, dans le sens propre du mot, un BILLET DE BANQUE; il faut en outre qu'il constitue une monnaie de papier, un titre imprescriptible, doué d'une valeur absolue. C'est à ce point de vue seul que l'intervention de l'Etat est nécessaire pour en permettre l'émission.

DROIT CRIMINEL & DROIT ADMINISTRATIF

Lorsque la personne responsable, citée devant la commission scolaire pour une première infraction, n'a pas comparu et que la commission lui a appliqué, en vertu de l'art. 12, § 2 de la loi du 28 mars 1882, sur l'enseignement primaire obligatoire, la peine de l'affichage, elle peut être traduite devant le juge de paix dès la seconde infraction.

DROIT INTERNATIONAL PRIVÉ

Tout étranger peut invoquer en France les droits privés qui ne lui ont pas été expressément retirés par la loi; il ne peut se prévaloir des droits réservés aux seuls français que s'il y est autorisé par un traité international ou a été admis à domicile.

DROIT COMMERCIAL

En matière de lettre de change la prescription de cinq ans, interrompue contre l'un des signataires du titre, ne l'est pas, par cela même, contre les autres.

TABLE DES MATIÈRES

ARTICLE DEUXIÈME

Dijon, imp. Aubry

PARTA TVERE

www.ingramcontent.com/pod-product-compliance
Lightning Source LLC
Chambersburg PA
CBHW060403200326
41518CB00009B/1234